LIONEL RACONTE JOSPIN

Du même auteur

L'Invention du possible
Flammarion, 1991

Le Temps de répondre
entretiens avec Alain Duhamel
Stock, 2002

Le monde comme je le vois
Gallimard, 2005

L'Impasse
Flammarion, 2007

Sommaire

Avant-propos

Ce livre est né d'un film qui retrace un demi-siècle de mon parcours personnel et politique[1].

Les longues heures d'entretiens nécessaires pour le réaliser ont bien sûr été condensées pour respecter les contraintes de temps de la télévision. Aussi, nous a-t-il paru intéressant d'offrir à des lecteurs l'intégralité de ces échanges.

Ce livre garde la spontanéité de la parole et il est fidèle au dialogue initial, même s'il a fait l'objet de ma part d'un travail de réécriture pour passer de l'entretien oral à la forme écrite.

Ce texte est donc plus riche, plus précis dans ses descriptions et plus approfondi dans ses analyses que la version « film ». Le lecteur, qui sera peut-être téléspectateur, ne doit pas s'en étonner.

Vous ne trouverez pas ici des Mémoires rédigées selon ma fantaisie, mais un récit de ma vie, surtout politique, tel qu'il surgit au fil de mes réponses aux questions de mes deux interlocuteurs. Ce récit est au cœur de l'histoire récente des socialistes et de la gauche.

On m'y voit en jeune homme un peu brut, passionné de sport, de livres et de cinéma, m'engager dans les événements

1. *Lionel raconte Jospin*, un film de Patrick Rotman, avec le concours de Pierre Favier, produit par Michel Rotman (Kuiv), diffusé par France 2 en janvier 2010 (2 × 90 mn).

de mon siècle, rencontrer l'idéal révolutionnaire, tout en devenant diplomate, puis professeur.

Ensuite, aux côtés de François Mitterrand et avec les socialistes, désireux non seulement de rêver mais de réaliser, j'apprends à « faire de la politique » avec, comme but, le progrès et la justice, et comme moyen, la conquête démocratique du pouvoir. Je deviens Premier secrétaire du Parti socialiste, puis ministre de l'Éducation.

Je partage les défaites et les succès de la gauche tout en m'efforçant de comprendre et d'infléchir les mouvements de mon temps.

En 1995, je me présente à l'élection présidentielle, puis je m'attelle à relever mon parti et, après la victoire aux législatives de 1997, je gouverne la France pendant cinq ans. En 2002, dans des conditions que je décris, je suis écarté du scrutin avant que ne se joue la confrontation présidentielle.

Aujourd'hui, j'aimerais que ce livre puisse être utile à tous ceux, à gauche, qui veulent retrouver le chemin du pouvoir.

Lionel Jospin
Décembre 2009

I

Les années de jeunesse et de formation
(1937-1971)

L'enfance pendant la guerre – L'héritage familial – La scolarité – Le plaisir du sport – La découverte de la politique – La résidence d'Antony – La guerre d'Algérie – L'ENA – Le Quai d'Orsay – Le trotskisme – 1968 – l'IUT de Sceaux.

Lionel Jospin, quand et où êtes-vous né ?

C'était vers la fin du Front populaire, en 1937, le 12 juillet, à Meudon. Trois ans après, les Allemands envahissaient la France. Mon père restait à Paris pour son travail et ma mère partait sur les routes de l'exode avec ma sœur aînée, Agnès, et moi jusqu'à Lamagistère, un village du Tarn-et-Garonne où nous avions famille et amis. J'étais trop jeune pour avoir gardé la mémoire de cette aventure. Mes véritables souvenirs remontent à plus tard dans la guerre. Ils sont plus vifs encore au moment de la Libération – j'avais sept ans – et je me revois perché sur les épaules de mon père quand le général de Gaulle a défilé sur les Champs-Élysées. Il y avait une foule immense, exultant, et je me souviens d'un homme dressé qui est passé.

Est-ce que vous avez des souvenirs précis de la guerre ?

J'ai eu conscience très tôt de vivre dans une époque tragique, une époque où les destins pouvaient être bouleversés. En même temps, je vivais cela de façon protégée, comme un enfant. J'ai un souvenir précis des bombardements. Quand ils étaient anticipés faibles ou lointains, nous restions dans la cave de la maison, où il y avait des étais et des sacs de sable. Quand on annonçait des bombardements massifs et proches, le plus souvent la nuit, nous descendions l'avenue Louvois pour nous abriter, avec des centaines de personnes, sous le tunnel de la gare de Meudon-Val Fleury. Nous restions des heures dans l'obscurité, accompagnés du bruit, violent, des sirènes d'alerte, des bombes, des canons de la DCA. Mais je vivais cela avec l'étourderie d'un enfant, sans véritable peur.

Un jour – je ne l'ai jamais oublié –, la Gestapo est venue perquisitionner dans notre appartement. Je rentrais de l'école, j'ai vu des messieurs qui fouillaient, froidement et méthodiquement, et puis ils sont partis. Mes parents m'ont expliqué ensuite qu'ils cherchaient des tracts clandestins, sans doute ceux qu'écoulait discrètement un voisin communiste. Ils ne les avaient pas trouvés : mes parents les avaient fait disparaître deux jours avant ! À la fin de la guerre, j'ai vu, passant devant notre maison, les Allemands quittant Meudon en camions et carrioles à cheval, dans le bric-à-brac d'une armée vaincue. Dans la rue en pente, les gens devant leur porte se taisaient.

J'ai d'ailleurs gardé de cette époque le souvenir de l'importance du silence. Il fallait savoir se taire, parce que, si on ne se taisait pas, on pouvait faire courir des risques immenses à d'autres. C'était le cas pour le professeur d'obstétrique de ma mère, le professeur Meyer, responsable de la santé dans un réseau de résistance qui est venu se cacher plusieurs jours à la maison vers la fin de la guerre. Ou encore pour un jeune Juif allemand, Ulrich, qui a vécu chez nous avant de partir pour l'Angleterre. Mes parents nous disaient qu'il fallait rester muets sur tout cela. Peut-être faut-il trouver là l'origine de mon peu de goût pour les bavardages manifesté plus tard dans la vie politique. Je n'ai pas oublié non plus ce que me disaient mes parents des nazis qu'il fallait détester et des Allemands qu'il ne fallait pas haïr. De même, si nous admirions les résistants, nous avons tous méprisé les tondeurs de femmes à la Libération.

Vous avez vu ce genre de spectacle à la Libération ?
Oui, plusieurs fois, avec une confuse sensation de gêne devant l'humiliation et la bêtise.

La vie quotidienne sous l'Occupation a-t-elle été difficile pour votre famille ?
Le plus dur, c'était le froid. On avait du mal à se chauffer. Ma mère, qui voyait toujours le bon côté des choses, soulignait que nous n'avions jamais eu de rhumes. Peut-être, mais nous étions gelés. Et puis, il y avait les privations, tous ces repas avec des topinambours, des rutabagas, des salsifis. J'ai toujours détesté ces légumes depuis ! Quand il y avait du beurre, rarement, il y avait trois façons de manger la noisette qu'on nous donnait le matin au petit déjeuner : soit on l'étalait sur toute la tartine et on la sentait à peine ; soit on la mettait dans le café au lait, on voyait les yeux du beurre flotter à la surface ; soit on gardait le bout de beurre pour la fin de la tartine. On changeait chaque fois de méthode, sans calmer la frustration. Après la guerre, les apparitions du pain blanc, des croissants, des oranges ont été de vraies sources de joie et, pour mes parents, des signes du retour à la vie d'avant guerre.

Vous alliez à l'école pendant la guerre ?
Naturellement. Je suis retourné plusieurs fois à Meudon revoir ma rue, les deux lieux où nous avons habité jusqu'en 1947, l'année de mes onze ans. J'ai retrouvé mon école maternelle toujours superbe. J'ai été scolarisé ensuite dans le primaire, à l'école publique, puis un an au lycée de Sèvres. En sixième, j'étais dans une « classe nouvelle », avec des méthodes non directives. Cela ne m'a pas réussi…

Robert Jospin, votre père, pacifiste depuis les années 1930, était par principe hostile au conflit. Avez-vous le souvenir de ces années de guerre et de ses propos pacifistes, de son hostilité à la guerre ?

Il avait éprouvé effectivement dans sa jeunesse – il était né en 1899 – les souffrances de la Première Guerre mondiale. Sa famille, très pauvre, avait suivi le flot des réfugiés lorsque le nord de la France avait été envahi et cela avait laissé chez lui des traces profondes. Il était socialiste et pacifiste, dans la tradition de Jaurès. Il haïssait la guerre, cette deuxième guerre mondiale dont la barbarie était plus extrême encore que celle de la première. En même temps, il avait été un militant antifasciste, il était costaud et fier de sa force et il me racontait les coups de poings contre l'extrême droite des Croix-de-feu et des Jeunesses patriotes avant la guerre. La sensibilité pacifiste ne s'est pas installée chez moi aussi fortement, peut-être parce que l'expérience de la guerre, puis la connaissance de la Résistance m'ont autrement instruit.

Quand vous étiez Premier ministre, vous avez prononcé un discours sur les fusillés de 1917[1]. Était-ce dans votre esprit une sorte d'hommage lointain à votre père, l'antimilitariste ?

Ce discours, je l'avais pensé, j'en avais parlé avec les membres de mon cabinet, y compris avec des officiers de mon cabinet militaire pour connaître leur sensibilité. J'ai rappelé les sacrifices et le courage de tous les soldats qui s'étaient battus durement, je n'ai nullement fait un hymne au défaitisme. Mais je pensais qu'il était temps, quatre-vingts ans après, de réintroduire dans la conscience nationale ceux de ces hommes qu'on avait épuisés, qu'on avait désespérés et qui s'étaient révoltés. Philippe Séguin, pour le RPR, a voulu lancer contre moi une polémique, mais l'opinion a très bien compris le sens de ce discours. On sait bien qu'un certain nombre de généraux, le général Nivelle par exemple, ont été des bouchers.

1. En mai 1917, après trois années d'une guerre très dure et l'échec de l'offensive de printemps, des soldats se mutinent et refusent de monter au front. Les sanctions sont très lourdes. Quarante-neuf soldats sont fusillés « pour l'exemple ».

Est-ce qu'il y avait une pensée à l'égard de Robert Jospin dans cette démarche politique ?

Je voulais d'abord rendre justice à ces soldats, à leurs familles. On ne peut plus parler aujourd'hui de la Grande Guerre de la même manière qu'en 1918, alors que Français et Allemands sont réconciliés et que l'Europe est faite. Si j'ai peut-être pensé à mon père et surtout à ma mère, encore vivante à ce moment-là et qui, à près de quatre-vingt-dix ans, allait chaque hiver au Chemin des Dames passer quelques heures de méditation, tant mieux. Mais j'ai surtout pensé à ces hommes qu'on a sacrifiés, qu'on envoyait par vagues se faire faucher par les mitrailleuses, sans qu'ils aient la moindre chance de conquérir, à ce moment-là, la position qu'on leur ordonnait de reprendre. Cette manière de traiter les soldats serait impensable de nos jours.

Aujourd'hui, rétrospectivement, comment regardez-vous l'attitude de votre père pendant la guerre ?

Mon père avait quatre enfants, il avait déjà un certain âge à cette époque et, de toute façon, il n'était pas mobilisable. Rapidement, ça a été la débâcle, puis la défaite. Profondément déçu par la chute du Front populaire et surtout par le Pacte germano-soviétique de 1939, il s'est tenu à l'écart de la politique pendant la guerre. Les risques pris par mes parents étaient réels quand ils ont caché et hébergé pour quelques jours, par exemple, les deux personnes dont j'ai parlé. S'ils avaient été pris, pour tous, c'était les camps !

Quels étaient les principes d'éducation dans la famille Jospin ? Avez-vous été élevé selon des règles strictes ?

Ma famille était extrêmement chaleureuse, avec des parents fermes mais tendres. C'était une famille nombreuse – bientôt avec quatre enfants –, vivante, où les échanges étaient multiples. C'est vrai, il y avait des règles : on disait « les enfants ne parlent pas à table». En fait, ça signifiait qu'on ne parlait pas tant que les adultes s'exprimaient entre eux, notre tour venait après.

À l'époque de nos adolescences, les discussions sont au contraire devenues passionnées, y compris d'ailleurs sur la politique. J'ai vécu dans une famille très solide, avec des rites, des rites d'unité en particulier. À la fin des repas de fête, quand nous étions entre nous et heureux, nous nous tenions tous par les mains. Il y avait des principes mais ces principes religieux ou ces valeurs morales hérités du protestantisme étaient tout autant des principes ou des valeurs laïques. En outre, la présence de la religion, réelle dans la petite enfance, s'est diluée au moment de l'adolescence. Les enfants, qui s'en libéraient, ont influencé en retour les parents. Dès l'âge de quinze ans, pour moi, la religion s'est effacée.

Votre père tenait beaucoup de place à la maison, même si votre mère, Mireille Jospin, avait aussi une personnalité très forte. Quel portrait feriez-vous de vos deux parents ?

Mon père, par sa voix puissante, par sa stature, sa facilité à aller vers les gens, son talent d'expression, son art des blagues, des récits, des contes qu'il disait à toute la famille rassemblée au moment de Noël, par exemple, était la figure la plus spectaculaire de la famille. Mais ma mère, plus retenue, n'était pas la personnalité la moins forte. J'ai le souvenir d'un couple parental assez équilibré.

De mon père, je garde le goût de l'écriture. Il écrivait aisément. Il disait que quand il avait préparé les enveloppes des lettres qu'il devait envoyer, il avait fait le plus dur : écrire ne lui posait ensuite aucun problème. Il avait aussi le sens du verbe, et je suis sensible à l'éloquence quand elle est brillante et sincère. Le respect de la culture vient aussi de mon père. Cependant, l'esprit rebelle à l'embrigadement – qui n'interdit pas l'engagement –, une certaine fermeté de principes, la faculté de ne pas être dupe des fausses valeurs ou des petites médiocrités, c'est une inspiration que j'ai trouvée chez ma mère, qui avait sur les choses, et parfois sur les êtres, un regard sans doute plus lucide que celui de son époux. Le plus extraverti du couple était l'homme du Nord. La plus réservée, la femme du Midi, une Gasconne, ce qui prouve qu'il faut se méfier des stéréotypes. J'ai sans doute hérité des deux. Sur ce plan, je suis double.

Finalement, être un Jospin, est-ce que c'était une forme d'école ? Qu'avez-vous appris dans ce cercle familial, qu'est-ce qui vous a servi, vous sert encore ou a marqué votre vie ?
La famille n'est pas l'école, c'est un lieu intime. Et on ne la vit pas, quand on est enfant ou adolescent, en se disant à chaque moment : « Quelle leçon j'en tire. » C'est bien après l'enfance, souvent, que certaines leçons diffusent et qu'il en reste une trace qu'on n'analyse pas forcément. Une trace obscure.

La question était : qu'est-ce que vous pensez avoir tiré de ce milieu familial ? Vous avez dit un jour que la gauche était votre école maternelle…
Je crois que j'ai dit : ma langue maternelle. Mes deux parents étaient engagés dans des fonctions sociales. Mon père, ancien professeur de lettres, a été ensuite directeur d'un établissement pour enfants difficiles, des cas sociaux, comme on disait à l'époque. Ma mère a été sage femme, passionnée par son métier, puis infirmière dans les mêmes établissements de l'Éducation nationale. Les deux avaient donc des professions tournées vers les autres. Mon père était un militant socialiste, et ma mère était une femme de sensibilité de gauche même si elle ne voulait pas « s'embrigader », comme elle disait. En même temps, étant attachés à la liberté de penser, ils formaient leurs jugements eux-mêmes, ils n'aimaient pas l'esprit moutonnier. La liberté qui nous était donnée de nous exprimer, au-delà des principes un peu rigides de la petite enfance, m'a fait grandir dans un milieu ouvert, libre, mais articulé autour de valeurs éthiques.

On vous a souvent titillé sur votre protestantisme, sur le fait que vous soyez imprégné de cette éducation rigoureuse, voire austère. Qu'en est-il exactement ?

Tout cela est assez simplificateur, pour ne pas dire caricatural. D'autant que mes parents étaient des laïques. Surtout, personnellement, je me suis détaché très tôt de l'influence religieuse. Mes parents étaient des progressistes. À une époque où nombre d'enfants croyaient encore que les bébés naissaient dans les choux ou dans les roses, mes parents nous avaient appris comment ils naissaient mais aussi comment on les faisait. J'avais fait profiter mes petits camarades de ce savoir tout neuf. Cela avait valu une convocation de mon père devant le conseil d'école. Il avait plaidé contre l'obscurantisme.

Au-delà de la foi et de la pratique religieuse, le protestantisme est souvent considéré comme une école de rigueur intellectuelle et morale, de probité même. Ces traits de comportement vous sont souvent reconnus, même si parfois le reproche de rigidité est sous-jacent... Est-ce là une marque de votre éducation protestante ?

Il est surtout symptomatique de notre époque qu'on puisse « reprocher » à un homme politique la rigueur et la probité dont vous parlez ! Vous ne pouvez pas avoir de principes sans être rigoriste, respecter des valeurs sans être puritain, exercer vos responsabilités sérieusement sans être austère. Il est vrai qu'on a parfois l'impression que ce qui donne le ton aujourd'hui, dans de nombreux médias, c'est la dérision généralisée.

Pour ma part, je me suis simplement efforcé, en politique, de respecter des règles, de cultiver les principes de la République, d'être intègre et de tenir mes engagements. Si mon gouvernement a bien travaillé pendant cinq ans et échappé à tout scandale, cela mérite peut-être autre chose qu'une interrogation pour savoir si, comme tout le monde, je sais rire.

Revenons à votre enfance. Après Meudon, votre famille a déménagé à Paris en 1948. Vous avez passé deux années – de onze à treize ans – boulevard Richard-Lenoir. Avez-vous des souvenirs du lycée Charlemagne ?

À Charlemagne, un grand lycée, j'étais un élève un peu perdu, mais j'ai en revanche des souvenirs excellents du boulevard Richard-Lenoir. Le quartier de la Bastille était plein d'attraits. Il y avait la foire aux jambons, la foire à la ferraille. C'était un quartier populaire, plein d'ateliers, une population mêlée d'ouvriers et d'artisans avec leur franc-parler et leur verve. C'était le Paris qu'a chanté Yves Montand… Au lycée, oui, j'étais dissipé. Je n'avais pas encore bien compris les mécanismes de l'institution scolaire. Peut-être était-ce la figure de Charlemagne qui m'impressionnait…

Comme élève, vous étiez… nul… moyen… bon… ?

À Charlemagne, je n'étais pas brillant ! Les choses ont changé quand je suis arrivé au lycée de Meaux, à l'âge de treize ans. C'était un petit établissement, beaucoup plus humain, où j'étais interne puisque mes parents habitaient à vingt kilomètres de là, à Chamigny, près de La Ferté-sous-Jouarre. Je n'ai pas du tout vécu l'internat comme un enfermement mais plutôt comme une façon de m'émanciper d'une famille jusque-là très enveloppante. J'étais seul avec les autres, les garçons et les filles de mon âge – le lycée est devenu mixte –, sous des tutelles plus lointaines. Du coup, dans les relations avec mes parents, le week-end, l'affectif et le plaisir de se retrouver dominaient largement l'exercice de l'autorité. Dans ce petit lycée, j'ai commencé à assimiler les règles de fonctionnement de l'école et je suis devenu un bon élève. La découverte du sport, à ce moment-là, avec sa dimension collective et ses exigences techniques, a aussi joué un rôle. La maîtrise physique s'est répercutée au plan intellectuel.

Le sport, c'était déjà le basket ?
J'ai d'abord été goal au foot, je préférais sans doute me servir de mes mains ; et puis ça a été la découverte du basket. J'ai pratiqué ce sport pendant vingt ans. Ça a été une grande passion. Je jouais au lycée, puis en universitaire et en club. J'avais deux entraînements et deux matchs par semaine. À l'âge de trente-six ans, je jouais encore en vétéran à Sceaux. À ce moment-là, en 1973, je suis devenu Secrétaire national du Parti socialiste, j'étais pris les week-ends pour faire de la formation et j'ai abandonné.

Qu'est-ce qui vous plaisait tant dans le basket ?
La maîtrise du corps, le plaisir du jeu et le goût de la compétition. J'ai aimé et pratiqué d'autres sports : le foot, le hand, le volley, le rugby, et le tennis plus tard. Mais il y avait dans le basket un mélange d'élaboration collective et d'actions individuelles qui me séduisait. La construction du jeu passe par l'équipe. Et puis il y avait les copains, les sorties en car, la tension des matchs, l'envie d'épater le public... Ça m'a accompagné même à l'armée. Le sport est une des activités qui ont accompagné ma jeunesse de façon continue, à côté des études, du syndicalisme, de l'engagement politique, du cinéma, de la lecture et, bien sûr, de la découverte des femmes.

Encore un mot sur Chamigny. On a l'impression que c'est un lieu qui a compté dans la famille Jospin.
Dans ce petit village de Seine-et-Marne, mon père dirigeait un établissement pour adolescents en difficulté, un centre professionnel et en même temps éducatif, avec une population scolaire difficile et attachante. Tellement attachante d'ailleurs que, de dix-sept à vingt-quatre ans, jusqu'au moment où j'ai préparé et réussi le concours de l'ENA, j'ai accompagné ces adolescents chaque année en camp d'été. Avec eux, j'ai pris conscience des conséquences de la misère sociale, des séquelles familiales, des handicaps culturels. Ils m'ont donné le désir de

changer cela, comme le faisaient déjà mes parents et mes copains éducateurs dans cette école. Il y avait un ciné-club où j'ai vu une bonne partie du cinéma français des années quarante et cinquante – *La Grande Illusion*, *L'Auberge rouge*, *Sortilèges*, *Les Disparus de Saint-Agil*, etc. – avec ses fabuleux acteurs, y compris dans les seconds rôles – Pierre Larquey, Carette, Pauline Carton, Saturnin Fabre… On donnait à ces jeunes une « nourriture » de qualité. L'école se situait dans un immense parc, au milieu des bois et des champs, à trois kilomètres de La Ferté-sous-Jouarre. C'était un vaste espace où l'on pouvait bouger. Il y avait aussi une ferme école, dont le responsable, M. Giraud, m'a fait découvrir le travail de la ferme. Tout cela rendait mes week-ends très heureux.

Il y avait donc le rituel des déjeuners le dimanche à Chamigny. Y avait-il des discussions politiques autour de la table familiale ? Des débats contradictoires avec votre père ?

Les débats les plus intenses avec mon père ont commencé quand j'avais dix-sept/dix-huit ans et qu'a débuté la guerre d'Algérie. Avant, déjà, on parlait, on échangeait. Mes parents n'étaient pas riches, ils avaient les salaires, moyens, d'un directeur d'établissement et d'une infirmière, mais ils étaient généreux et il y avait régulièrement du monde à la maison, à table : la famille, des amis de toutes sensibilités, même s'ils étaient souvent de gauche. Il y avait donc beaucoup de discussions. On parlait, on plaisantait, on chantait aussi. Mon grand-père, le père de ma mère, qui avait été artisan ferronnier d'art puis ouvrier dans des usines d'aviation, un homme de la vallée de la Garonne, avait une voix extraordinaire. Le Capitole de Toulouse lui avait proposé de faire une carrière, mais, veuf avec deux enfants, il n'avait pu l'accepter. Je me souviens de lui en vacances, à Villers-sur-Mer, où mes parents avaient acheté une petite maison après la guerre. Il avait plus de soixante-dix ans, mais chantait encore des airs d'opéra, beaucoup d'opéras français. Des dizaines de personnes s'agglutinaient alors à la porte du jardin pour l'écouter; il avait une éblouissante voix de ténor. Tout le monde chantait à la maison: des vieilles chansons françaises, des chants scouts, des chants révolutionnaires. Vous voyez le mélange.

Est-ce dans cette période, celle de Chamigny, que vous commencez à vous émanciper de la famille, des parents ?
L'émancipation pratique débute très tôt, dès que je suis interne à Meaux. L'émancipation par les idées, elle s'amorce à propos de la guerre d'Algérie, parce que mon père est membre de la SFIO, qui se laisse entraîner dans la guerre coloniale. En 1954, je pars à Paris, au lycée Janson-de-Sailly, pour faire ma philo, puis mon hypokhâgne. Ensuite, je serai pendant quatre ans à l'Institut d'études politiques de Paris et à la résidence universitaire d'Antony. Là, je suis vraiment libre, même si je reste proche de mes parents.

Cette prise de conscience politique, elle commence à Janson ?
Oui. C'est un moment paradoxal parce que Janson était le lycée de la grande bourgeoisie parisienne. Mon père voulait que je fasse ma philo dans un grand lycée, et c'était le seul endroit où il avait obtenu une place d'interne. Mais, par ailleurs, mon professeur de philosophie, Maurice Caveing, était un communiste, et même un intellectuel officiel du parti. La République française plaçait les enseignants là où leur mérite les appelait. C'est aussi l'endroit où j'ai mesuré physiquement les différences de milieux sociaux. Elles se voyaient dans les vêtements, dans les attributs, dans les colifichets, dans le style. Jusque-là, j'avais vécu dans un milieu au fond relativement homogène, on va dire, de petite classe moyenne, d'origine populaire. Dans ces deux années, j'ai vraiment pris conscience que j'étais de gauche, j'ai découvert l'analyse marxiste, et j'ai commencé à me sentir profondément concerné par les événements d'Algérie. Le contingent sera envoyé sur place en 1955-1956, l'année où j'aborderai les études supérieures.

Vous avez des souvenirs précis, justement, des cours de Maurice Caveing, évoquant la colonisation, les débuts de la guerre d'Algérie, et disant ce qu'il pense de ce conflit ?

Il faut rendre justice à Maurice Caveing, excellent professeur : pendant ses cours, je ne l'ai jamais vu faire de prosélytisme. Nous savions qu'il était communiste, il affichait ses convictions ailleurs, dans des revues, voire dans *L'Humanité*, mais il nous a fait un bon et classique cours de philo. Pourtant, l'année finie, il a proposé à quelques-uns d'entre nous de venir le retrouver dans un appartement du quartier pour une courte initiation au matérialisme dialectique et nous avons été plusieurs à y participer. Tout cela restait sur un terrain théorique.

C'est donc pour vous l'initiation aux principes du marxisme.

Le marxisme était pour moi une découverte. Ma famille était une famille socialiste, on peut dire aussi, à cause d'autres influences, chrétienne progressiste. Mes parents avaient été des amis de Marc Sangnier, inspirateur du Sillon, un courant progressiste dans le catholicisme. Mon père n'était pas marxiste et je n'entendais pas beaucoup évoquer cette doctrine à la maison. Il était même devenu assez anticommuniste, peut-être parce qu'il avait été meurtri par le pacte germano-soviétique, alors que pendant le Front populaire il avait souhaité une alliance avec les communistes. La découverte des idées marxistes s'est donc faite d'abord avec Caveing, ensuite par mes lectures.

Au lycée Janson-de-Sailly vous nouez des amitiés, en particulier avec Jacques Valier qui, un demi-siècle plus tard, est resté votre ami…

Nos idées nous rapprochaient plus que nos milieux. Après Janson, nous nous sommes retrouvés à Sciences Po, partageant des convictions politiques fondamentales. Devenu membre de la Ligue communiste, il était en principe partisan de la révolution violente, lui qui était la gentillesse même… Nous sommes restés amis jusqu'à ce jour. Je sais que des amitiés peuvent s'effacer – je l'ai éprouvé plus tard et notamment récemment en politique –, mais j'ai toujours eu besoin, outre la famille, de la présence d'amis fidèles dans ma vie. Il est de ceux-là.

La résidence universitaire d'Antony a été un autre creuset où vous avez passé plusieurs années…

Quand j'y suis arrivé, la cité universitaire d'Antony venait d'ouvrir. Certains veulent aujourd'hui, stupidement, la fermer. Elle comptait alors un nombre considérable d'étudiants. La plupart étaient célibataires, mais il y avait aussi un pavillon des jeunes mariés, comme on disait, où habitait Claude Allègre. Je rentrais le soir à Antony, mais j'étudiais à Paris à l'Institut d'études politiques. J'ai adhéré tout de suite à l'UNEF et, si je participais à des initiatives à Sciences Po, j'ai pris des responsabilités dans le bureau de l'UNEF à la résidence universitaire d'Antony. À l'époque, l'UNEF était certes un syndicat étudiant mais tout autant un mouvement de la jeunesse contre la guerre d'Algérie.

Je suis entré en contact, à Antony, avec un certain nombre d'étudiants algériens. Le premier fut Sid Ahmed Ghozali, plus tard ministre, puis brièvement Premier ministre en Algérie, que le hasard m'avait fait rencontrer l'été de 1956 lors d'un camp d'adolescents dans le Jura où nous étions tous deux moniteurs. Nous avions sympathisé et nous nous sommes retrouvés à la rentrée à la résidence. Il était étudiant aux Ponts-et-Chaussées et il m'a introduit dans ce milieu d'Algériens. Près de quarante ans plus tard, il était à ma table avec François Mitterrand à mon second mariage, avec Sylviane Agacinski. C'est aussi à Antony que j'ai connu Mohamed Khemisti, plus tard ministre des Affaires étrangères du gouvernement de l'indépendance en Algérie et assassiné peu après. C'était la personnalité la plus influente parmi ces très jeunes hommes. Curieusement, même si les discussions avec eux étaient passionnantes et m'instruisaient sur les réalités algériennes, les liens noués étaient plutôt des liens personnels. On jouait au foot, on allait au cinéma, on dînait ensemble ; ils m'ont fait goûter mes premières chorbas et les pâtisseries que leur envoyaient leurs mamans. Ce n'est pas eux qui m'ont déterminé à m'engager dans le mouvement contre la guerre d'Algérie. Ma prise de conscience était antérieure.

Justement, comment les choses se sont-elles passées ? Comment étiez-vous informé ?

Le gouvernement de Guy Mollet avait été formé en 1956, avec la majorité de Front républicain, sur la promesse de faire la paix en Algérie. J'avais cru à cette promesse. J'ai fait ainsi ma première expérience du reniement en politique. Or, dans ma génération, les jeunes de gauche étaient favorables à la décolonisation, qui nous apparaissait comme un immense et irrésistible mouvement historique. Mes rencontres avec des Algériens – notamment avec des militants qui, ensuite, sur un mot d'ordre du FLN, ont arrêté leurs études, ont quitté la France et dont je n'ai revu certains qu'après l'indépendance – ont joué un rôle, sans être déterminantes. Pendant toutes mes études, y compris pendant ma préparation à l'ENA, j'ai participé à la lutte contre la guerre d'Algérie, par la protestation, par des manifestations, en particulier contre l'usage de la torture.

Quand on lisait *La Question* d'Henri Alleg[1] ou d'autres livres publiés chez Maspero ou aux Éditions de Minuit, quand on était attentif à ce qu'écrivaient le général de Bollardière, Gilles Martinet ou Claude Bourdet dans l'hebdomadaire *France Observateur* ou Georges Montaron dans *Témoignage chrétien* par exemple, on avait tous les éléments d'information. Nous n'ignorions rien, personne ne pouvait ignorer les exactions et

1. Éditions de Minuit, 1958. Henry Alleg, communiste, a pris le parti de l'indépendance algérienne et est entré dans la clandestinité en 1955. Il est arrêté en 1957, avec son ami Maurice Audin. Les deux sont emprisonnés et torturés par l'armée française. Maurice Audin n'a pas survécu.

l'usage de la torture en Algérie, même si tout cela a longtemps été nié par les gouvernements en France.

Pour vous, était-ce davantage une indignation morale qu'une véritable protestation politique sur la nature de cette guerre ?

Il y avait bien entendu une indignation morale. Ma jeunesse commence et s'achève avec la guerre d'Algérie. Après 1962, je termine mon service militaire, j'entre à l'ENA et je commence à travailler. Ma génération, celle des années 1956 jusqu'à 1962, n'a pas été frappée, comme celles d'aujourd'hui, par la crise économique et sociale. Bien sûr, il y avait des difficultés, des grèves, des revendications, mais peu de chômage. La crise à laquelle nous étions confrontés, nous, a été une crise politique et morale : une crise politique avec les errements et la chute de la IVe République ; une crise morale avec une guerre coloniale qui a traumatisé une partie de la jeunesse française, qui a porté atteinte à l'honneur de notre armée et qui a discrédité certains des dirigeants de l'époque, y compris chez les socialistes de la SFIO.

Mais nous exprimions aussi une protestation politique. Qui était fondée sur quoi ? Sur la conviction qu'au cœur du mouvement mondial de la décolonisation cette guerre était absurde, qu'au bout du compte l'Algérie ne pourrait pas rester française, et que, dès le départ, la démarche de la négociation et du compromis fondée sur l'acceptation de la revendication nationale algérienne aurait dû s'imposer dans l'intérêt de tous. Ainsi ai-je vraiment compris pendant cette période, après l'avoir deviné lors de la guerre française du Vietnam, qu'une politique vouée à l'échec pouvait, contre tout bon sens, être poursuivie très longtemps avec des conséquences désastreuses.

Est-ce que vous subissez l'influence de Mendès France, comme une partie de la jeunesse de l'époque ? Est-ce quelqu'un qui comptait pour vous ?

Oui, il a compté, par sa façon de mettre fin à la guerre d'Indochine et comme un exemple d'éthique républicaine ; mais il était pour moi une référence un peu lointaine car il appartenait au Parti radical que je connaissais mal. Quand il a rejoint le PSU, il m'est devenu plus proche, même si, à l'époque, simple étudiant, je ne l'ai pas personnellement rencontré. Je connaîtrai Pierre Mendès France plus tard grâce à François Mitterrand, puis en nouant avec lui et sa femme, Marie-Claire, une relation personnelle. J'avais pour lui du respect.

Vous avez évoqué leurs noms. Vous sentiez-vous proche de personnalités comme Gilles Martinet et Claude Bourdet qui étaient très actifs dans la lutte contre la guerre d'Algérie ?

C'est vrai, nous lisions leurs articles, nous allions les écouter lors de réunions à la salle des Sociétés savantes, à la salle des Horticulteurs ou ailleurs, eux, et aussi Colette Audry… enfin des hommes et des femmes de cette trempe. Maurice Caveing que j'ai déjà évoqué, d'autres comme les écrivains Claude Roy et Roger Vailland ou les historiens François Furet et Emmanuel Le Roy Ladurie, rompent avec le Parti communiste justement dans ces années-là. Ils s'en éloignent à cause de la guerre d'Algérie, car le Parti communiste a voté les « pouvoirs spéciaux » au gouvernement Guy Mollet, acceptant ainsi l'engrenage de la guerre coloniale. Ils ne supporteront pas non plus que l'URSS écrase la révolution démocratique hongroise en 1956 et que le PC français soit solidaire de la répression. Pour moi aussi la réalité du stalinisme fut un choc révélateur, redoublant celui de la guerre coloniale. À la fin de mes études et de mon sursis, quand je suis parti à l'armée, en décembre 1961, à Trèves en Allemagne, pour faire mes classes, c'était forcément pour aller ensuite en Algérie.

À ce moment-là, vous ne vous êtes jamais posé la question de l'insoumission ?

Elle m'a été posée, je l'ai écartée. J'étais sans doute plus marxisant que pacifiste. Il était clair pour moi qu'à partir du moment où tous les jeunes gens de ma génération allaient en

Algérie, quoi que je puisse penser de la légitimité de cette guerre, je ne pouvais me séparer d'eux, je devais moi aussi y partir. L'idée de déserter m'était étrangère. Je suis sorti de l'école d'élèves officiers de réserve de Saumur chef de peloton porté sur des half-tracks, des engins faits pour aller crapahuter…

Vous seriez donc parti en Algérie ?
Si les accords d'Évian mettant fin à la guerre d'Algérie n'étaient pas intervenus en mars 1962, c'est ce qui se serait produit.

Au fond, vous expliquez votre engagement politique par un double refus : la guerre d'Algérie et la répression soviétique à Budapest ?
C'est exact. D'un côté, je ne peux pas me reconnaître dans l'action menée par ma famille politique naturelle, celle de mes parents, la SFIO, parce qu'elle avait tourné le dos à ses promesses et qu'elle s'était discréditée dans la guerre d'Algérie. En même temps, l'autre tentation, celle du Parti communiste, alors paré du prestige de la révolution d'Octobre et de l'éclat du marxisme dans les milieux étudiants et intellectuels, est effacée par l'écrasement en 1956 de la révolution hongroise et l'étranglement de la réforme polonaise, tous deux approuvés par le Parti communiste français. Ce que mes lectures m'avaient laissé pressentir, la réalité me le confirmait. Le communisme ne peut se dissocier du totalitarisme et le PCF est lui-même gangréné par le stalinisme. L'envie de faire cet autre choix n'est donc plus possible. En fait, aucun des deux choix n'est possible.

C'est ce double refus de la SFIO et du Parti communiste qui vous rapproche de cette mouvance de l'UGS, l'Union de la gauche socialiste, laquelle donnera le PSU ?
J'ai effectivement adhéré à l'UGS de Claude Bourdet, Colette Audry, Gilles Martinet qui fusionnera ensuite avec d'autres petits mouvements et notamment avec le PSA, le Parti socialiste autonome d'Édouard Depreux et d'Alain Savary, scission

à gauche de la SFIO contre la guerre d'Algérie. De ces divers mouvements naîtra en 1960 le PSU, le Parti socialiste unifié. J'y retrouve Claude Allègre, venu du PSA, dans la section de la résidence universitaire d'Antony.

Vous avez adhéré au PSU dès sa fondation.
Oui, quelques semaines après, et c'était assez logique puisque l'UGS dont j'étais membre l'avait rejoint.

Comment avez-vous vécu le 13 mai 1958, le retour au pouvoir de De Gaulle ?
Le 13 mai 1958, j'ai manifesté depuis la place de la Nation contre ce qui nous apparaissait comme une menace pour la République. En réalité, s'il y a bien eu une charge contre le régime de la IVe République, qui en est mort, il n'y a pas eu menace pour la République tout court. Au lieu du despotisme que nous craignions, s'est installé seulement un régime avec de fortes tendances autoritaires. J'étais opposé à ce qui fut un coup de force légalisé contre le régime parlementaire de l'époque. Mais je voyais bien, notamment par mes études de sciences politiques, les dysfonctionnements de la IVe République, et déjà l'instabilité ministérielle. Je n'ai pas voté en faveur du général de Gaulle à l'occasion des différents référendums, y compris sur l'Algérie. Si j'admirais l'homme de la Résistance, il y avait dans le style politique du nouveau régime quelque chose qui m'était étranger : trop d'autoritarisme et de personnalisation, trop d'esprit de soumission, trop d'inclination à l'exclusion de ceux qui pensaient autrement.

Vous étiez antigaulliste, au sens où Mitterrand et Mendès par exemple l'étaient dans leurs discours lors de l'investiture du général de Gaulle en juin 1958 ?
Eux l'avaient connu dans la Résistance ou à la Libération. Moi je me suis contenté… de défiler devant lui sur les Champs-Élysées, le 14 juillet 1962, avec l'escadron d'élèves officiers

de Saumur. Ça n'a rien de commun. Pourtant, comme Mendès et Mitterrand, je respectais l'homme du 18 Juin et, comme eux, face au Général qui, appuyé sur les ultras d'Alger, mettait à bas la IVe République, j'étais antigaulliste.

L'attitude de la SFIO, qui participe au gouvernement du général de Gaulle pendant les premiers mois, vous conforte dans vos convictions qu'il faut chercher une autre voie à gauche ?

Sans doute, même si les avatars de la SFIO et l'engagement politique ne sont pas ma préoccupation première au début des années soixante. La guerre d'Algérie a pris fin en 1962 et elle s'achève pour moi par une cruelle désillusion. J'avais déjà été alerté pendant ce conflit et, du côté algérien, par des massacres, des exécutions sommaires, par la virulente opposition armée entre le Front de libération nationale (FLN) et le Mouvement national algérien (MNA). Je m'étais engagé en faveur de l'indépendance de l'Algérie, je savais bien qu'après une guerre meurtrière de huit années – puisque nos responsables politiques avaient été incapables d'offrir une solution plus tôt –, l'indépendance ne serait pas une idylle. Mais la façon dont s'installe le nouveau pouvoir dans ce pays me déçoit profondément. Je m'éloigne alors du militantisme. De la fin 1961 à l'été 1963 je suis à l'armée, de 1963 à 1965 je fais mon stage en préfecture et ma scolarité proprement dite à l'ENA, puis, en 1965, j'entre au ministère des Affaires étrangères. L'engagement politique, qui avait marqué ma vie d'étudiant de 1956 à 1961, cesse d'être au premier plan et s'efface devant ma vie professionnelle.

Quel portrait feriez-vous du jeune homme d'un peu plus de vingt ans que vous étiez alors ?

J'étais vif, heureux de vivre, j'avais quelques dons. Mais il y avait beaucoup à faire pour que ce jeune homme robuste s'accomplisse et je n'aurais pas parié sur un destin singulier.

J'étais un produit un peu brut, et, je l'ai dit, beaucoup de choses m'intéressaient en dehors du travail : le sport, le cinéma, la lecture, la musique, la découverte des femmes. Bref, je vivais. On aurait peine à trouver rétrospectivement dans le jeune homme d'alors le dirigeant politique que j'ai pu ensuite devenir.

Quelles étaient vos lectures ?

Je lisais déjà quand j'étais adolescent, mais je découvre véritablement la littérature, le plaisir des textes, en Lettres supérieures. Il y avait une très bonne bibliothèque en hypokhâgne ; tout le monde lisait, ça allait de soi. Je dévorais les grands écrivains français du XIXᵉ siècle, le théâtre, la littérature russe, anglaise, américaine ou latino-américaine. J'allais aussi beaucoup au cinéma. Nous étions anti-impérialistes… et nous adorions le cinéma américain, des comédies aux westerns.

Finalement vous choisissez de faire l'ENA. Pour un jeune homme comme vous qui était, disons, plutôt rebelle, c'est un curieux choix…

Je choisis moins l'ENA que le service public. Je faisais Sciences Po. Les débouchés, c'était quoi ? Le secteur privé ou le service public. J'ai choisi de servir l'État, c'est-à-dire, à mes yeux, l'intérêt général. Je me suis donc présenté au concours de l'ENA créée quinze ans auparavant, à la Libération, pour rénover la fonction publique. Cette école avait, à l'époque, beaucoup de prestige. Réussir ce concours, c'était tout bonnement atteindre le sommet du cursus universitaire dans lequel je m'étais engagé cinq ans plus tôt.

Vous n'aviez pas le sentiment d'entrer dans une caste ?

En fait, j'avais peu d'idées sur la carrière dans laquelle je m'apprêtais à entrer. En plus, j'avais vécu mes années d'études en militant de gauche et en syndicaliste. Je ne me voyais pas comme un apprenti bureaucrate. Je vous l'ai dit, je voulais simplement achever le cursus universitaire que j'avais choisi et aimé. Parce que les études à Sciences Po m'avaient passionné. Je savais seulement que ma libre jeunesse d'étudiant s'achevait et qu'allait commencer pour moi une vie professionnelle plus contraignante. Mais j'en étais heureux et je l'attendais, comme un rite de passage à l'âge adulte.

Vous n'aviez pas le regard critique de votre collègue Jean-Pierre Chevènement que vous avez connu à l'ENA et qui, à l'époque, a écrit* L'Énarchie[1]*, une critique du recrutement et de la formation des élites ?

Lui aussi est entré dans la fonction publique. Je ne l'avais d'ailleurs pas connu avant l'École, car nous n'avions pas fait les mêmes choix pendant la guerre d'Algérie. Il est vrai qu'en dehors du stage en préfecture à Bourges abordé par moi avec un regard d'ethnologue – tant cette vie nouvelle m'était étrangère –, j'ai été plutôt déçu, après l'Institut d'études politiques, par les études à l'ENA. C'était plus gris et assez conformiste. J'ai ressenti péniblement cette espèce de formatage fait pour transformer des étudiants en fonctionnaires. J'étais à la fois rassuré d'être là et déçu.

Vous faites un stage aux Houillères du Nord dans le cadre de l'ENA. Quel souvenir en gardez-vous ?

Ce fut la bonne surprise. Nous étions tenus de faire un stage d'entreprise, dit encore stage « ouvrier ». Je me suis dit alors : « Allons carrément dans les grands bastions ouvriers » et j'ai demandé les Charbonnages de France. À l'époque, en 1964, les Houillères du Nord et du Pas-de-Calais étaient une énorme entreprise, avec cent mille salariés. Avoir passé quinze jours au fond, en descendant de nuit, avoir parcouru toutes les filières de cette immense Compagnie m'a instruit sur ce qu'était le travail industriel, et bien sûr celui de la mine. En fait, ça m'a rappelé

1. *L'Énarchie ou les Mandarins de la société bourgeoise*, écrit sous le pseudonyme de Jacques Mandrin, Combat, 1967.

un peu l'organisation militaire, avec sa hiérarchie rigide, les ingénieurs étant les officiers, les porions les sous-officiers, et puis les ouvriers, fraiseurs, boiseurs, abatteurs, les soldats. Il est vrai que l'exploitation était dangereuse, l'extraction du charbon se faisait sur des fronts de taille vers lesquels on avait l'impression de monter comme au feu. Un ministre communiste, en 1945, avait bien parlé de « la bataille du charbon » ! La discipline devait être stricte. Peu de semaines après mes quinze nuits passées au puits 9 de Liévin, un coup de grisou y a tué vingt et un mineurs. Je me suis senti soudain très proche de tous ces hommes que j'avais côtoyés et qui étaient frappés ou menacés par les drames de la mine.

Les mineurs devaient vous voir, vous l'étudiant parisien de l'ENA, comme tombé d'une autre planète.

Ils avaient autre chose à faire qu'à me regarder. Ceux avec qui je suis descendu souhaitaient seulement que je ne traîne pas trop dans leurs pattes, que je ne les gêne pas pendant le travail. Mais ils m'ont accueilli cordialement.

À la sortie de l'ENA, vous choisissez le Quai d'Orsay. Est-ce par goût pour la diplomatie ?

Au classement, je sortais juste après les tout premiers destinés à ce qu'on appelait les grands corps : le Conseil d'État, l'Inspection des finances, la Cour des comptes. Le Quai d'Orsay venait ensuite. Plusieurs camarades avec qui j'avais fait l'armée choisissaient les Affaires étrangères et j'ai eu envie de les suivre. Et puis, la perspective de découvrir le monde, de travailler sur l'économie internationale m'attirait – c'est ce que j'ai fait pendant cinq ans au Quai d'Orsay.

En quoi consistait votre travail ?

J'avais dans mon champ de compétences le Fonds monétaire international, la Banque mondiale (la BIRD à l'époque), le GATT (l'ancêtre de l'actuelle Organisation mondiale du commerce-OMC), les problèmes du sous-développement (avec le Comité d'aide au développement de l'OCDE et l'aide française aux pays sous-développés), les Commissions régionales des Nations unies, la Conférence des Nations unies pour le commerce et le développement (la CNUCED), une institution internationale qui venait d'être créée à l'instigation des pays du tiers-monde et qui faisait des analyses et des propositions plutôt novatrices sur les exigences et les difficultés du développement après la décolonisation. Je participais à des conférences internationales au banc de la délégation française, j'écrivais des analyses et des notes, je coopérais avec les services compétents du ministère de l'Économie et des Finances. C'était un travail de jeune haut fonctionnaire mais de haut fonctionnaire mobile, ouvert sur le monde, attentif à ses contradictions. Je garde donc un très bon souvenir de ces années au Quai d'Orsay et des hommes de grande qualité que j'y ai rencontrés comme Olivier Wormser, Jean-Pierre Brunet ou Bernard Bochet. J'ai même appris l'art de la négociation internationale avec Alexandre Kojève, le grand philosophe hégélien, qui était contractuel au ministère des Finances. Il m'enseignait comment il était habile de bloquer la discussion sur un point mineur, puis de céder en paraissant faire une grosse concession, pour être plus sûr de l'emporter sur le point suivant, majeur.

C'était aussi pour vous des années de formation…
Oui, des années de formation précieuses, parce que j'ai pu appréhender la vie économique mondiale à partir des réalités concrètes et des cadres institutionnels du système international, au-delà de la grille d'analyse que je pouvais avoir héritée de ma teinture marxiste.

Pourquoi décidez-vous, cinq ans après, de renoncer à cette carrière ?
Parce que le fossé grandissait entre les désirs et les espérances de l'étudiant de gauche que j'avais été et le destin qui se dessinait

pour le jeune haut fonctionnaire que j'étais devenu. À cette époque, l'orthodoxie gaulliste dominait absolument la haute administration. On ne connaissait pas l'alternance. Il fallait penser d'une seule façon, même si ce n'était pas dans le domaine international qu'on pouvait être le plus en désaccord avec les idées du général de Gaulle telles que la diplomatie française devait les mettre en forme. Et puis, la carrière de haut fonctionnaire qui s'offrait à moi impliquait dans la pratique une grande souplesse et beaucoup de docilité. Je n'avais pas envie de m'y plier. Après quelques années, le choc des événements de 1968 aidant, j'ai voulu retrouver ma liberté de pensée, d'action, d'engagement, et j'ai ressenti l'exigence d'une rupture. Rupture risquée, mais rupture inévitable.

Vous n'aviez pas envie de faire une carrière diplomatique, de devenir ambassadeur ?
Le travail m'intéressait, les contraintes de la vie d'ambassade, moins. Et puis tout cela passait par le renoncement à des valeurs, à des références, à des espérances qui étaient très importantes pour moi.

Durant ces années de jeune diplomate vous commencez à prendre des contacts avec le mouvement trotskiste, un peu avant peut-être. Vous rencontrez alors un « théoricien » trotskiste, Boris Fraenkel. Qui vous l'a fait connaître, comment les choses se sont-elles passées ?
Il y a eu le contexte de l'époque et la part du hasard des rencontres. Le contexte, je vous l'ai dit, c'est celui du gaullisme dominant, d'un mouvement et d'un régime politiques autoritaires qui laissent peu de place à des pensées discordantes ou différentes, en particulier dans la haute fonction publique. Le Parti communiste est fort, mais inféodé à l'Union soviétique et empoisonné par le stalinisme. Les socialistes de la SFIO sont décrédibilisés par la guerre d'Algérie, et le PSU, où je n'étais pas revenu après le service militaire, ne perce pas politiquement.

La perspective d'une alternance, la voie d'une démarche réaliste dans laquelle s'inscrire pour un jeune homme de gauche comme moi n'existent pas. Le rêve révolutionnaire, encore très prégnant à cette époque, m'a touché moi aussi. Tout en aimant mon travail au Quai d'Orsay, je ne me sens pas non plus tout à fait à l'aise dans un milieu où le conformisme me guette et où risquent de s'enliser mes convictions de gauche.

Viennent ensuite les hasards des rencontres. J'ai eu, parmi les éducateurs de l'établissement dirigé par mon père, un ami, Michel Lautrec, qui était proche du trotskisme. Et puis, quand j'étais surveillant, pour payer mes études, à l'École normale supérieure d'éducation physique et sportive (l'ENSEP), l'année précédant mon départ au service militaire, j'ai côtoyé deux jeunes élèves professeurs d'éducation physique, Jean-Marie Brohm et Christian Lidove, qui connaissaient Boris Fraenkel, un intellectuel né à Dantzig et venu en France juste avant la guerre. Après l'armée, revenu à Paris, je le rencontre avec sa compagne Denise dans leur petit pavillon de Montreuil ; il me passe des livres, nous échangeons des idées, nous discutons et c'est ainsi que cet engagement s'esquisse.

L'homme vous a impressionné ? Sa personnalité vous fascinait ?

Je peux admirer mais la fascination, la dévotion sont des inclinations que j'ignore. Boris Fraenkel était ce qu'on a appelé un freudo-marxiste. C'était un des introducteurs d'Herbert Marcuse en France et aussi de Wilhelm Reich dont nous commencions à lire les livres. Je me souviens avoir assisté à Paris avec lui à une conférence de Marcuse. Boris Fraenkel avait la passion des livres, il disait : « Dès qu'on arrête cinq minutes de faire quelque chose, il faut ouvrir un livre. » Traducteur de Lukàcs, de Trotski ou de Reich, il était le représentant d'un certain cosmopolitisme européen, un rescapé de l'immense répression antijuive, un exemple de ces marxistes non staliniens. Tout cela pouvait sans doute impressionner un peu.

Que vous apporte alors la pensée, l'idéologie trotskiste ? Une vision du monde, un sens de l'histoire ? Qu'est-ce qui vous attire en fait ?

Les livres de Trotski étaient autrement plus attrayants qu'un discours de Staline. *Littérature et Révolution*, *Ma vie*, *La Révolution trahie*, parmi d'autres ouvrages, étaient remarquablement écrits. Trotski incarnait le prestige de la révolution d'Octobre sans le stalinisme. À l'époque, nous avions quelques illusions sur le modèle léniniste, la matrice dont le trotskisme ne s'était pas véritablement séparé. Trotski, par son ouverture sur l'Europe, sur le monde, par sa culture, par les liens multiples qu'il avait noués avec des intellectuels et des artistes, par son aura de pourchassé puis de victime, était une figure autrement plus attirante que Staline, cet agitateur sans pensée devenu un despote sanguinaire. Ceux qui se réclamaient de l'ancien chef de l'Armée rouge semblaient parés de son prestige. Et puis, face à l'absence de perspectives pratiques pour agir en politique – moi qui agissais par ailleurs dans la pratique, comme diplomate –, et avec l'impression d'être dans une impasse, partagée par beaucoup de jeunes de gauche, la tentation révolutionnaire était forte. Mais il s'agissait d'abord pour moi d'un échange intellectuel. J'étais plus dans un engagement d'idées que dans un militantisme effectif.

Vous adhérez à l'idée révolutionnaire, au rêve du « Grand Soir ». C'est une perspective qui vous tente ?

L'histoire et la culture politiques françaises contemporaines ont été marquées par le mythe révolutionnaire. Notre naissance au monde moderne s'est faite avec la Révolution française, celle de 1789, mais aussi, pour les plus radicaux, celle de 1793. Ensuite, les révolutions rythment notre histoire : 1830, 1848, 1871 avec la Commune, 1945, qui est presque une révolution, et même 1968 – on y reviendra peut-être – qui sera rêvé comme une révolution. Ma génération a baigné dans la geste révolutionnaire. Même les académiciens écrivaient des livres sur la Révolution. Alors on ne va tout de même pas s'étonner que des jeunes gens un peu rebelles, actifs, aient été séduits par l'idée révolutionnaire !

Vous travailliez le jour au Quai d'Orsay et le soir vous rencontriez Boris Fraenkel pour parler de la Révolution. N'était-ce pas compliqué à vivre, à concilier ?
Pas du tout, c'était même assez excitant. Ce petit côté clandestin me plaisait. De toute façon, si j'étais effectivement tous les jours au Quai d'Orsay, je n'étais pas tous les soirs avec Boris Fraenkel ou d'autres. Pendant cette période, je n'avais pas le sentiment de me diviser, j'avais l'impression d'additionner et peut-être même de compenser.

Dans ces années, concrètement, en quoi consistait votre engagement trotskiste ?
En gros, c'était essentiellement discuter de la situation politique – souvent abordée de façon un peu catastrophiste –, partager une tradition et une culture, recevoir un enseignement et parfois en donner un en retour. Quelques jeunes gens doués m'ont été confiés pour que je contribue à mon tour à leur formation. Je pense par exemple à Michel Broué (fils de Pierre Broué, un historien français de la Révolution russe et de la guerre d'Espagne), normalien, qui est devenu un brillant mathématicien ainsi qu'un défenseur des dissidents soviétiques comme Leonid Plioutch par exemple, et qui est toujours mon ami.

Vous étiez diplomate, vous aviez un statut spécial au sein de l'organisation trotskiste…
Je n'avais pas un milieu professionnel dans lequel militer et je ne pouvais pas non plus aller aux portes des usines. Disons que ma situation m'éloignait, sauf exception, des tâches pratiques. Je ne rencontrais que quelques dirigeants, choisis, comme Pierre Lambert bien sûr, mais aussi Stéphane Just, ouvrier aux Ateliers

Championnet à la RATP. Nous nous voyions dans des appartements, dans des arrière-salles tranquilles de bistrots, parfois chez mon frère Olivier.

Avez-vous été amené, dans le cadre de votre engagement, à faire des missions en Europe de l'Est, dans ces années-là ?
Une fois, à Noël 1970, je suis allé en Pologne pour porter des documents à un mouvement d'opposition clandestin. Il s'agissait de brochures tirées du *Samizdat*, c'est-à-dire de textes d'opposants au totalitarisme dans d'autres pays de l'Est et qu'il fallait transmettre à des militants polonais pour leur fournir des éléments d'information et d'analyse. Si on les avait trouvés sur moi, j'aurais naturellement eu quelques ennuis. Je n'étais plus diplomate à ce moment-là, j'étais devenu professeur. Récemment, en 2008, je suis allé à Berlin pour participer à un colloque sur « 1968 à l'ouest et à l'est de l'Europe ». Adam Michnik faisait partie des intervenants. Et je lui ai rappelé que je l'avais rencontré dans un parc, clandestinement, un soir où il faisait très froid à Varsovie, pour lui remettre des documents. Et tout à coup, replongeant dans le passé, il m'a dit : « Ah, c'était toi ! » J'ai fait ça parce que je pouvais le faire plus aisément que d'autres et que la cause me paraissait juste.

Le printemps de Prague, son écrasement, 1968 à l'Est, ce sont des événements qui vous ont marqué, évidemment…
Dès 1956, après l'écrasement de la révolution hongroise, je me suis demandé si le communisme pourrait accueillir un jour l'idée démocratique, saurait se régénérer par la liberté. J'avais des doutes. La répression du printemps de Prague, douze ans après, en 1968, a balayé ces doutes. Elle a profondément inscrit dans mon esprit l'idée que cette mise en œuvre du communisme ne serait pas réformable et que le régime né en 1917 et exporté ailleurs irait de manière monolithique jusqu'à son terme et s'effondrerait. J'ai espéré pendant un temps – et beaucoup de communistes libertaires ou aspirant à la démocratie en

Tchécoslovaquie, en Pologne, en Hongrie l'ont espéré aussi – que l'égalité et la liberté sauraient se conjuguer dans ces pays. À partir de 1968, j'ai su que cela ne se ferait jamais, que le totalitarisme, justement parce qu'il était totalitarisme, était irréformable.

Au fond le trotskisme, c'est une forme de quête désespérée d'un communisme dans la liberté, d'un communisme revenu aux sources ?

Oui, on peut dire ça. Mais, en même temps, je me suis rendu compte plus tard que les trotskistes et les communistes – même si le trotskisme était un courant critique du stalinisme – avaient en commun la matrice du léninisme, un léninisme idéalisé par les premiers, un léninisme dénaturé et trahi par les seconds. Cette matrice, l'idée d'une révolution violente conduite par une avant-garde, au prix d'une confiscation prétendue provisoire des libertés, exigeait de s'imposer en écrasant toute forme d'opposition et générait le totalitarisme. Cette conviction s'est imposée à moi assez logiquement, car mon adhésion au trotskisme était un rejet du stalinisme et donc du totalitarisme, alors même qu'à l'époque un certain nombre d'intellectuels qui se sont fait ensuite les chantres de l'antitotalitarisme, comme Annie Kriegel ou André Glucksmann, furent des staliniens, orthodoxes ou maoïstes. Ils étaient déjà des donneurs de leçon dogmatiques et ils le sont restés ; seul le contenu de la leçon a changé. Il est vrai qu'il est meilleur.

Juste un mot sur le mai 68 français. Comment l'avez-vous vécu ?

À la veille des événements, j'étais resté éloigné de France pendant deux mois, à New Delhi, pour participer à une conférence des Nations unies sur le développement. J'en suis revenu juste avant mai 68. Vous vous doutez bien qu'un fonctionnaire du Quai d'Orsay ne pouvait pas s'exercer aux barricades. Naturellement, j'ai été touché par le mouvement. Je ne l'ai pas pris de haut sous prétexte que je restais à l'écart. Mais, peut-être parce que je n'étais pas plongé en lui et emporté par son rythme, je n'ai pas eu d'illusions sur son débouché possible. Je n'ai à aucun moment pensé qu'il pourrait entraîner une révolution. Si j'ai trouvé ce mouvement passionnant par la radicalité de ses remises en question, il ne me paraissait pas porteur d'une transformation politique immédiate et profonde. Je n'ai pas été surpris qu'il débouche, par un contrecoup, sur une victoire électorale écrasante de la droite. Son influence s'est fait sentir plus tard, en politique comme dans la société.

Le fait que ce soit la plus grande grève générale de l'histoire française a-t-il alimenté votre réflexion sur le rôle de la classe ouvrière dans les sociétés modernes ?

La mise en mouvement de la classe ouvrière, déclenchée par l'action étudiante, a été extrêmement puissante et impressionnante. Nous savions qu'il existait toujours un prolétariat dans la réalité économique, mais la classe ouvrière ne disposait pas d'organisations susceptibles de lui offrir un débouché politique. La SFIO était étiolée et sans attrait, le PC s'est attaché à canaliser le flot protestataire avant de le ramener dans son lit. Les syndicats, et notamment la puissante CGT, ont recherché un débouché aux revendications, ce qui correspondait d'ailleurs à leur mission. Les petits mouvements d'extrême gauche étaient des ferments sans levain. Quant à François Mitterrand et à Pierre Mendès France, qui ont essayé d'improviser, en vain, un débouché politique, ils en ont subi l'un et l'autre le choc en retour. 1968 est bien la dernière révolution française… celle qui n'a pas eu lieu.

Pour beaucoup de jeunes gens qui y ont participé, cette grève générale, ce mouvement très important de la société française redonnaient une certaine forme d'actualité à l'idée révolutionnaire, idée à laquelle vous étiez sensible…

L'échec de 1968 n'a évidemment pas été un motif de rupture avec l'aspiration révolutionnaire. Le glissement s'est fait pour moi après. Car cette secousse, cette mobilisation d'énergie, ce rejet des conformismes m'ont poussé à écarter le risque de mon propre enlisement dans la routine. J'ai décidé de quitter le Quai d'Orsay. J'ai renoncé à la carrière diplomatique et, après un an d'une transition incertaine, je suis devenu professeur associé dans un IUT, à Sceaux. Si je n'ai pas été un acteur de 1968, les conséquences de ce mouvement sur ma vie propre ont été majeures.

Comment s'est fait ce cheminement vers l'enseignement et l'IUT de Sceaux ?

Le Quai d'Orsay a été élégant avec moi. Mes supérieurs ne comprenaient pas le sens de mon départ, ils voulaient me retenir. Mais j'étais déterminé. Pendant un an ma situation a été instable. J'ai enseigné en vacations à l'Institut d'études politiques de Paris, à celui de Grenoble, dans une boîte privée. J'ai abandonné le grand studio où j'habitais pour me loger dans une petite chambre meublée. Je faisais un saut dans la liberté mais au prix d'une situation incertaine. Puis j'ai découvert, grâce à un ancien de la direction des études à l'ENA qui avait fait cette expérience, Jacques Ménier, qu'il était possible de postuler dans une université comme maître de conférences associé en faisant valoir une expérience professionnelle. Celui-ci m'a fait rencontrer Alice Saunier-Séïté, syndiquée au SNESup à l'époque, donc encore loin de la droite, et qui prenait la direction d'un IUT qui se créait à Sceaux. Elle est devenue une amie. J'ai été recruté sur dossier par une commission de sélection comme maître de conférences associé pour enseigner l'économie et diriger un département de gestion dès la rentrée scolaire 1970. J'ai ensuite enseigné pendant onze ans, jusqu'à la victoire de François Mitterrand et à mon élection à Paris comme député en juin 1981. J'aimais beaucoup faire cours, construire une pédagogie avec mes collègues, rencontrer les étudiants. J'ai dû pas mal travailler pour essayer de transposer en enseignement théorique une pratique d'économiste. J'ai renoué avec le syndicalisme, cette fois enseignant, au SNESup, et j'ai participé à toute une série de mouvements, y compris une grève locale dure contre les méthodes de la directrice qui avait succédé à Alice Saunier-Séïté. J'étais à nouveau libre de m'exprimer. J'ai eu l'opportunité d'animer une collectivité, celle que formaient les collègues enseignants de mon département. Je dois vous avouer que ça m'a bien servi pour diriger plus tard le PS… C'est une des périodes de ma vie où je me suis senti en plein accord avec moi-même.

2

L'engagement au Parti socialiste (1971-1981)

Adhésion – Rencontre avec François Mitterrand – Responsable de la formation – L'Union de la gauche – Contre Rocard – Numéro deux du PS – Voyages avec François Mitterrand – À la tête du PS – Trotskisme et socialisme.

Qu'est-ce qui vous pousse à adhérer au Parti socialiste, celui que François Mitterrand vient de conquérir en juin 1971 ?
J'adhère à la fin de l'année 1971, quelques mois après le congrès d'Épinay qui était resté assez obscur pour moi. Je suis tenté de rejoindre le PS quand je vois se dessiner la nouvelle orientation du Parti socialiste, sa stratégie d'union de la gauche, et s'affirmer la personnalité politique de François Mitterrand. Après tout, j'avais quitté la haute administration et j'étais devenu professeur pour retrouver indépendance de vie et liberté d'engagement. Pour la première fois s'ouvre une perspective politique qui peut me permettre de concilier mes convictions d'homme de gauche et ma formation pratique. Je suis attiré à la fois par l'amorce d'une rénovation du mouvement socialiste et par la stratégie de rassemblement des forces populaires et d'alliance avec le PC. J'étais antistalinien, pas anticommuniste. Enfin, je suis séduit par l'espoir d'une alternative à la droite qui gouverne depuis si longtemps.

François Mitterrand, le nouveau patron du PS, était un homme de la IVe République, il avait été onze fois ministre. N'aviez-vous pas quelque réticence ou prévention à l'égard

d'un homme du passé et qui, de surcroît, avait été ministre de l'Intérieur et ministre de la Justice pendant la guerre d'Algérie ?

Loin d'avoir représenté un obstacle, la personnalité de François Mitterrand a été l'une des raisons de mon adhésion. Il est vrai qu'après avoir été un des décolonisateurs de la Tunisie, du Maroc et de l'Afrique noire, François Mitterrand s'était, à mes yeux, fourvoyé pendant la guerre d'Algérie. Mais son attitude d'opposant résolu depuis 1958 et son refus d'un ralliement opportuniste au général de Gaulle deuxième manière m'avaient séduit. En plus, on commençait à voir s'exprimer avec éclat son talent politique.

Vous aviez voté pour lui en 1965 ?

Oui.

C'est François Mitterrand le leader des forces de gauche que vous vouliez soutenir dans cette campagne présidentielle de 1965 ?

J'avais assisté à un ou deux meetings qui m'avaient plus intéressé qu'entraîné. Et si l'élection présidentielle de 1965 a été indiscutablement la matrice du mouvement de rassemblement ultérieur, elle n'a pas été déterminante dans mes propres choix. François Mitterrand restait à l'époque une sorte d'électron libre, même s'il avait incarné une coalition électorale de gauche contre de Gaulle. Il ne dirigeait pas une grande formation qui soit, à mes yeux, politiquement attractive.

En 1971, au moment du congrès d'Épinay, Mitterrand se trouve à la tête d'une coalition un peu étrange qui va de l'aile droite du parti avec Gaston Defferre jusqu'à sa gauche avec Jean-Pierre Chevènement. Ces soutiens, pour le moins hétéroclites, ne vous perturbent pas ?

C'est vrai, je n'avais pas adhéré au moment du congrès d'Épinay, peut-être en raison de cette confusion. En revanche, dans les mois qui suivent, quand le Parti socialiste commence à élaborer son programme « Changer la vie » de 1972, puis s'oriente vers un programme commun avec le PC et les Radicaux de gauche, la vision et la stratégie politiques deviennent nettes et m'intéressent vivement. J'adhère à ce moment-là.

En quoi votre engagement trotskiste a-t-il pu interférer dans votre choix d'aller au Parti socialiste ? Comment parvenez-vous à concilier les deux ?
J'entre librement au Parti socialiste, c'est ma décision. Même si j'ai des liens avec des trotskistes, il n'y a pas pour moi contradiction, car les deux attachements se situent sur des plans différents.

Mais est-ce que vous parlez de votre intention d'adhérer au PS aux dirigeants du mouvement trotskiste, l'OCI[1], auquel vous appartenez ? Par exemple à Pierre Lambert ?
Naturellement.

Et donc il ne vous décourage pas, il n'émet pas de réserves particulières à vous voir rejoindre les réformistes sociaux-démocrates ?
Non, ça l'intéressait… Les trotskistes avaient une vieille tradition d'« entrisme », en particulier dans la social-démocratie qu'ils voulaient ainsi influencer et pousser plus à gauche.

Pourtant, au moment du congrès d'Épinay, l'OCI n'était pas franchement mitterrandiste, elle soutenait plutôt l'autre camp.
Au début sans doute. Mais cette mouvance du trotskisme va bouger pendant cette décennie. Au point qu'en 1981, elle va soutenir François Mitterrand à la présidentielle. Par ailleurs,

1. Organisation communiste internationaliste, dirigée par Pierre Boussel, dit Lambert.

ce mouvement avait des liens, au plan syndical et notamment à travers Force ouvrière, avec le réformisme.

On a le sentiment qu'en fait ce courant « lambertiste » était une sorte d'aile gauche de la social-démocratie. Est-ce une vue de l'esprit ou est-ce qu'à l'époque vous le vivez un peu comme ça ?

Je ne peux pas parler à la place de ceux qui à l'époque ont été les dirigeants de ce mouvement. Disons que leur condamnation du stalinisme et l'hostilité du PC à leur égard les tenaient moins éloignés de la social-démocratie. Sans doute en allait-il de même pour une autre mouvance trotskiste, celle de la Ligue communiste révolutionnaire, qui utilisait à peu près la même phraséologie. Pour moi, le plus important n'était pas là. À partir du moment où, greffée sur le tronc de la vieille SFIO, du parti de Jaurès décrédibilisé pendant la IVe République et la décolonisation, émergeait une force nouvelle faisant bouger le paysage politique et offrant la perspective qui avait manqué en 1968, une vraie raison de s'engager ouvertement renaissait.

Est-ce que, dès ce moment-là, l'antistalinien que vous êtes sent déjà chez Mitterrand cette volonté de réduire l'influence des communistes ?

Il s'agissait surtout pour lui d'accroître celle des socialistes. On a beaucoup glosé sur une phrase qu'il avait prononcée lors d'un déplacement à Vienne, en Autriche, en présence du chancelier Kreisky et d'autres leaders sociaux-démocrates, et dans laquelle il disait qu'il voulait « affaiblir » le Parti communiste. Le contraire eût été surprenant. Il était normal que le nouveau leader du Parti socialiste veuille que son parti l'emporte sur le Parti communiste. De plus, c'était politiquement intelligent. François Mitterrand savait qu'une gauche française dominée par le Parti communiste n'aurait aucune chance de parvenir au pouvoir : il fallait un rééquilibrage pour changer la donne. Il a, ce jour-là, livré ouvertement un enseignement politique et non dévoilé maladroitement je ne sais quel projet secret.

Est-ce que vous étiez à Vienne pour cette réunion de l'Internationale socialiste où Mitterrand a prononcé ces fameuses phrases disant* grosso modo *qu'« il fallait prendre deux millions de voix au PC... » ?
Je n'étais pas là quand il a prononcé ces phrases. Mais la suite a démontré que cette vision était juste. La gauche ne pouvait pas gagner en France avec un PC dominant qui répugnait à changer, à rompre avec le stalinisme et avec sa défense inconditionnelle de l'Union soviétique. Entre 1971 et 1981, le courant du socialisme démocratique a émergé à gauche comme la première force politique, sans récuser l'alliance avec le PC. La contradiction de départ a trouvé sa solution, en grande partie grâce à François Mitterrand.

Est-ce que cette volonté de rééquilibrage de la gauche exprimée par Mitterrand a joué un rôle important dans votre choix d'adhérer au PS ?
Non, pas directement. Je ne suis pas venu au Parti socialiste pour rééquilibrer la gauche ; j'y suis venu parce que, avec lui, s'ouvrait une perspective de changement. Ensuite, à partir de 1975, au moment de la confrontation et de la polémique engagées par le PC, j'ai travaillé à ce rééquilibrage qui me paraissait indispensable.

Au congrès d'Épinay, Mitterrand avait fait un discours très à gauche comme c'est souvent le cas lors des congrès socialistes, propices aux envolées lyrico-révolutionnaires. À Épinay, Mitterrand parle de « rupture avec le capitalisme »... Vous adhériez à cette formule, à cette phraséologie, à ce projet ?
Absolument. C'était même sans doute une tonalité qui m'inspirait plus que lui. Il faut entendre les résonances de l'époque. Le marxisme est encore influent, la droite est dure et une radicalité

symétrique s'exprime à gauche. La thématique de la révolution, qu'elle soit française ou soviétique, est présente dans l'imaginaire collectif. Nous voulons briser la chape de plomb post-gaulliste. Nous adhérons à ce langage : rompre avec le capitalisme, changer la vie, rassembler un front de classe (pour unir des groupes sociaux différents). On s'exprime dans ces termes à l'époque, pas seulement à cause d'envolées de congrès, ni par ruse. D'ailleurs, quelques années plus tard, parvenus au pouvoir, nous essaierons de traduire ce discours dans la pratique.

Quels sont vos premiers souvenirs de rencontres ou de conversations avec François Mitterrand ? Dans quelles circonstances ?

C'était peu de temps après mon adhésion au Parti socialiste, dans une petite réunion organisée au « 44 » (44 rue de Rennes) par Marie-Thérèse Eyquem avec d'autres proches de François Mitterrand. Pierre Joxe, qui avait contribué à me faire venir au Parti socialiste, après m'avoir repéré à l'époque où nous étions l'un et l'autre aux Affaires étrangères, m'a présenté au Premier secrétaire à la fin de la réunion. Ce fut un simple contact. Quelques semaines après, François Mitterrand m'a demandé de rejoindre un groupe d'experts qu'il composait auprès de lui afin de réfléchir sur un certain nombre de grands problèmes. J'ai été coopté dans ce groupe, dirigé par Albert Gazier, personnalité très respectée de l'ancienne SFIO, pour mes compétences en politique étrangère. J'étais chargé de suivre les relations Est-Ouest. Ainsi, d'un côté, je côtoyais le sommet, un cercle de réflexion du Premier secrétaire ; de l'autre, j'étais un simple militant dans le quartier où j'habitais alors, dans la section du Parti socialiste du 15e arrondissement. Son siège, rue du Général-Beuret, était aussi celui du Parti socialiste ouvrier espagnol (PSOE) en exil, et j'ai fait là la connaissance de Carmen Garcia et d'autres réfugiés opposants au franquisme.

Comment expliquez-vous que François Mitterrand, quelques semaines après votre adhésion, vous propulse dans ce groupe d'experts ? Il avait des fiches de renseignements sur vous ?
Sûrement pas. Nous étions dans un parti en train de se reconstituer, un parti qui, à l'époque de la SFIO, avait cessé de réfléchir. François Mitterrand cherchait à faire travailler intellectuellement des hommes et des femmes jeunes, qui semblaient avoir un bagage. J'étais loin d'être le seul à présenter ce profil.

C'est à partir de cette époque que se noue votre longue relation privilégiée avec François Mitterrand ?
Non. Pas encore. Il va y avoir pendant un an, un an et demi, une période de travail, d'observation, sans proximité particulière. Pourtant, quand je m'exprime au groupe des experts pour faire un rapport sur les relations stratégiques entre l'Est et l'Ouest, je sens que François Mitterrand est attentif et je devine qu'il me juge, qu'il me jauge. Mais quand je le vois, au sein du courant des mitterrandistes que j'ai rejoint au PS, c'est toujours mêlé à d'autres. Les choses changent soudain au printemps 1973, quand il me demande, à ma surprise, d'entrer au Secrétariat national du Parti socialiste et à son bureau exécutif.

C'est à ce moment-là que vous prenez en charge le secteur de la formation…
Oui. Ce jour-là, François Mitterrand quittait en taxi la Cité Malesherbes, siège du PS, pour se rendre chez sa belle-sœur, et c'est dans ce taxi qu'il me lance : « Voilà, Pierre Joxe va quitter le Secrétariat national à la formation parce qu'il vient d'être élu député et qu'il veut se consacrer à sa circonscription. Seriez-vous prêt à le remplacer ? Vous êtes universitaire, vous avez un peu de temps, si cela vous intéresse, j'aimerais vous confier cette responsabilité. » Ça m'a surpris un instant et séduit tout de suite. J'ai accepté et la décision a été prise quelques semaines après, au congrès de Grenoble du Parti socialiste, en juin 1973, à l'étonnement de beaucoup.

À partir de là, comment sentez-vous François Mitterrand à votre égard ? Quelle est sa manière d'être avec un jeune adhérent comme vous ?

François Mitterrand était toujours d'une grande courtoisie. Il savait manier une ironie aimable, et puis vous voyiez en permanence – sans que ce fût désagréable, car c'était presque comme un défi qu'il vous lançait – qu'il était en train de vous apprécier, de vous évaluer dans les actes.

La mission qu'il me confie alors représente un vrai travail, une fonction sérieuse au sein du Parti socialiste. Il s'agit de former ses militants. Au fond, je leur enseigne ce que je suis en train d'apprendre moi-même dans un nouveau parti qui forge son identité. Que doit-on retenir de l'histoire de la gauche ? Que doit-on reprendre du vieux parti de Jaurès et aussi de la SFIO ? Que faut-il rejeter de l'héritage ? Que faut-il garder ? Le PS cherche à définir son approche de la société, son opposition au régime de la Ve République, sa vision de l'économie et de la réforme sociale. On est en train de tout bâtir. Et moi je vais passer deux ans dans un minuscule bureau, avec une petite équipe – dont font partie par exemple Yvette Roudy, Françoise Gaspard ou Yves Lebas – à élaborer des brochures de formation politique, à écrire des textes sur l'histoire du Parti socialiste ou à aller sur le terrain animer des stages dans les départements, rencontrer les secrétaires fédéraux à la formation dont certains deviendront plus tard des premiers responsables fédéraux ou des députés du Parti socialiste.

À partir de là, je ne suis plus confiné au groupe des experts, je sors de ma section du 15e pour me plonger dans le Parti socialiste tout entier en train de s'enraciner sur le territoire national. C'est pour moi l'occasion de comprendre que le socialisme n'a pas le même accent à Toulouse, à Marseille, à Lens ou à Rennes. Je m'immerge dans la vie d'un grand parti démocratique, dans une large communauté. J'affine ma connaissance de la géographie politique de la France. J'aime ce que je fais et, tout en formant, je me forme moi-même.

Moins de deux années après votre adhésion, vous êtes à la direction du Parti socialiste, vous êtes l'un de ses dirigeants. C'est une ascension extraordinairement rapide !

Oublions un instant mon cas personnel. François Mitterrand voulait forger des alliages : il souhaitait fondre des métaux différents dans le creuset du nouveau parti. Il y avait ceux de l'ancienne SFIO : Pierre Mauroy, numéro deux auprès de lui, Gaston Defferre, président du groupe socialiste à l'Assemblée nationale, Robert Pontillon aux affaires internationales, Gérard Jacquet, chargé des relations avec les partis de gauche et les syndicats ou encore Albert Gazier, animant le groupe des experts ; les leaders du CERES, Jean-Pierre Chevènement, Pierre Guidoni, Didier Motchane, Georges Sarre, déjà installés dans la SFIO ; les conventionnels proches de François Mitterrand depuis longtemps : Édith Cresson, Georges Dayan, Claude Estier, Marie-Thérèse Eyquem, Georges Fillioud, Charles Hernu, Pierre Joxe, Louis Mermaz, Louis Mexandeau par exemple ; des responsables venant d'autres groupes comme Pierre Bérégovoy, proche du mendésisme, ou Jean Poperen, ancien du PC. Le Premier secrétaire voulait que, en dehors de ceux-là, s'affirment aussi des hommes et des femmes proches de lui, et qui, arrivés avec lui ou après lui au Parti socialiste, représenteraient non pas un rameau ancien de la gauche, non pas une histoire antérieure, mais cette histoire nouvelle en train de s'écrire… Sans doute me fallait-il quelques capacités pour être distingué, mais son choix relevait aussi de cette volonté constante de faire surgir des responsables nouveaux.

Pour diriger ce parti, pour se confronter aussi au Parti communiste – même s'il ne savait pas si une épreuve de force aurait lieu avec lui –, il avait besoin d'hommes et de femmes solides, qui puissent représenter quelque chose pour la gauche, et qui soient aptes également à assumer des responsabilités au pouvoir, si ce pouvoir devait nous échoir. Car cette perspective a constamment habité François Mitterrand. C'est pour cela qu'il a recherché des personnalités qui pouvaient conjuguer un militantisme authentique et une certaine expertise, y compris une connaissance de l'État.

De quelle manière participez-vous à la campagne présidentielle de Mitterrand en 1974 ? Et comment vivez-vous sa défaite ?
D'abord, avant cette élection surprise – après la mort du président Pompidou –, un événement se produit au sein du Parti socialiste, à la fin 1973, à propos d'un sujet dont je mesure dès cet instant qu'il sera toujours essentiel pour François Mitterrand : l'Europe. À l'occasion de discussions internes, une fraction des mitterrandistes se joignent au CERES sur une position réservée à l'égard de l'Europe et, d'une certaine façon, mettent François Mitterrand en minorité. Or, il considère qu'on touche là à ce qui, pour lui, est fondamental et doit, à ses yeux, être constitutif de l'identité du Parti socialiste. Il tient en outre à préserver le lien entre le socialisme français et les partis sociaux-démocrates du continent européen qui nous connaissent peu encore. Il rejette l'orientation qui s'esquisse et met dans la balance sa présence à la tête du Parti socialiste. Il dépêche des émissaires vers les partis sociaux-démocrates de la Communauté européenne pour leur indiquer clairement sa position. Je pense qu'il a raison, je le soutiens, et il m'envoie porter son message en Irlande. Dans le même temps, il convoque une convention extraordinaire, à Bagnolet, et fait entériner une orientation qui est fondamentalement proeuropéenne, même si elle critique certains aspects de la construction de l'Europe. Cet épisode nous rapproche.

Pour lui l'Europe est un discriminant très important…
Oui, je l'ai compris à ce moment-là. Je savais qu'il avait été un des responsables du Mouvement européen, qu'il avait été partie prenante de la création du Marché commun lors de la signature du Traité de Rome en 1957. Je prends alors conscience de la force de son engagement. Ses amis aussi. Ceux d'entre eux qui

se sont un instant éloignés de lui sur ce point le retrouveront rapidement sur le reste.

Pendant l'élection présidentielle de 1974, où François Mitterrand est le candidat unique de la gauche, beaucoup de responsables socialistes s'installent au siège de la campagne, dans la tour Montparnasse. Il y fallait du monde. J'ai été de ceux qui sont restés Cité Malesherbes pour faire tourner la machine du Parti. Après une vigoureuse confrontation, François Mitterrand est battu par Valéry Giscard d'Estaing. Contrairement à ce que nous espérions, les Français n'ont pas osé choisir l'Union de la gauche ; ils se sont contentés d'une sorte d'alternance à droite et, en élisant Giscard d'Estaing, ils achèvent la rupture avec le gaullisme.

Est-ce qu'à un moment vous avez le sentiment que Mitterrand croit à la victoire ?

Il me semble que, dans la dynamique initiale, il a pensé que le succès était possible. Mais au vu du résultat du premier tour et sachant que nous avions déjà rassemblé toutes les forces de la gauche, il s'est douté que la victoire allait se dérober.

Peu de temps après cette campagne présidentielle et la courte défaite de Mitterrand, le ton monte au sein de la gauche et l'on entre dans un processus d'affrontement entre le Parti communiste et le Parti socialiste…

À l'automne 1974, surviennent plusieurs élections législatives partielles (pour cause d'annulation) et toutes sont gagnées par le Parti socialiste, le PC s'affaiblissant. Ces succès nous réconfortent, puisqu'ils indiquent que l'échec de la présidentielle n'est pas irrémédiable. Mais le PC, lui, s'interroge : l'union de la gauche – dont il avait pensé qu'elle se ferait à son profit – pourrait-elle ne pas le servir ? Il amorce alors un tournant – et vous savez combien le PC à cette époque était capable de tourner brutalement – et commence à nous critiquer durement. Quelle a été à cet égard l'influence extérieure et notamment celle de l'URSS ? On savait que les hiérarques soviétiques n'avaient pas été favorables à l'élection de François Mitterrand, préférant celle de Valéry Giscard d'Estaing. Pourtant, à mon sens, ce sont des raisons de politique intérieure et l'examen du rapport des forces en train de changer entre lui et nous qui conduisent le PC, sans rompre formellement avec l'union de la gauche, à abandonner la rhétorique unitaire et à entamer une offensive directe contre le Parti socialiste.

À cette époque, et malgré leurs premières inquiétudes, les dirigeants communistes ont encore une grande confiance en eux. Ils s'estiment dotés d'une doctrine « scientifique » : le marxisme ; ils disposent d'une organisation puissante de militants disciplinés ; le nouveau Parti socialiste leur semble fragile. Et, pensent-ils, si on impose à ce parti une épreuve de force, s'il doute de ses chances d'accéder au pouvoir, il va vaciller et commettre des fautes. À partir de ce moment-là, la vieille garde stalinienne, celle d'Étienne Fajon, revient aux commandes et, épaulant Georges Marchais, accuse le Parti socialiste d'un prétendu « virage à droite ». Face à l'épreuve de force, François Mitterrand veut répliquer rigoureusement en opérant un retour historique sur ce qui a provoqué la scission entre la SFIO et le PCF dans les années vingt. Il s'agit d'établir clairement ce qui fonde la différence entre le courant communiste et celui du socialisme démocratique au sein de la gauche française. Il crée pour ce faire un groupe de réflexion dont il me confie la responsabilité.

Pourquoi vous ?

Plusieurs personnalités désiraient mener ce travail et le lui ont fait savoir. Mais, à mon sens, il ne souhaitait pas que l'animateur soit une personnalité venue de la SFIO pour ne pas donner le sentiment que l'on perpétuait la vieille querelle. Il ne voulait pas non plus choisir quelqu'un de trop perméable au discours communiste. Quant à moi, peut-être avait-il ressenti que je n'éprouvais ni complexe ni culpabilité en face du

PC, qui tentait précisément de jouer sur ces sentiments en se prétendant le seul représentant légitime de la classe ouvrière et de l'anticapitalisme. Ayant compris ce qu'étaient l'Union soviétique et le totalitarisme, je ne pouvais être impressionné par un parti prosoviétique. N'ayant pas failli lors de la décolonisation, à la place modeste qui était la mienne, je ne me sentais coupable de rien. Le travail collectif que j'animais fut fructueux. C'était le premier dossier vraiment politique que me confiait François Mitterrand, un dossier qui va s'avérer crucial, puisque la persistance de la controverse PC-PS m'amène à l'actualiser constamment jusqu'à 1981. Cette responsabilité commence à me mettre sur le devant de la scène, car la presse suivra cette polémique pas à pas. En 1975, en tout cas, nous nous préparons à résister à une épreuve de force.

Vous rédigez ce rapport pour une convention de votre parti, au printemps 1975, sur le Parti communiste. Est-ce que déjà vous pressentez – et Mitterrand avec vous – que s'amorce là le processus de rupture du programme commun et, finalement, de l'union de la gauche ?

François Mitterrand pressent la rupture et il la craint. Progressivement, après un certain nombre de tâtonnements, nous allons adopter une attitude et dessiner une ligne assez claires : nous ne nous laisserons pas intimider par le PC, nous lui répliquerons aussi souvent que nécessaire sans chercher en rien à exacerber une polémique dont nous savons qu'elle sert la droite. Comme le PC nous reproche, par calcul, de virer à droite, nous ne lui fournirons aucune occasion de critique sur ce point, dans nos propositions comme dans notre stratégie. Les tentations d'alliance au centre, qui naissent dès cette époque au sein du Parti socialiste, seront donc récusées et rejetées. Si bien qu'au bout du compte, selon un vocable qu'on employait alors avec un brin d'ironie, car nous l'empruntions au PC lui-même, nous serons « unitaires pour deux », sans céder à la pression du PC et en lui répondant sur le fond. Nous abordons de front la critique du totalitarisme et du stalinisme. Nous désignons, de façon pas trop discourtoise mais nette, les liens entre le PC et l'Union soviétique. Après la Révolution des œillets au Portugal, en 1974, alors que le PC et, dans nos propres rangs le CERES, s'entichent de militaires supposés progressistes, nous soutenons au contraire le socialiste Mario Soares, posant la question cruciale de la liberté et défendant la démocratie. Sans parler de notre condamnation de l'intervention soviétique en Afghanistan, approuvée par le PC. Ainsi, nous nous battons sur le fond sans donner aucun signe d'un mouvement vers la droite, ni d'une intention de rupture avec le PCF.

Est-ce que tout le monde était sur la même ligne au Parti socialiste, sur cette façon d'être « unitaires pour deux » ?

Là, nous abordons sans doute l'un des moments les plus décisifs de cette décennie pour la gauche et, par contrecoup, pour la structuration ultérieure du paysage politique français. Je suis convaincu, encore aujourd'hui, que si nous avions cédé à ceux qui, d'un côté, nous recommandaient d'être plus complaisants avec le PC, d'intégrer une part des critiques qu'il portait contre nous – ce qui était la position de Jean-Pierre Chevènement et du CERES – ou à ceux qui, de l'autre côté, comme Michel Rocard notamment, n'excluaient pas d'abandonner la stratégie d'alliance avec le PC, nous n'aurions pas gagné l'élection présidentielle de 1981. La capacité à supporter l'épreuve de force sans rompre avec la stratégie d'union, à convaincre que, pour la France, le socialisme démocratique et non le communisme pouvait offrir une perspective à gauche a été essentielle pour la victoire. Aujourd'hui, même si l'extrême gauche est moins puissante que ne l'était le PC, et alors qu'existent des tentations centristes, c'est sans doute la même démonstration que les socialistes doivent opérer. À condition, bien sûr, d'être eux-mêmes résolument réformistes…

La voie était étroite, malaisée…

C'était une voie étroite, et c'est là où l'intelligence de François Mitterrand, sa fermeté politique et sa sérénité ont été cruciales. Cela, j'ai pu l'observer de près. Le PC nous avait tendu un piège : se déclarer indispensable pour gagner, tout en nous refusant son concours pour nous interdire la victoire. Cette stratégie s'est retournée contre lui. En 1981, le PC n'a pu empêcher François Mitterrand, le leader du PS, de réaliser un score prometteur au premier tour de l'élection présidentielle et il n'a eu d'autre recours au second que de nous aider à vaincre, sous peine de voir fuir vers nous l'essentiel de son électorat populaire… lequel voulait évidemment que la gauche gagne. Le gant de velours de Mitterrand l'a emporté sur le gant de fer de Georges Marchais.

Vous observez de près la relation entre François Mitterrand et Georges Marchais pendant toute cette période. Deux personnalités totalement différentes, deux cultures… Comment voyez-vous fonctionner cet équipage ?

Je n'ai pas tout perçu, car je n'ai pas été au début associé à tout. Je me suis retrouvé au cœur de la relation PS-PC assez tard, au moment où les relations se distendaient. À l'époque de l'élaboration du programme commun, j'étais un simple militant. Il me semble pourtant qu'il y a eu au début une sorte de lune de miel, un moment d'entente où les deux hommes étaient d'accord sur la stratégie, bien qu'avec des arrière-pensées ou des espérances différentes. François Mitterrand ne détestait pas l'énergie, la gouaille, le côté faubourien, plébéien de Georges Marchais, cependant que Georges Marchais avait de l'admiration pour la culture et la maîtrise intellectuelle de François Mitterrand. Pendant un temps, ils paraissaient se compléter et ils en tiraient tous deux avantage. Mais à un moment, il fallait bien choisir qui allait diriger cet attelage et surtout qui pourrait le conduire à la victoire. Or il était évident que la gauche ne pourrait pas réaliser l'alternance si elle était dominée par le PC et conduite par Georges Marchais. Les deux hommes le savaient.

Est-ce que vous avez vu venir la deuxième rupture de l'Union de la gauche à l'automne 1977 ? Vous a-t-elle surpris ?
La première rupture, celle de janvier 1975, m'a surpris ; après, nous étions prévenus et en garde. Parfaitement réaliste, pour ne pas dire cynique, le PC s'est rabiboché avec nous, en 1977, le temps des élections municipales. L'union de la gauche et le désistement républicain lui ont permis de conserver l'essentiel de ses mairies et d'en gagner quelques autres. Mais nous en avons remporté davantage encore. Dès qu'ils ont empoché leur gage, pour eux essentiel, les dirigeants communistes sont revenus à leur hostilité antérieure. Ça montrait au moins qu'il y avait un communisme municipal…

En dépit des succès de la gauche aux municipales, la rupture PC/PS va se confirmer. Vous y attendiez-vous vraiment ?
Étant d'un tempérament plutôt optimiste, et attaché comme je l'étais à l'union de la gauche, j'ai sans doute espéré un court moment, en 1977, un retour durable du PC à la stratégie unitaire. Alors, quand ils sont revenus à l'épreuve de force, j'ai été cette fois plus déçu qu'étonné.

Pour continuer sur les relations avec le PC, dont vous êtes alors un expert, quels souvenirs avez-vous conservés de votre face-à-face télévisé avec Georges Marchais, en 1980 ? C'était dans une émission sur le soixantième anniversaire du congrès de Tours, celui de la scission du Parti socialiste qui donna naissance au PCF.
C'était pour *Les Dossiers de l'écran*. J'étais devenu le numéro deux du Parti socialiste après le congrès de Metz en 1979. Je reçois l'invitation adressée à François Mitterrand de se confronter avec Georges Marchais dans cette émission. J'appelle

donc le Premier secrétaire qui est dans sa maison des Landes, à Latche. Je comprends qu'il n'a pas l'intention de débattre avec Georges Marchais. Sans le craindre particulièrement, il ne veut pas être placé en situation d'affrontement, au risque de décourager plus encore la gauche. « Pourquoi ne le faites-vous pas ? » me demande-t-il, avant d'ajouter malicieusement : « À moins qu'il ne vous fasse un peu peur. » Comme ce n'était pas le cas, je me lance : « Je peux toujours essayer. » Ça s'est décidé ainsi.

Comment préparez-vous ce face-à-face ? Marchais était une star du petit écran… redoutable et rompu à ce genre de débat…
Je n'ai sûrement pas sous-estimé celui en face de qui j'allais me trouver. Mais si lui était une star, moi j'avais réuni une bonne équipe, avec quelques-uns des membres du groupe de réflexion sur les relations PS-PC, notamment Jean Pronteau, Colette Audry, plus un historien spécialiste du Parti communiste, Philippe Robrieux, qui, sans être membre du PS, s'intéressait à cette confrontation. Nous connaissions notre sujet et, avec eux, j'ai bien préparé ce débat.

On a surtout retenu cette cinglante réplique à Marchais : « Vous n'avez pas mis les pieds dans une usine depuis trente ans et moi, ce matin, je donnais mes cours. » C'était spontané ou préparé ?
Disons : entre les deux. Je m'attendais à ce que Georges Marchais m'inflige un couplet sur la supériorité du grand parti de la classe ouvrière. J'avais bien l'intention de lui répondre sur ce terrain. Je crois me souvenir que l'idée s'est cristallisée le matin même du débat, alors que je faisais cours. Je me souviens aussi que, lors de mon entrée dans l'amphithéâtre, quelques étudiants – ils étaient assez politisés à l'époque et j'avais un rapport plutôt complice avec eux – ont suggéré, par un geste explicite de la main, que je pouvais avoir peur de Georges Marchais. J'ai souri. Par contre, après l'émission, quand je me suis

retrouvé en cours face à eux, j'ai eu une *standing ovation* dans mon amphi.

Quand vous allez le retrouver sur le plateau, vous êtes dans quel état d'esprit ?
Nous n'étions pas loin l'un de l'autre pour revoir le film sur le Front populaire qui servait de support à ces *Dossiers de l'écran*. Georges Marchais avait les jambes croisées, tout d'un coup j'ai vu son pied qui s'est mis à battre et je me suis dit : « Tiens, tiens, lui aussi il ressent un certain stress ! » Ça m'a détendu.

Après l'émission, vous avez parlé avec Marchais ?
Oui, un peu ; nous avons dîné ensemble dans les locaux de la télévision, nos deux équipes étant séparées mais très proches l'une de l'autre. Nous étions plus contents qu'eux. À ma table, il y avait Jean Pronteau, ancien résistant courageux et député du PC à la Libération. Il évoqua de façon à la fois allusive et un peu provocante une période de l'histoire qui n'avait pas été très glorieuse pour Georges Marchais. L'atmosphère, qui était d'abord à la camaraderie, s'est brusquement tendue.

Est-ce que vous avez l'impression, dans votre rapport avec les médias, ou plus exactement dans l'attitude des médias par rapport à vous, que ce débat a changé quelque chose ?
Les médias s'intéressent à moi dès que je suis chargé de suivre ce dossier. La polémique PC / PS est une question clé à l'époque, et la presse en alimente allègrement la chronique. Je commence à être invité régulièrement dans les émissions politiques, notamment au Club de la Presse. C'est pour moi, sur ce sujet, un exercice assez délicat, car il faut argumenter face au PC sans accroître les tensions.

La confrontation PC / PS se déroule cependant que certains au PS contestent l'autorité de François Mitterrand. Ainsi, alors que la gauche vient de perdre les élections législatives de

1978, Michel Rocard dénonce l'« archaïsme » de Mitterrand. À ce moment-là vous restez fidèle à Mitterrand. À vos yeux, et en dépit de la défaite électorale des socialistes, celui-ci peut encore incarner l'avenir de la gauche ?

À mes yeux oui, même si je ne suis pas sûr que tous les socialistes le pensent alors. Au lendemain de ces élections naissent des contestations et pas seulement celle conduite par Michel Rocard. Par contre, ceux qui sont proches de François Mitterrand ne sont pas ébranlés. Trois questions vont, dans cet après 1978, dominer la relation entre François Mitterrand et Michel Rocard et, finalement, dicter nos choix. Des choix qui seront tranchés par le congrès de Metz, au mois d'avril 1979.

La première était celle de nos options économiques et sociales. Nous nous voulions plus audacieux, plus radicaux que Michel Rocard, et lui – la suite l'a montré – était sans doute plus réaliste. À cette époque, la plupart de nos responsables étaient, comme moi, profondément attachés à une ligne de rupture, en particulier aux nationalisations de grands groupes industriels et financiers, lesquelles étaient au cœur de nos propositions. L'approche plus modérée de Michel Rocard n'était pas de nature à nous convaincre.

La deuxième question était celle de la stratégie. Nous étions absolument convaincus que, si nous rompions ouvertement avec le Parti communiste, en raison de son attitude hostile, pour nous tourner vers le centre, nous ruinions nos chances de gagner la future élection présidentielle. C'était l'élément central de notre détermination. C'est pourquoi, même moi qui respectais Michel Rocard, avais de l'estime pour lui et avais appartenu pendant la guerre d'Algérie à la même mouvance, je ne pouvais approuver la révision stratégique qu'il envisageait. Simplement, au congrès de Metz en 1979, je me suis montré plus mesuré que d'autres mitterrandistes dans la façon de le traiter.

La troisième question était celle du leadership. Nous pensions sincèrement que, malgré ses qualités, et même s'il semblait porté par les sondages, Michel Rocard n'avait pas l'intuition politique, le sens stratégique et l'adresse tactique qui étaient ceux du Premier secrétaire. François Mitterrand restait notre meilleure chance pour l'élection présidentielle de 1981. Pourtant, certains ont été ébranlés à l'époque, Pierre Mauroy par exemple, qui avait accompagné François Mitterrand dès le congrès d'Épinay et qui tout à coup s'éloignait de lui pour soutenir Michel Rocard. D'autres encore. Ce ne fut pas le cas de ceux qu'on appelait les mitterrandistes. Un cercle entourait alors François Mitterrand à la direction du Parti socialiste dans lequel on trouvait, entre autres, Pierre Bérégovoy, Édith Cresson, Marcel Debarge, Claude Estier, Laurent Fabius, Pierre Joxe, Louis Mermaz, Paul Quilès, Yvette Roudy, moi-même. Tout ce noyau-là est resté extrêmement ferme.

L'affrontement entre Rocard et Mitterrand va culminer au congrès de Metz en 1979. On se souvient de l'intervention de Laurent Fabius portant le fer contre Michel Rocard, de la tension et même de la rude confrontation entre les partisans de Mitterrand et ceux de Rocard. Quels sont vos souvenirs personnels de ce congrès, de l'ambiance, de la dureté des affrontements ? Comment avez-vous vécu ces moments décisifs où Mitterrand devait l'emporter pour être le candidat des socialistes en 1981 ?

Le sort du congrès de Metz n'a pas été scellé par des arrangements de sommet ou par des ralliements au cours d'une nuit de négociations, même si l'appui de Gaston Defferre et le renfort des amis de Jean-Pierre Chevènement ont été utiles.

L'issue du congrès était connue dès son ouverture ; elle avait été donnée par les militants eux-mêmes, puisque, par leurs votes, ils avaient préféré l'orientation politique et la stratégie proposées par François Mitterrand à celles que préconisaient Michel Rocard et Pierre Mauroy. Le reste fut affaire de dramaturgie. François Mitterrand, rompant avec la règle et son habitude, décida d'intervenir dès le vendredi pour donner le ton et lancer le congrès. Il le fit de façon offensive, se comportant comme le challenger de son challenger. Michel Rocard fut déconcerté et ne sut pas créer un élan autour de lui…

Avec le recul, considérez-vous aujourd'hui que ce qui se joue au congrès de Metz est déterminant pour l'avenir de la gauche et d'abord pour la présidentielle de 1981 ?

Clairement oui. Si l'alliance de Michel Rocard et Pierre Mauroy l'avait emporté au congrès de Metz, nous n'aurions sans doute pas gagné l'élection présidentielle de 1981. Le Parti socialiste, qui aurait vu son identité troublée, sa stratégie contredite et son leader renversé, aurait traversé une telle crise qu'il serait arrivé défait à l'élection présidentielle.

Et c'est après Metz que vous devenez en fait le numéro deux ?

J'avais eu l'occasion de nouer des relations beaucoup plus étroites avec François Mitterrand après 1975, quand j'étais secrétaire au tiers-monde et sur le dossier des relations PS / PC. Avec le congrès de Metz, je deviens le numéro deux du Parti socialiste, remplaçant à la fois Pierre Mauroy comme Secrétaire à la coordination et Robert Pontillon comme Secrétaire international. Pendant deux ans, j'accompagne François Mitterrand dans nombre de voyages, en Amérique latine, en Afrique, en Israël, en Europe, dans les pays de l'Est, soit pour participer à des réunions de l'Internationale socialiste, soit pour déployer la diplomatie du PS.

Vous passez beaucoup de temps en voyage ensemble. Vous avez des occasions d'échanger longuement avec lui, vous parlez politique, naturellement. Avez-vous également des conversations plus personnelles ?

Oui, je me déplaçais beaucoup, en France pour la direction du parti, et hors de France lorsque j'accompagnais François Mitterrand pour ses voyages à l'étranger. Quand nous ne lisions pas dans les avions – car il lisait beaucoup, et moi aussi –, nous parlions de politique, de la vie du PS mais aussi de sujets que j'avais eu jusque-là peu l'occasion d'évoquer avec lui : la littérature, les choses de la vie, la mort, la Résistance, sa résistance...

Et de Vichy ?

Non, pas à cette époque. Je me souviens d'une phrase qu'il avait prononcée au retour du Sénégal alors que nous survolions l'Espagne où, en novembre 1975, se mourait Franco. Nous avions parlé du fascisme, de la guerre. Il a affirmé soudainement : « Vous savez, la troisième guerre mondiale est inévitable. » Je ne sais pas pourquoi il m'a dit ça, ni jusqu'à quel point il le pensait vraiment – c'était une période de grande tension entre l'Est et l'Ouest –, mais j'ai été frappé par ce pessimisme. Si nos approches politiques convergeaient, nos regards sur la vie étaient différents.

Pourquoi m'a-t-il choisi comme numéro deux ? Je crois que son choix est à la fois symbolique et pratique. Il est symbolique, parce qu'il veut que le numéro deux du Parti socialiste soit un homme du nouveau parti. Il est pratique, car, dès 1979, il se prépare à l'élection présidentielle, il a besoin de liberté, il a besoin de recul. Il sait que je pourrai passer beaucoup de temps à le seconder à la tête du PS. Car si j'enseigne toujours, je n'ai pas de mandat électif important, hormis celui de conseiller de Paris depuis 1977, dans l'opposition. C'est ce qui va se passer. Il reste le leader indiscutable, mais je préside très souvent le Bureau national du Parti socialiste auquel il ne participe pas en permanence. De fait, il m'a placé dans une position d'animation et de direction. Je me prépare, sans le savoir, à une tâche qu'il me confiera plus tard.

Vous êtes proche de François Mitterrand, vous le voyez beaucoup, mais vous ne faites pas partie de la « cour » pour employer un terme plutôt péjoratif.

S'il y a eu cour, je n'en ai jamais fait partie, mais j'étais du cercle proche. J'allais chez lui à Latche et surtout rue de Bièvre, pour des tête-à-tête et, à partir de 1979, pour des rencontres hebdomadaires, parfois bihebdomadaires, avec le petit noyau de ceux que j'ai évoqués précédemment. Pour préparer le congrès de Metz, puis, après le congrès de Metz, pour relever le défi lancé par Rocard pour la présidentielle, nous avons été très actifs à l'intérieur du Parti. Je constatais aussi que malgré des cheminements parfois différents – liés sans doute à nos personnalités plutôt contrastées – nous arrivions souvent à des conclusions politiques semblables ou proches. Si j'essaie de définir notre relation à ce moment-là, je dirais qu'elle était d'une grande intimité, mais d'une intimité politique. Nous étions aussi liés par les livres, non pas que nous ayons toujours lu les mêmes, mais nous échangions nos enthousiasmes et il ne détestait pas me donner des conseils de lecture. À partir de 1975, sur des questions aussi importantes que le choix des forces de gauche que nous devions soutenir à la fin des dictatures en Espagne et en Grèce, le sort de la Révolution des œillets au Portugal, les relations avec le PC, l'Europe, la stratégie d'alliance, nous fûmes dans une convergence profonde.

Vous ne vous êtes jamais opposé à lui ?

Jusque-là, et politiquement, non. Pourtant, un jour, je m'en souviens encore, nous avons eu une sorte de confrontation psychologique. Nous étions dans un séminaire de la direction, assez large, il y avait là une cinquantaine de personnes. J'étais chargé de faire un rapport et j'étais sur le point de le terminer quand François Mitterrand m'a dit de manière un peu agacée : « Jospin, il faudrait peut-être en venir à la conclusion. » Il était extrêmement courtois dans les rapports avec les autres, mais il pouvait s'impatienter et prendre parfois un ton de suzeraineté. Je lui ai répondu : « Monsieur le Premier secrétaire, si vous me laissiez terminer mon propos, vous vous rendriez compte que je suis arrivé à ma conclusion. » Il y eut un blanc, un silence complet, parce qu'il était assez rare qu'on lui répliquât ainsi. François Mitterrand a repris la parole en s'exprimant cette fois à mon égard de façon charmante. Je crois qu'il a déduit de ce micro-incident que j'étais un esprit indépendant et qu'il fallait me convaincre plutôt que me brusquer. Moi, pendant toute cette période, j'ai appris énormément à ses côtés.

Par exemple ?

Prenons les questions internationales : je remarquai sa rigueur portée jusqu'au détail et son attention aux mots. Quand on concluait une rencontre avec des interlocuteurs étrangers par un communiqué commun, je notais la précision avec laquelle il le relisait, raturait, biffait, réécrivait. Il manifestait, pour quelqu'un qui était encore dans l'opposition, à la fois un souci intellectuel et une exigence d'État. J'admirais son talent et son très grand professionnalisme. Il pensait visiblement qu'on ne conquiert pas le pouvoir en se montrant irresponsable dans l'opposition.

Vous étiez dans la délégation du PS qui l'accompagnait à Moscou en 1975. Comment vous, militant de formation trotskiste, avez-vous ressenti ces moments au Kremlin face aux dirigeants du mouvement communiste ?

C'était la première fois que j'allais à Moscou et notre délégation a discuté pendant trois jours pleins avec les dirigeants du Parti communiste d'Union soviétique. Leonid Brejnev a reçu François Mitterrand et nous avons eu des discussions approfondies avec Mikhaïl Souslov, le principal idéologue soviétique de l'époque, Boris Ponomarev et quelques autres. Ça a été l'occasion pour moi d'une double confirmation. L'une, personnelle : la souplesse, la diplomatie de François Mitterrand et aussi sa fermeté de responsable politique qui ne cédait pas à l'intimidation ; l'autre, plus vaste et historique : la perception directe de la glaciation du système soviétique. Cette glaciation se ressentait de façon physique au sommet de l'État, et si nous ne pouvions pas la mesurer au niveau de la société, à l'écart de laquelle nous étions tenus, nous savions que les rapports sociaux étaient eux aussi figés, gelés par le totalitarisme. Nous voyions bien que les dirigeants des organisations de masse qu'on nous faisait rencontrer présidaient des coquilles vides ou des structures à enrôlement obligatoire et sans vie. Nous étions là pour des raisons de diplomatie politique. Et si les mots dont nous usions – classe ouvrière, capitalisme, paix – étaient parfois les mêmes, il n'y avait aucune affinité entre ces gens-là et nous.

Vous avez des souvenirs de ce voyage. Vous avez fait des visites au Kremlin, sur la place Rouge avec François Mitterrand, sur le tombeau de Lénine ?

La place Rouge, le tombeau de Lénine, le dépôt de gerbe au monument aux morts (avec cette curieuse marche qui, pour nous, évoque plus le pas de l'oie que la révolution soviétique), le Bolchoï, un saut à Sainte-Sophie à Kiev, le croiseur *Aurore* à Leningrad, évidemment. Pour moi, une histoire revivait mais l'émotion m'a saisi rarement, sauf peut-être quelques instants dans le bureau et l'appartement de Lénine au Kremlin, car l'on pouvait ressentir, dans ces pièces transformées en musée, les vibrations anciennes de la très lointaine révolution…

Comment était François Mitterrand ? Était-il à l'aise dans ce contexte, avec ces gens du Politburo ?

François Mitterrand s'adaptait très bien à tout, sans renoncer jamais à sa conviction propre ; il établissait les contacts avec méthode. Il essayait de faire passer auprès des dirigeants soviétiques, avec une réussite disons partielle, l'idée qu'ils avaient peut-être tort de jouer à ce point la carte Giscard d'Estaing dans leurs spéculations diplomatiques. Peu de temps après l'élection présidentielle perdue face à Giscard, le Premier secrétaire du PS tenait à introduire le doute dans l'esprit de nos interlocuteurs en leur suggérant qu'ils auraient tort d'écarter toute possibilité à terme d'une victoire de la gauche en France. Il ne les trompait pas, même s'il a fallu attendre plus de cinq ans pour que cette perspective prenne forme.

Est-ce qu'il y a eu d'autres voyages avec François Mitterrand de cette époque qui vous ont marqué ?

Il y eut de multiples rencontres, dans leur pays, chez nous ou ailleurs, avec les leaders socialistes de l'époque : Willy Brandt, Felipe González, Bruno Kreisky, Olof Palme, Andréas Papandréou, Shimon Peres, Yitzhak Rabin et d'autres. Beaucoup d'entre eux sont devenus des amis. Tous m'ont fait réaliser combien les personnalités individuelles, les cultures nationales, les valeurs communes se mariaient pour composer la palette originale du socialisme européen. J'eus avec le Premier secrétaire des déplacements en Amérique latine (excellemment préparés par notre responsable Antoine Blanca), en Afrique, en Yougoslavie, en Israël aussi, en décembre-janvier 1980-1981. Au cours de ce voyage, François Mitterrand dira à Shimon Peres dans un déjeuner privé ce qu'il n'avait pas encore annoncé aux socialistes français : son intention de me voir lui succéder à la tête du Parti socialiste. Il m'en avait fait la proposition très peu de temps auparavant.

Au moment de ce voyage en Israël, certains des proches de Mitterrand lui disent : « Méfiez-vous de Jospin, il est pro-palestinien. » Est-ce que Mitterrand parle avec vous des idées qu'on vous prête ?

Si certains lui ont dit cela, ils avaient tort. Il est vrai que, quand j'avais dirigé le secrétariat au tiers-monde du Parti socialiste, de 1975 à 1979, j'étais un de ceux qui avaient contribué à élargir la vision des socialistes sur le Proche-Orient et la Palestine. Tout en restant fidèles à l'amitié avec Israël, en étant fermement attachés à son existence et à sa sécurité, nous voulions que soit reconnu le mouvement national palestinien et prises en compte celles de ses revendications qui étaient légitimes. J'avais aussi préparé le voyage de François Mitterrand à Alger, ce qui nous avait permis de nouer une relation avec le FLN qui en était resté au souvenir de la SFIO. J'ai contribué à désenclaver le Parti socialiste et à lui faire perdre aux yeux du monde son ancienne image atlantiste et européocentriste. Du coup, il est possible que certains aient pu me trouver tiers-mondiste, voire, totalement à tort, unilatéralement pro-palestinien. En fait, j'étais favorable à la reconnaissance du fait national palestinien pour ouvrir la voie à une négociation et à la paix avec Israël.

Un déplacement au Liban en avril 1977 m'avait, à cet égard, éclairé. À Paris, j'avais connu Kamal Jumblatt, le leader progressiste libanais, rue de Bièvre, lors d'un petit déjeuner chez François Mitterrand, comme moi captivé par le personnage, mélange de chef druze, de progressiste et de philosophe. Je suis allé à Beyrouth, aux cérémonies organisées quarante jours après son assassinat, pour représenter François Mitterrand. Un soir, on nous a invités à rencontrer Yasser Arafat. En pleine nuit, avec mon ami Alain Chenal, entourés d'hommes armés jusqu'aux dents, nous avons roulé à fond tous phares éteints, dans la ville en partie détruite, pour retrouver Yasser Arafat dans l'appartement d'un immeuble transformé en bunker. Ce fut notre première rencontre, avec l'aval de François Mitterrand. En somme, j'ai esquissé, à mon niveau, une position d'équilibre, qui a été plus tard celle de la diplomatie mitterrandienne.

Vous étiez professeur, responsable du PS, vous voyagiez beaucoup. Est-ce que ces multiples activités professionnelles et politiques très prenantes étaient compatibles avec votre vie de famille ?

Le jardin secret de la vie personnelle, comme lieu d'un retrait possible hors du champ ouvert de la vie publique, m'a toujours été indispensable. Quand il a cessé d'être harmonieux, j'ai changé ma vie. À l'époque, j'étais marié depuis six ans avec Élisabeth Dannenmüller et nous avions deux enfants, Hugo et Eva. Nous essayions de vivre intensément les moments trop courts où nous étions ensemble. Tous les jours où j'étais à Paris, je conduisais mes enfants à l'école et je jouais longuement avec eux. Ils sont restés très proches, aujourd'hui encore.

À quel moment et dans quelles circonstances François Mitterrand vous annonce-t-il que vous allez être son successeur et que vous allez devenir numéro un du PS, une fois actée sa candidature à la présidentielle ?

On ne peut pas dire que François Mitterrand ait choisi des circonstances solennelles pour mes promotions à la direction du Parti. Pour mon entrée, la première fois, c'était dans un taxi… Six ans plus tard il m'a proposé de lui succéder dans sa salle de bains. Arrivé rue de Bièvre, je l'avais rejoint dans sa chambre et il s'apprêtait à partir. Il a pris le temps de me demander mon avis sur quelques pages des épreuves de son livre, *Ici et maintenant*, où il évoquait les relations avec le PC. Il m'a lu le passage où il parlait de moi. Puis, il m'a dit : « Excusez-moi, j'ai à vous dire quelque chose d'important, mais en même temps il faut que je me prépare, que je me rase, donc faisons vite… »

Lui aussi y pensait en se rasant…

Il faut croire qu'il était précurseur… En tout cas, il me dit tout à trac : « Je serai candidat à l'élection présidentielle. Je ne suis pas sûr d'être élu, mais ça n'est pas impossible. Vous savez que dès le moment où je serai le candidat du Parti socialiste, je devrai être remplacé à sa tête, comme les statuts nous l'imposent. Seriez-vous prêt à être mon successeur ? »

La scène se déroule à quel moment ?

En novembre 1980, plusieurs semaines avant qu'il n'annonce formellement sa candidature. Peut-être avait-il cette idée à l'esprit depuis qu'il m'avait choisi comme numéro deux, mais jamais ce sujet n'avait été abordé entre nous.

À partir de quel moment a-t-il été évident pour vous qu'il serait candidat ?
Cela reste une question philosophique que de savoir quand une décision se prend : est-ce au moment même de l'acte ou est-ce dans la maturation qui conduit à l'acte ? En l'espèce, je crois que c'était dans la maturation. Le noyau qui entourait François Mitterrand s'y préparait.

Mais il en parlait ?
Il n'en parlait pas publiquement, non.

Je veux dire à vous…
À nous, bien sûr, oui. En laissant les choses ouvertes, même si c'était clair à nos yeux. Le sens du congrès de Metz était déjà en partie celui-là.

Comment réagit-il à la déclaration de candidature de Michel Rocard en novembre 1980 à Conflans-Sainte-Honorine ? S'en montre-t-il préoccupé, inquiet, a-t-il le sentiment d'être pris de vitesse ?
Je crois qu'il souhaitait qu'elle se produisît. Il préférait ne pas avoir, lui, à prendre l'initiative, afin d'agir une fois les données de l'équation connues. Il a réagi très vite après l'annonce de Michel Rocard en amenant plusieurs dizaines de Premiers secrétaires des fédérations départementales du Parti socialiste – nous les avions joints un par un – à lancer un appel en faveur de sa candidature. Sur un fond de calme et de lenteur, François Mitterrand était capable d'une réactivité presque fulgurante.

En tout cas, ce qu'il me proposait ce matin-là était clair : « Si je gagne l'élection présidentielle, vous ne serez pas au gouvernement, car je souhaite que vous assumiez la responsabilité du Parti socialiste ; mais le Premier secrétaire sera associé à tout. » Le choix qu'il faisait de moi, à ce moment-là, signifiait naturellement qu'il avait confiance et aussi qu'il voulait que le Parti socialiste reste vivant. Il savait que je n'accepterais pas cette charge si c'était pour être le chef d'un parti godillot à la mode gaulliste.

À la veille de ce qui fut son premier septennat, François Mitterrand se méfiait encore de la pente des institutions de la Vᵉ République. Il souhaitait présider et, d'une certaine façon, gouverner autrement, accompagné par un parti menant sa propre vie. J'ai accepté sa proposition. Nous avons gardé cette intention pour nous jusqu'au moment où il a déclaré sa candidature. D'ailleurs, c'est dans le même congrès extraordinaire, à Créteil, en janvier 1981, celui où il a été désigné comme candidat à l'élection présidentielle – après un vote des militants, je le rappelle –, que j'ai été élu Premier secrétaire par le Comité directeur.

Qu'avez-vous ressenti en vous retrouvant numéro un du Parti socialiste, succédant à François Mitterrand ?

Pour un homme comme moi, formé au service de l'État, l'idée, si la gauche gagnait, d'être au gouvernement pouvait être tentante. Mais succéder à François Mitterrand – qu'on gagne ou qu'on perde – à la tête du Parti socialiste avait du prix à mes yeux et représentait une tâche excitante.

La question avait un contenu plus personnel, plus intime... Quels sentiments éprouvez-vous quand vous êtes à la tribune, à ce moment où vous vous dites : Lionel Jospin, Premier secrétaire du Parti socialiste ?

J'ai ressenti, à la tribune, un sentiment un peu irréel de fierté et de plaisir. Je m'interrogeais aussi sur mon aptitude à assumer ce rôle. Je connaissais bien le PS, j'y étais apprécié, en particulier par les militants, je ne me mésestimais pas, mais on ne remplace pas aisément François Mitterrand à la tête d'un parti qu'il avait fait sien.

Vous aviez des craintes ? Des doutes sur votre capacité à diriger le parti ?

Qui n'en aurait eu ? Le Parti socialiste n'a jamais été facile à diriger. Et puis, je me suis toujours défié des fanfarons. Pour moi, un homme ou une femme, en politique comme ailleurs, se juge dans l'action, à sa capacité à être à la hauteur de sa tâche.

Et juste après, à la surprise d'ailleurs générale, François Mitterrand part en Chine pour faire un voyage d'une dizaine de jours. Comme s'il voulait prendre du champ ou de la hauteur avant d'entrer en campagne. Vous l'accompagnez dans ce voyage au mois de février 1981…

Ce voyage était préparé depuis longtemps, au secrétariat international du parti, par Jean-Marie Cambacérès, chargé de l'Asie et de la Chine, et par moi. Cet immense pays n'était pas émergent à l'époque, il s'inscrivait dans le système communiste, malgré le schisme sino-soviétique et son poids économique était encore faible.

Or François Mitterrand, qui avait assez bien apprécié le rapport des forces pour l'élection présidentielle, ne souhaitait pas se précipiter dans la campagne et ses joutes. Ce voyage, qu'à vue superficielle on aurait dû remettre, est devenu un geste politique, un signe de calme, de maîtrise et de confiance. Pourtant, beaucoup disaient, à droite et même au sein du PS : « Ça veut dire quoi d'aller dix jours en Chine, en février, alors qu'on entre dans l'élection présidentielle ! »

Certains disaient même qu'il partait en vacances au lieu de faire campagne…

En réalité, le soir tard, après nos journées passées avec nos hôtes chinois, Gaston Defferre, Claude Estier et moi-même retrouvions François Mitterrand dans sa vaste chambre et nous entrions en contact par téléphone avec Paris et Pierre Bérégovoy, Laurent Fabius ou Jacques Séguéla, chacun dans leur rôle. Nous évoquions le climat politique, la future campagne et ses slogans. Celui de « La force tranquille » est né à Paris, mais il a été estampillé en Chine. François Mitterrand voulait montrer qu'il n'était pas dans l'impatience, qu'il abordait tranquillement l'échéance. Il pensait que tout se nouerait au dernier moment, dans les dernières semaines.

Dans ces moments-là, et surtout à partir de mars 1981, on constate la montée en puissance du PS. Dix ans après la refondation à Épinay, le Parti socialiste rencontre un écho croissant dans l'opinion… Comment expliquez-vous cet essor du parti sur une décennie ? Quelle explication sociologique, historique, politique en donnez-vous ?

Une précision d'abord : pour le PS et François Mitterrand cette décennie ne sera magistrale qu'après coup. Nous, nous l'avons vécue de façon plus incertaine. Après tout, nous avons perdu les élections nationales en 1973, 1974 et 1978. Cette ascension est constamment restée résistible. La victoire de 1981 l'a couronnée et lui a donné son sens.

Pourquoi est-ce une décennie cruciale ? Parce que c'est une période de crise dans le monde, avec les troubles du dollar entraînant en 1971 la rupture du système monétaire de Bretton Woods (celui des parités fixes des monnaies mis en place après la Seconde Guerre mondiale) dont on paye encore les conséquences aujourd'hui. Ce sont les premiers chocs pétroliers ; le chômage et l'inflation augmentent en même temps, partout dans le monde. En France, une autre rupture, politique celle-ci, s'opère : la rupture avec le gaullisme, qui provoque – et ça sera un temps une chance pour la gauche – la fin de l'unité de la droite.

Ces dix ans de montée du Parti socialiste ne sont pas sans accidents : nous gagnons souvent les élections locales, nous progressons dans l'opinion, François Mitterrand se forge une stature plus haute… et nous échouons aux législatives de 1973, à la présidentielle de 1974 et encore aux législatives de 1978. Mais le président Giscard d'Estaing rate la fin de son septennat et son Premier ministre Raymond Barre, plus tard très respecté, devient impopulaire ; les deux connaissent un échec économique et financier entraînant un chômage élevé, une forte inflation et un climat d'insatisfaction.

Au terme de la décennie, selon un paradoxe que ni les communistes ni nous n'avions anticipé, la rupture de l'union de la gauche et l'affaiblissement du PC nous servent. La force excessive de l'allié communiste, qui avait retenu au dernier moment les Français de voter pour l'alternance en 1974, a cessé d'être un obstacle. En 1981, le succès de Mitterrand au premier tour oblige les communistes à le suivre au second et, dans un certain imaginaire français, ils ne sont plus une force menaçante.

Si l'on s'attache au Parti socialiste pour expliquer cette décennie faste, beaucoup d'éléments se conjuguent : le talent d'un homme, sa capacité à s'entourer de personnalités fortes mais qui acceptent son leadership, et puis une vie collective, un foisonnement militant, un débat d'idées nourri, l'apparition d'élus victorieux, parfois inconnus qui soudain gagnent des villes. Un vrai leader, une équipe, des militants, un projet face au vieillissement de la droite, à son échec, à ses divisions : la victoire pouvait venir, et elle est venue. Mais c'est seulement après coup que certains l'ont dite inéluctable. Si François Mitterrand était confiant en allant à la bataille en 1981, il n'était pas sûr de gagner, il s'était préparé à perdre. Il a déclaré alors que, même s'il échouait, il aurait rempli une mission historique en relevant le Parti socialiste. Il était sincère, mais nous savions bien qu'il espérait vaincre.

Pendant toute cette période, vous gardez des attaches politiques ou sentimentales, peut-être, avec le mouvement trotskiste. Comment parvenez-vous à concilier cette double casquette ?

Je ne suis pas sûr que le mot « sentimentales » convienne ici et je ne porte pas longtemps deux casquettes. Je suis d'abord trotskiste et socialiste, puis le trotskiste s'efface devant le socialiste. À partir du moment où, en 1973, j'accepte des responsabilités nationales au Parti socialiste, j'agis en socialiste. Je garde avec des dirigeants trotskistes des liens, qui sont des liens personnels, qui sont des liens d'échange, mais qui relèvent d'une forme de fidélité maintenue à un passé, d'une sorte de quant-à-soi, presque d'un jardin secret, politique celui-là, et non d'une discipline militante. Ma vie est celle d'un responsable socialiste.

C'est-à-dire que le socialiste l'emporte sur le trotskiste d'une certaine manière ?

Absolument. Je me souviens d'une phrase qui nous était chère à une époque : « Un révolutionnaire doit faire la révolution… » J'ai compris que, en Europe, nous ne ferions pas la révolution, et j'ai cessé d'être un révolutionnaire. J'ai pensé qu'il fallait agir par la réforme. Il me semble que nous sommes un certain nombre, en France, à avoir suivi le même itinéraire…

C'est du reste une période où il y a des liens très étroits entre les trotskistes de l'OCI et le Parti socialiste ?

Cela rendait peut-être les choses plus faciles ! De toute façon, les liens noués à cette époque entre des socialistes et des trotskistes ne sont pas passés par moi mais par François Mitterrand et son entourage. François Mitterrand n'a jamais abordé directement cette question avec moi ; il a parfois, dans de rares tête-à-tête, de façon légère, fait des allusions un peu amusées que j'étais libre d'interpréter. S'il m'a choisi comme numéro deux du parti en 1979 et s'il m'a demandé de lui succéder en 1981, c'est qu'il savait qu'il allait confier les rênes du Parti socialiste à un socialiste authentique.

Est-ce que vos liens intellectuels avec le mouvement trotskiste vous ont aidé dans vos responsabilités à la direction du PS ? Au fond, est-ce que cette armature, cette formation, était un atout ?

Cette formation antérieure m'a apporté une certaine capacité de recul, une compréhension des aspirations révolutionnaires et aussi une connaissance aiguë du stalinisme. Quant au refus de me laisser intimider par un certain langage communiste, il vient aussi de plus loin, et tient davantage à ma personnalité rétive à l'intimidation qu'aux contacts maintenus avec des trotskistes, dont Pierre Lambert.

Cet homme, Pierre Lambert, leader de l'OCI, apparaît comme un personnage de l'ombre. Vous l'avez vu, vous l'avez rencontré. Quel portrait feriez-vous de lui ?

Par un curieux mélange – et tel qu'il m'est apparu – il était à la fois un homme de principes et un manœuvrier, un dogmatique et un tacticien. Il était entièrement dévoué à l'idéal révolutionnaire auquel il a consacré son existence et cet idéal même autorisait ses accommodements, notamment dans le monde syndical. En dehors de nos échanges sur la vie politique française, nous discutions souvent de l'avenir de l'URSS et donc du sens historique de la révolution de 1917. Il pensait qu'une « révolution politique » surviendrait un jour à Moscou, instaurant une démocratie mais préservant le mode de production « socialiste » et ce qu'il appelait « les conquêtes d'Octobre ». J'en doutais. Quand, après 1989, j'ai assisté à la chute de l'URSS et au triomphe là-bas d'un capitalisme mafieux, je me suis dit qu'il n'avait pas eu raison. Mais nous n'avions plus alors l'occasion d'en parler.

3

Premier secrétaire
(1981-1988)

Le 10 mai 1981 – Le PC au gouvernement – Associé au pouvoir – La gauche redistribue – Le tournant de la rigueur – La querelle de l'école – Rivalité avec Fabius – La montée du Front national – La cohabitation – 1988 – Quelques désaccords avec François Mitterrand – Bilan du premier septennat.

Quels sont vos souvenirs de cette journée particulière du 10 mai 1981, celle de l'élection de François Mitterrand ?

Le 10 mai au matin, je vais voter dans le 18e arrondissement. Ensuite commence une longue journée d'attente, plutôt confiante… En début de soirée, de retour au siège du PS, nous discutons avec les autres responsables : que faire le soir, en cas de victoire ? Paul Quilès, chargé de l'organisation, avait pensé à un rassemblement à la Bastille, parce qu'on manquait de place devant notre siège, rue de Solférino. Et puis nous recommençons à attendre. C'est un peu comme au Palio, à Sienne, en Italie : le temps piétine, puis tout à coup les chevaux partent et, en un instant, c'est déjà fini. C'est souvent cela un jour d'élection. Les premières estimations sérieuses arrivent un peu avant dix-neuf heures, réalisées à partir de bureaux tests, transmises directement par les instituts de sondages à Gérard Le Gall, notre spécialiste en ces matières, présent avec nous dans le bureau : les fourchettes des estimations sont favorables à François Mitterrand.

Ça a été d'un coup une joie profonde où se mêlaient quasi-certitude et légère incrédulité, une fièvre et, en même temps, la conscience qu'il fallait être sûrs du fait et garder cela secret. Ce plaisir, nous ne pouvions pas encore le partager, alors que des dizaines, puis des centaines de sympathisants commençaient à se rassembler sous les fenêtres du PS, rue de Solférino. Un peu avant vingt heures, quand la victoire fut certaine, avant que le visage du vainqueur n'apparaisse sur les écrans de télévision, nous avons ouvert grand les fenêtres pour crier aux gens, aux militants dans la rue : « On a gagné ! »

Quand avez-vous appelé François Mitterrand ?
Deux fois : dès les premières estimations, du siège du PS, et après l'annonce de la victoire, depuis le local des sections du PS du 18e, rue de Trétaigne, où j'étais venu retrouver les militants avant de partir pour la place de la Bastille. Il était heureux et très calme, en tout cas il voulait paraître calme. Il m'a dit qu'il nous rejoindrait beaucoup plus tard au siège du PS. Et il est arrivé effectivement dans la nuit, dans une cohue indescriptible, pour entrer dans son ancien bureau de Premier secrétaire complètement envahi. Nous avons bavardé fort tard, en tâchant de mesurer entre nous ce qui venait d'être accompli…

À quel moment avez-vous décidé la fête à la Bastille ?
Entre le premier et le second tour. Nous avons opté pour un lieu qui soit à la fois symbolique et accueillant pour une large foule.

Ce soir-là où il y a tellement de joie, d'euphorie dans les rues, est-ce que vous ne craignez pas que ces grandes illusions, ces fortes attentes de ce qu'on appelait alors le « peuple de gauche » ne soient déçues par l'épreuve du pouvoir ?
Si vous croyez aux signes de la nature, le fait qu'il ait beaucoup plu ce soir-là – une pluie d'orage mais douce – pouvait nous indiquer qu'un jour peut-être nous serions refroidis, même si les dizaines et les dizaines de milliers de jeunes que je croisais en allant vers la Bastille et en en revenant, les cheveux collés

par la pluie, riant, chantant, bondissant, ressentaient, j'imagine, cette pluie comme une promesse de fertilité et non pas comme une alerte.

L'Histoire a retenu comme image de l'élection de François Mitterrand cette fameuse cérémonie du Panthéon, le 21 mai 1981 : l'homme solitaire en train de déposer la rose sur les tombeaux de Jean Jaurès, Jean Moulin et de Victor Schoelcher. Aujourd'hui, avec le recul, ne pensez-vous pas que cette cérémonie était d'un symbolisme… un peu lourd ?

Non, après bien des années, je ne la renie pas. Ce jour-là, nous la trouvions belle, peut-être parce que nous aimons l'Histoire et que les symboles des roses évoquant ces trois personnages historiques – Victor Schoelcher l'anti-esclavagiste, Jean Jaurès le socialiste homme de paix, Jean Moulin le résistant – nous parlaient. Certains ont trouvé le spectacle un peu ampoulé avec ces voûtes du Panthéon, ces grandes colonnes, cet homme solitaire… Nous, nous avons aimé ce moment, même s'il s'est pour moi accompagné de frustration, parce que je n'ai pas remonté la rue Soufflot bras dessus bras dessous avec François Mitterrand et tous les autres. Comme vous vous en souvenez, il n'était pas arrivé seul…

C'est vrai, on ne vous voit pas sur les images de la foule qui remonte vers le Panthéon, justement…

Je ne serai jamais sur la photo, à la suite d'une étourderie. François Mitterrand était venu à l'Hôtel de ville saluer selon l'usage le maire de Paris, Jacques Chirac. Comme conseiller de Paris, j'étais là pendant la brève cérémonie, et puis tout à coup le cortège est parti à toute vitesse pour le Panthéon, je suis resté à bavarder un peu avec quelques camarades et quand j'ai voulu suivre, tout était bloqué… Alors, avec la voiture personnelle de mon ami Pierre Schapira, nous n'avons pu parvenir au Panthéon que par l'arrière. Sur les marches du monument, j'ai vu cette foule monter vers nous, à la fois désolé et amusé de ne pas en être… comme si l'histoire se déroulait sans moi, alors que j'en étais l'un des acteurs.

Dans ces moments de ferveur populaire, avez-vous ressenti des émotions très fortes ?

Le jour de la passation de pouvoir, le 21 mai, j'ai ressenti plus vivement encore la joie des gens, le bonheur des foules. Le soir, après la cérémonie et le déjeuner amical à l'Élysée, je suis parti de chez moi à pied avec celle qui était alors ma femme, Élisabeth, pour aller dîner joyeusement avec des amis au Balzar, la brasserie près de la Sorbonne. Quand je suis ressorti, dès que les gens m'apercevaient, ils se formaient en cortège et ils me suivaient ! Je devais être pour eux une sorte de substitut de François Mitterrand… Si bien qu'au bout d'un certain moment, plusieurs centaines de personnes se pressaient derrière nous dans la rue en criant « Mitterrand, Mitterrand » ou bien « On a gagné ». J'ai dû ruser un peu pour rentrer à la maison tranquillement. C'était une atmosphère incroyable !

Ce 21 mai 1981, à peine achevée la cérémonie de passation des pouvoirs entre Giscard d'Estaing et François Mitterrand, l'Élysée annonce la nomination de Pierre Mauroy comme Premier ministre… Avez-vous été surpris par le choix que fait alors Mitterrand ?

Dès la campagne présidentielle, des indications donnaient à penser que François Mitterrand irait dans ce sens. Il m'avait personnellement informé qu'il nommerait Pierre Mauroy Premier ministre, après le 10 mai. Je comprenais pourquoi, malgré la prise de distance du congrès de Metz où le maire de Lille s'était tenu aux côtés de Michel Rocard, le président élu faisait ce choix. D'abord, il voulait rassembler les socialistes ; ensuite, malgré cet écart, il avait confiance en Pierre Mauroy ; enfin, Pierre était peut-être pour lui une figure représentative des milieux populaires, qui s'accordait avec ce qu'il voulait incarner.

Et vous, qu'est-ce que vous pensez de ce choix ?
Il me paraît cohérent. Même si les mitterrandistes n'avaient pas oublié le congrès de Metz. Personnellement, j'avais toujours eu de bonnes relations avec Pierre Mauroy. La coupure de 1979 nous avait éloignés sans nous fâcher.

Le deuxième acte politique de François Mitterrand consiste à dissoudre l'Assemblée nationale dans les jours qui suivent son installation à l'Élysée. Il y a un semblant de débat puisque Rocard, lui, pense qu'il ne faut pas dissoudre immédiatement...
En réalité, le débat est clos. Michel Rocard reste sur ses anciennes positions de candidat à la candidature. Quant à François Mitterrand, on savait déjà, avant 1981, que son choix serait différent. Il dissout donc immédiatement l'Assemblée nationale : il veut profiter de la dynamique de l'élection présidentielle pour y conquérir une majorité large. Garder la majorité de droite élue en 1978 jusqu'à ce qu'elle témoigne de son hostilité, c'était chercher la difficulté. Attendre pour dissoudre aurait été une faute.

Les élections législatives se déroulent au mois de juin 1981, le PS obtient une majorité absolue à lui tout seul. François Mitterrand décide de faire entrer des ministres communistes dans le gouvernement Mauroy 2 qui sera composé après les législatives. Cette décision fait-elle débat ?
Les élections législatives d'après la dissolution portent une très forte majorité de gauche à l'Assemblée nationale, où les socialistes sont majoritaires à eux seuls. Je suis élu député de Paris dans les quartiers de La Chapelle-Goutte d'or, avec Daniel Vaillant comme suppléant, tandis que Bertrand Delanoë et Claude Estier l'emportent dans les deux autres circonscriptions du 18e arrondissement. Comme promis, je passe à la fête organisée le soir par des habitants du quartier du Rond-point de La Chapelle avant d'aller savourer, avec d'autres, le succès des législatives à l'Élysée.

La participation des communistes au gouvernement est alors envisagée. Cela n'avait pas été le cas le 21 mai, lors du premier gouvernement Mauroy, afin que l'élan de la campagne législative nous profite essentiellement. Assuré d'avoir une majorité absolue socialiste à l'Assemblée et de ne pas dépendre arithmétiquement des communistes, François Mitterrand peut désormais aborder librement la question.

Des pressions s'exercent immédiatement sur nous. Elles sont discrètes et amicales de la part de la social-démocratie européenne, qui n'est pas très enthousiaste ; elles sont directes de la part des Américains qui nous font passer des messages explicites. Il y a des déclarations officielles, et le vice-président Georges Bush, mandaté par le président Reagan, vient à Paris parler à François Mitterrand. Celui-ci lui donne des assurances en ce qui concerne l'attachement de la France à l'amitié avec les États-Unis et son maintien dans l'Alliance atlantique.

Mitterrand vous demande-t-il votre avis ? Vous êtes le Premier secrétaire du parti majoritaire…

Oui. Et pas à moi seul. Il réunit à l'Élysée, autour de lui, le Premier ministre et un certain nombre de responsables socialistes les plus proches : Bérégovoy, Defferre, Fabius, Joxe, Mermaz, Poperen, moi-même, et il nous interroge : « Que faisons-nous ? » Il évoque les pressions extérieures : « Nous n'avons pas besoin des communistes, est-ce que nous les prenons quand même ? » Une seule voix suggère de s'en passer, celle de Gaston Defferre. Les autres, comme moi-même, jugent qu'il faut rester fidèles à nos engagements. Avoir les communistes avec nous élargissait notre base ; malgré leur hostilité antérieure, ils avaient appelé à voter au deuxième tour pour François Mitterrand et avaient ainsi contribué à sa victoire ; et puis, les militants de gauche souhaitaient l'union. Associer les communistes à l'action qui s'engageait était logique et loyal. Ce fut aussi le point de vue du président Mitterrand. Pour les socialistes, la décision était claire. Il fallait maintenant connaître les intentions des communistes et, s'ils étaient prêts à participer, négocier avec eux. C'est le mandat qui me fut confié avec la direction du Parti socialiste.

Négocier quoi ?

Négocier un accord de gouvernement. Il s'agissait pour nous de passer explicitement un contrat politique. D'abord pour nous assurer que les communistes voulaient vraiment entrer au gouvernement, ensuite pour vérifier que, sur un certain nombre de questions essentielles de politique intérieure et extérieure, ils adopteraient des positions compatibles avec les nôtres. Nous aurons trois rencontres successives avec la direction du PC auxquelles participeront notamment Jean Poperen, devenu le numéro deux du PS, Michel de la Fournière, Véronique Neiertz, Jean Pronteau et Paul Quilès. Les communistes accepteront de s'écarter de leurs positions antérieures, en particulier sur l'Afghanistan, et ils se rapprocheront des nôtres. Ils s'afficheront, en ces quelques jours, aussi souples qu'ils s'étaient montrés durs pendant les mois précédents. Je fus fasciné par ce brusque changement de ton et cet abandon tranquille des positions antérieures. À la fin de la deuxième rencontre, au siège du Parti communiste, avant de dire finalement « Bon, on est d'accord », Georges Marchais a souhaité me voir en aparté : « Écoute, m'a-t-il dit, nous sommes prêts à signer, mais je veux être sûr que vous n'allez pas nous tromper et que Mauroy va effectivement nous prendre au gouvernement. » Je l'ai rassuré : il pouvait avoir confiance. Parallèlement, Georges Marchais a discuté avec le Premier ministre Pierre Mauroy, non pas du contenu de l'accord mais du nombre et des compétences des ministres communistes appelés au gouvernement, question dont je ne me suis pas mêlé. L'accord conclu a été signé, comme j'y ai tenu, lors d'une dernière rencontre, toute formelle, au siège du Parti socialiste.

Est-ce que Georges Marchais envisageait d'entrer lui-même au gouvernement ?

Je ne crois pas. De toute façon, François Mitterrand avait indiqué que les chefs de parti ne seraient pas membres de l'exécutif. Il avait même précisé que ceux des responsables socialistes qui entreraient au gouvernement ne resteraient pas à la direction du parti. Il avait manifestement l'intention d'instaurer une pratique institutionnelle plus proche de l'esprit de la Ve République que de celle des démocraties parlementaires, notamment des social-démocraties. Il voulait que le gouvernement et les partis de la majorité soient associés mais séparés. Si bien que la question de la présence de Georges Marchais au gouvernement, au-delà de ce qu'il souhaitait lui-même, s'est trouvée écartée pour des raisons de principe.

À cause de l'effet d'aspiration des responsables socialistes au gouvernement et dans les cabinets ministériels, ne vous êtes-vous pas retrouvé un peu seul au Parti socialiste ?
Des responsables socialistes importants se sont retrouvés au gouvernement, à la présidence de l'Assemblée nationale ou à l'Élysée (comme Pierre Bérégovoy, nommé immédiatement Secrétaire général de la présidence de la République). Cela a créé un vide à la direction du PS. Cependant que François Mitterrand – appuyé sur Pierre Mauroy – composait souverainement le gouvernement sans m'en parler, moi je composais librement la direction du Parti, en lui en parlant. Nous ne manquions pas de jeunes talents, et ils ont comblé les vides. Ainsi se sont instaurés, dans le meilleur contexte possible, celui d'une victoire, un renouvellement et un rajeunissement de la direction du Parti socialiste.

Les choses se mettent en place dès la mi-juin, le gouvernement est formé, le PS a la majorité absolue à l'Assemblée, vous-même réorganisez la direction du parti… comment va fonctionner le dispositif parti majoritaire et exécutif ?
François Mitterrand craignait à cette époque la pente naturelle de la Ve République. Il ne voulait pas de l'isolement de la présidence qu'il avait vu s'instaurer chez ses prédécesseurs et

il souhaitait que la formation majoritaire, le Parti socialiste, soit étroitement associée au nouveau dispositif politique. Les institutions, les instances officielles se trouvaient naturellement au premier plan : le président de la République, le Premier ministre, le gouvernement, le Parlement avec, à l'Assemblée nationale présidée par Louis Mermaz, le vaste groupe socialiste conduit par Pierre Joxe. Un dialogue se nouait entre eux. Et bien sûr, à travers moi, avec le Parti socialiste. En retrait, s'est ajouté un dispositif plus officieux et très politique. Pendant quelque temps, trois types de réunions ont fonctionné chaque semaine. La première était celle du mardi matin, au petit déjeuner, à l'Élysée, entre le président de la République, le Premier ministre et le Premier secrétaire du Parti socialiste, accompagnés du secrétaire général de l'Élysée, puis plus tard du conseiller spécial du président.

Cette réunion du mardi était-elle un lieu de décision ou un simple cadre d'information mutuelle ?

C'était un lieu de préparation politique et non technique des décisions : on examinait les grands textes qui devaient venir au Conseil des ministres, on évoquait les problèmes politiques et de gouvernement, on parlait des nominations, nombreuses alors, dans l'administration et dans les entreprises qui allaient être nationalisées. C'était donc un lieu où j'étais informé en amont des décisions et où je pouvais donner très tôt mon point de vue et celui du PS.

C'était aussi un lieu de discussion ? La parole y était-elle libre ?

Elle était d'autant plus libre que nous étions peu nombreux. L'échange était tout à fait franc et naturel mais ce n'était pas un lieu de bavardage, nous étions tournés vers la décision et l'action. Avoir été associé à cet exercice tout au long de la législature a été une chance pour moi comme pour le Parti socialiste.

Pendant quelques semaines, une deuxième rencontre s'est tenue. Elle réunissait les principales personnalités socialistes autour du président de la République et du Premier ministre. Une troisième rencontre rassemblait, toujours à l'Élysée, disons, les plus proches de François Mitterrand, ceux qu'on appelait les mitterrandistes, cette fois sans Pierre Mauroy. Mais, rapidement, des indiscrétions ont eu lieu qui ont irrité François Mitterrand et il a supprimé ce troisième rendez-vous qui est devenu occasionnel. Quant à la seconde réunion, celle des principaux ministres et responsables socialistes, elle a glissé à Matignon sous l'autorité du Premier ministre. Le petit déjeuner du mardi à l'Élysée auquel je participais a continué pendant toute la législature. Ainsi, une partie du dispositif officieux – mais non pas secret – a été recentrée sur Matignon. François Mitterrand, me semble-t-il, n'a plus voulu que tout soit politiquement dirigé depuis l'Élysée et il s'est donné plus de marge en étant moins directement impliqué. Il n'est pas resté au milieu de nous comme avant. La propension des socialistes à l'indiscrétion et au bavardage – qu'ils ne sont pas les seuls à cultiver – a fourni le prétexte au recadrage opéré par le président.

Ce rendez-vous du mardi matin, ce petit déjeuner où, de fait, vous êtes associé aux grandes affaires de l'État, vous oblige à la connaissance de ces dossiers. C'est une forme d'entraînement intellectuel et politique très importante pour vous ?

Oui, j'apprends beaucoup. Je suis souvent en position d'écoute. Je ne me mêle pas de chaque projet de loi, de chaque nomination, mais j'interviens quand je pense être utile à la discussion ou quand je veux traduire auprès du président de la République et du Premier ministre les désirs ou les craintes qui s'expriment au sein du Parti socialiste, voire ce que je ressens dans notre groupe parlementaire. Pour moi, c'est un rendez-vous primordial, un formidable apprentissage et une expérience précieuse pour la suite.

N'avez-vous pas le sentiment durant ces réunions de n'être qu'une courroie de transmission... davantage qu'une réelle force de proposition ?

Les prérogatives de chacun étaient respectées. Je n'étais pas président de la République ni Premier ministre. Mais nous étions dans un processus d'élaboration et dans un lieu politiquement très resserré – quatre, puis cinq personnes se rencontrant chaque semaine pendant cinq ans – où les questions de statut et de forme n'étaient pas posées, même si chacun était à sa place. François Mitterrand n'ignorait pas que le parti qu'il avait dirigé pendant dix ans n'était pas le RPR, qu'il ne deviendrait pas un parti godillot ni une simple courroie de transmission. Si vous préférez : la courroie pouvait tourner aussi dans l'autre sens. C'est pourquoi cette instance a été féconde, et j'ai pu y faire passer les aspirations, les demandes et les inquiétudes des socialistes, même si, naturellement, cette réunion du mardi et d'autres rencontres – car je n'étais pas le seul à voir François Mitterrand – ont servi à faire de la pédagogie en direction du PS. Le parti tenait son Bureau exécutif le mercredi et je pouvais, avec les entretiens de la veille, nourrir la direction du Parti socialiste pour son travail.

Vous étiez cependant tenu au secret, à la discrétion en tout cas...

C'est une discipline qu'il m'a toujours été facile de respecter. Chacun est comme il est. Il y a ceux qui éprouvent du plaisir à faire connaître ce qu'ils savent – et parfois même ce qu'ils ne savent pas – et qui s'épanchent. Moi j'éprouve la satisfaction inverse. Je savais que la liberté avec laquelle François Mitterrand s'exprimait devant moi venait de sa certitude que je ne transmettais à l'extérieur que ce qui était utile. Or, pour exercer le mieux possible ma fonction, j'avais besoin de sa franchise et, pour cela, de sa confiance.

À tel point – et ça je le regrette du point de vue de l'Histoire – que je me suis refusé à noter tout ce qui se disait le mardi matin. J'avais mes petits papiers quand je devais préciser tel ou tel point, je notais souvent sur le menu du petit déjeuner – à l'Élysée et à Matignon, il y a toujours des menus – les éléments importants de la discussion. Mais je ne voulais pas être à la fois acteur et observateur.

Vous n'avez pas fait de verbatim… à la différence de Jacques Attali.

Exact. À chacun son comportement et son style. Je n'ai même pas fait comme Édouard Balladur…

La première année 1981-1982 au pouvoir a été celle où la gauche généreuse redistribue : augmentation du SMIC, des allocations familiales, des pensions de retraite… Cette redistribution qui se fait dans les premiers mois du septennat était-elle nécessaire ?

J'accompagne pleinement cette politique annoncée par les 110 propositions de François Mitterrand dans sa campagne. Cette redistribution était indispensable. Il fallait concrétiser le changement, montrer que nous prenions en compte les difficultés et les espérances de catégories sociales beaucoup plus larges que celles qui étaient choyées dans la période antérieure. C'était politiquement nécessaire, socialement juste et économiquement pas absurde. Seulement, pour que la relance par la consommation fût économiquement profitable, il a manqué deux facteurs. D'abord, un contexte mondial différent. Or nous agissons à contre-courant des décisions prises par les États-Unis sous Reagan et par la Grande-Bretagne de Margaret Thatcher. Ensuite, un appareil productif plus efficace. Or on sait qu'il n'avait pas été assez modernisé auparavant. Du coup, la relance par le pouvoir d'achat a entraîné un accroissement des importations et débouché sur une augmentation du déficit commercial.

À partir de quand, vous, qui êtes économiste de formation, commencez-vous à apercevoir des signaux d'alerte. Sentez-vous venir les remises en cause ?

On va les sentir venir un an et demi après mai 1981. Malgré les créations d'emplois, notamment dans le secteur public, le chômage ne reflue pas. Les déficits se creusent entraînant de premiers accidents monétaires qui sont dus en partie à la spéculation et en partie au jugement que portent les marchés monétaires et financiers sur l'état de l'économie française. Un déséquilibre est en train de se créer dont la prise de conscience nous vient progressivement – des hommes tels Jacques Delors, mieux averti comme ministre de l'Économie et des Finances, ou Michel Rocard, plus modéré et aussi plus réaliste, tirant les premiers la sonnette d'alarme.

Rétrospectivement, vous ne considérez pas qu'il y a eu imprudence du gouvernement de l'époque ? Cette politique qui se voulait généreuse a creusé les déficits publics et pas seulement celui du commerce extérieur…

Le paradoxe est que nous n'avons pas distribué tant que cela, ce qui montre la difficulté à changer la répartition des revenus dans des économies capitalistes ouvertes. Mais nous n'héritions pas d'une bonne situation. Nous nous heurtions à la fois au chômage – près de 2 millions de chômeurs – et à une forte inflation. Raymond Barre, le Premier ministre sortant, pourtant jugé bon économiste, n'avait pas jugulé ces deux maux. Cette situation de « stagflation », comme on dit, était très défavorable, car on ne savait pas contre quoi lutter d'abord. Pour autant, un changement aussi significatif que l'alternance en France et l'arrivée de la gauche au pouvoir, attendues par beaucoup avec tant d'espoir, rendaient politiquement indispensable la tentative de mise en œuvre d'une politique généreuse. Le fait est qu'il nous a fallu ensuite opérer un retour au réel.

Dans toutes les réformes qui sont faites à ce moment-là, ce que Pierre Mauroy appelait le « socle du changement », laquelle aujourd'hui vous tient le plus à cœur ? Celle qui vous fait dire : « Tiens, c'est quand même formidable d'avoir fait ça à cette époque »…

Comment choisir ? Les réformes n'ont pas été faites seulement dans le champ économique. Les lois de décentralisation, défendues avec vaillance au Parlement nuit et jour par le ministre de l'Intérieur, Gaston Defferre, ont cassé le vieux centralisme français. L'abolition de la peine de mort, plaidée par Robert Badinter, la rénovation de la politique culturelle conduite avec talent par Jack Lang ont éclairé ces années. Nous avons rendu les relations sociales dans les entreprises moins rigides avec les lois Auroux. Hors les nationalisations, il y a eu les grandes réformes sociales : la retraite à soixante ans, la cinquième semaine de congés payés, qui ont perduré, même si certaines sont aujourd'hui remises en cause par la droite.

Quand Robert Badinter défend l'abolition de la peine de mort à l'Assemblée, vous êtes dans l'hémicycle, que ressentez-vous alors ?

De la fierté, et en même temps la conscience que nous sommes simplement en train de rejoindre le peloton des démocraties européennes qui ont déjà aboli la peine de mort. Dès ce débat, je vois aussi poindre l'accusation de laxisme à l'encontre des socialistes, celle de l'inattention aux problèmes d'insécurité, procès injuste, mais qui sera constamment instruit par la droite.

Autre point important dans les premières décisions de ce septennat : les lois de nationalisation. Alors là, le débat a lieu d'abord en Conseil des ministres. Tout le monde n'est pas d'accord… Il y a les partisans d'une nationalisation partielle, à 51 %, qui suffit à donner le pouvoir à l'État, et puis ceux qui au contraire veulent s'en tenir aux 110 propositions,

c'est-à-dire nationaliser à 100 %. Vous vous situez dans quel camp à ce moment-là ?

Je suis dans le camp des 100 %. Ce débat est une reprise de celui qui avait eu lieu, là aussi, antérieurement à l'élection présidentielle. Michel Rocard était déjà pour une nationalisation partielle. D'autres que Michel Rocard, comme le garde des Sceaux, Robert Badinter, Jacques Delors, ministre de l'Économie et des Finances, quelques chefs d'entreprise amis de François Mitterrand plaideront pour une simple prise de participation majoritaire de l'État. François Mitterrand fera un choix différent, conforme aux engagements pris dès 1972 dans le Programme commun et lié à la présence des communistes au gouvernement. Ce qui nous a déterminés, même si nationaliser à 100 % coûtait davantage puisqu'il fallait indemniser plus d'actionnaires, c'était le côté simple et rapide de la formule. Et son caractère symbolique.

Trois décennies plus tard, est-ce que vous jugez que ces nationalisations ont été utiles pour la France et pour ses entreprises et son économie ?

Au-delà du contexte idéologique et politique de l'époque, le mérite des nationalisations a été d'avoir permis d'investir beaucoup plus dans de grands secteurs de l'économie, contribuant à leur modernisation. D'ailleurs, quand ces entreprises ont été reprivatisées par la droite en 1986, elles étaient dans l'ensemble plutôt prospères. Si nous n'avons pas renationalisé après la victoire à la présidentielle de 1988, c'est qu'il n'était pas concevable d'entrer dans un cycle de nationalisations/privatisations/renationalisations et d'opérer une sorte de yoyo économique et politique. Et puis, l'esprit du temps avait changé.

Aujourd'hui, avec la crise économique mondiale, les nationalisations reviennent à la mode…

Seulement face aux risques de faillites, pour un temps bref, et chez les pragmatiques travaillistes britanniques ! Car le président Sarkozy n'a pas fait comme Gordon Brown et il a préféré apporter des ressources aux banques sans entrer dans leur capital, ce qui aurait pourtant permis, grâce à des sièges aux Conseils d'administration, de mieux contrôler l'usage des fonds publics prêtés par l'État.

Un autre événement politique a fait beaucoup de bruit dans les premiers mois de la gauche au pouvoir. C'est, à l'automne 1981, le congrès du Parti socialiste à Valence où l'on assiste à un concert d'excès verbaux, de diatribes contre le patronat et la droite… on parle, comme Paul Quilès à la tribune, de « têtes qui doivent tomber »… Manifestement vous avez eu du mal à maîtriser ce congrès, le premier auquel vous participez en tant que patron du PS…

Ce congrès sans enjeu de l'après-victoire est devenu, de façon inattendue, un congrès à problèmes. Il y a eu en effet un certain nombre d'excès de langage. À côté de Paul Quilès, on pourrait aussi citer Louis Mermaz, président de l'Assemblée nationale et historien plus pondéré d'habitude, qui proclamait que l'alternance désormais n'aurait plus lieu… qu'entre les forces de gauche ! Je n'avais pas anticipé cet emballement, sinon j'aurais cadré le congrès moi-même dès son ouverture. Mais ce n'était pas l'usage, le Premier secrétaire intervenant généralement en clôture. Jean Poperen, le numéro deux du PS, le Premier ministre Pierre Mauroy, et moi-même à la fin avons contribué à ramener le calme. Mais le ton avait été donné d'entrée et le mal était fait. Il faut se souvenir aussi que la droite était extrêmement virulente, notamment à l'Assemblée nationale où un groupe de chevau-légers menait bataille contre les nationalisations et le reste. La droite acceptait très mal l'alternance. Son hostilité bruyante, qui nous irritait, aurait dû nous rendre au contraire plus prudents et plus habiles.

Et Mitterrand a mal réagi…

Sur ce terrain-là, François Mitterrand était ambivalent. Il aimait bien qu'on se batte mais il ne nous a pas trouvés adroits.

Il vous l'a dit ?

Bien sûr !

En quels termes ?

Agacés et ironiques. Il savait que je n'étais pas parmi les boutefeux. Ensemble, nous avons poursuivi le retour au calme.

On arrive à la période qu'on a appelée le grand tournant, le tournant de la rigueur, 1982-1983, puisque cela se fait en deux temps, à l'été 1982 puis au printemps 1983. Comment vivez-vous ce passage, ce changement de pied ? Êtes-vous prêt ?

On ne peut pas dire que j'y sois prêt, mais je le comprends. Trois questions nous sont bientôt posées : pouvons-nous échapper à une politique de rigueur ? Devons-nous nous couper de nos partenaires européens ? Quel est le choix le plus raisonnable ? Compte tenu de l'aggravation de la situation économique et financière, aucun des responsables socialistes ne croit qu'on peut continuer comme avant. L'inflation, le déséquilibre du commerce extérieur, les déficits publics, les problèmes du franc sont tels que tout le monde admet qu'il faut changer de cap et en venir à une politique plus rigoureuse. Seuls les communistes prétendent qu'il faudrait aller plus loin encore dans la même direction. Ils n'en tireront pas bénéfice auprès des électeurs qui ne croient pas une fuite en avant possible. Quant à Jean-Pierre Chevènement, qui se singularise sur la question de l'ancrage européen, il préconise des mesures de rigueur plus rudes encore.

Le débat va donc davantage porter sur la deuxième question : fait-on ce changement de cap avec ou sans nos partenaires européens ? Faire sans eux, cela veut dire prendre des mesures protectionnistes et sortir du Système monétaire européen, c'est-à-dire d'un rapport relativement fixe du franc aux neuf autres monnaies de la Communauté européenne. François Mitterrand hésite à opérer un tournant économique mais il ne veut pas d'une rupture politique avec l'Europe. Le débat s'engage, je participe aux réunions officielles comme aux rendez-vous officieux avec ceux qu'on a appelés les « visiteurs du soir » qui venaient discrètement livrer leurs suggestions. Comment va-t-on finalement trancher ?

En répondant à la troisième question : quelle est la politique la plus réaliste ? Nous nous rendons compte rapidement – Jacques Delors, ministre de l'Économie et des Finances, et Laurent Fabius, ministre du Budget, nous informant sur l'état de nos finances et le montant très faible des réserves de la Banque de France – que si nous laissons flotter le franc, si nous sortons du système des parités fixes européennes, nous n'aurons sans doute pas assez de devises pour défendre notre monnaie et lui conserver une valeur raisonnable. Cette perspective inquiétante emporte la décision.

À cela s'ajoute le sentiment profondément européen de François Mitterrand : « Si je coupe avec nos partenaires, disait-il, je ne pourrai plus exercer pour la France une influence en Europe. » Or, on l'a vu ensuite, il entendait bien pouvoir affirmer fortement la présence de notre pays sur le continent. Ainsi s'est prise la décision du tournant économique.

Pour vous, cet argument européen est-il un argument crucial ?

Sans doute. Mais ce n'est peut-être pas pour moi le plus déterminant. Car, dans ces journées décisives, nous jouons une partie plus importante encore : celle de la crédibilité des socialistes dans le domaine économique et financier. Elle était sujette à caution depuis l'époque même du Front populaire dans les années trente. Il y a eu là un paradoxe. Le tournant de la rigueur a affecté la popularité du pouvoir et a donc été une des causes de notre échec aux élections législatives de 1986. Mais, contradictoirement, sans ce tournant de la rigueur, nous allions à la débâcle économique et nous n'aurions sûrement pas gagné les élections de 1988. À travers cette expérience douloureuse, les socialistes montraient qu'ils savaient affronter la réalité et que l'on pouvait voter pour eux sans risquer l'échec économique et financier. Il fallait tenir l'économie, si nous voulions assumer l'alternance.

Avez-vous eu l'impression, pendant ces quelques semaines décisives, que Mitterrand hésitait entre les deux politiques, qu'il n'était convaincu ni par l'une ni par l'autre, qu'il essayait de faire une synthèse ?

Oui, il hésite, et je comprends qu'il hésite. Faire « la pause » rappelle de mauvais souvenirs, ceux de l'échec puis de l'arrêt du Front populaire. Aussi a-t-il besoin d'être éclairé par la discussion collective. Elle permet également de former les esprits pour que chacun comprenne pourquoi la décision est prise. Son désir l'aurait porté à poursuivre comme avant, sa lucidité le conduit à tourner.

Dans ces choix et décisions du printemps 1983 il y a quand même une chose étrange : les communistes ne sont pas franchement d'accord avec les nouvelles orientations mais ils restent au gouvernement ; comment analysez-vous cette volonté des communistes de rester ?

Nous hésitions à tourner, les communistes hésitent à rompre. Le fait d'être au gouvernement de la France plus de trente-cinq ans après la Libération a du sens pour eux. Et puis ils n'oublient pas qu'une partie de leur électorat a voté dès le premier tour pour François Mitterrand en 1981. Enfin, même s'ils n'approuvent pas le changement de cap, ils sont traités loyalement au sein du gouvernement, François Mitterrand et Pierre Mauroy les respectent, et ils n'ignorent pas les nécessités qui nous conduisent là où nous allons. Il leur est malaisé de nous lâcher aux premières difficultés. Pour autant, à partir de cette date, sans doute commencent-ils à réfléchir au jour où la sortie du gouvernement leur sera profitable… Le moment de la sortie viendra, le moment profitable jamais.

En tant que Premier secrétaire du PS, il vous revient, d'une certaine manière, de faire la pédagogie de ce changement ; vous avez une formule qui est restée dans les mémoires et qui évoquait une « parenthèse ». Vous y croyiez à cette « parenthèse » ou est-ce que c'était une manière de faire passer la pilule ?
C'était ma façon de dire qu'il y aurait ensuite des temps meilleurs. Au côté du gouvernement, j'ai expliqué pourquoi nous étions obligés d'infléchir notre politique, en quoi les données économiques nous étaient défavorables, tout en maintenant l'espérance d'un autre avenir. Cette évocation de la « parenthèse » était une façon pour moi d'accepter et de faire accepter le changement. D'ailleurs elle ne sera pas si mal comprise, puisqu'il n'y aura pas de désarroi chez nos militants et que le Parti socialiste fera, quoique battu, un bon score aux élections législatives de 1986, tout en préservant ses chances pour la suite.

Est-ce qu'il ne fallait pas vous convaincre vous-même de cette thématique de la « parenthèse » ?
Vous savez, la politique commence souvent par là…

À ce moment-là, quand les socialistes tournent le dos aux promesses et à la politique engagée dans les débuts du septennat, avez-vous le sentiment que c'est la fin de ce qu'on a appelé les illusions de 1981 ?
Nous ne tournons pas le dos aux promesses : les réformes promises, nous les avons faites. À l'évidence, nous serons défaillants sur le terrain du chômage. Disons que, pour mon propre compte, j'en tirerai les leçons quand j'aurai à gouverner en 1997. D'une part, je mettrai la lutte contre le chômage au premier rang de mes priorités. D'autre part, j'infléchirai notre vision du temps

en politique et celle du rythme de l'action gouvernementale. Je ne proclamerai pas que tout doit être fait en cent jours, pour mieux échapper à la fatalité du « tournant ».

Avez-vous le sentiment, sur le moment, de vivre un tournant historique parce que ça va être l'arrimage à l'Europe et que le socialisme français ne sera plus jamais le même après ?

Non. Parce que nous étions déjà arrimés à l'Europe et que François Mitterrand était très européen depuis longtemps. Nous le savions, nous, après la fameuse convention du PS de 1973. En réalité, le tournant historique aurait été la rupture avec nos partenaires européens. Nous sommes donc restés fidèles à nous-mêmes. D'ailleurs, peu de mois après, François Mitterrand mènera une bataille décisive contre la droite et Jacques Chirac opposés à l'adhésion de l'Espagne et du Portugal à la Communauté européenne, adhésion finalement bien comprise par les Français.

En choisissant la politique de rigueur, Mitterrand n'a-t-il pas le sentiment d'avoir perdu idéologiquement ? Vit-il ce choix avec un sentiment d'échec du primat du politique ?

François Mitterrand aurait préféré ne pas avoir à changer. Il était contrarié d'avoir à subir le cours que Ronald Reagan et Margaret Thatcher avaient, pour leur compte, délibérément choisi. Mais le mot rigueur a plusieurs sens. Il peut prendre le visage de l'austérité. Il peut aussi évoquer la rigueur des temps qui vous impose de changer ou la rigueur du raisonnement qui vous conduit à mieux tenir compte du réel. Donc, ce tournant a été un mouvement complexe et ambivalent qui illustrait les interrogations que faisait surgir à l'époque l'épreuve du pouvoir.

À ce moment-là, vous allez à la télévision dans une émission de variétés et vous chantez « Les feuilles mortes se ramassent à la pelle... ». C'est une coïncidence ?

Votre question est bien malicieuse. J'écoutais récemment Barbara

Hendricks rappeler qu'elle avait chanté *Les Feuilles mortes* devant Yves Montand avant d'ajouter: « Mais c'était logique, c'est la plus belle chanson française ! » J'ai donc tout simplement chanté la plus belle chanson française... D'ailleurs, les feuilles tombent rarement sans que d'autres repoussent, un jour. On m'a parfois reproché ce qui fut, je crois, ma seule concession à la politique spectacle. L'agréable c'est que, depuis, où que j'aille, et parfois très loin, s'il y a un piano, on me joue cet air...

Durant ces années de la gauche au pouvoir, votre rôle ne se limite pas à une défense et illustration de l'action du gouvernement et du président de la République... Au fond c'est quoi le job du Premier secrétaire ? L'organisation du Parti, son fonctionnement, son travail sur les idées ?

Diriger, c'est toujours orienter, donner un sens. En l'occurrence, c'est aussi, sans jeux de mots, s'occuper de la Direction, c'est-à-dire des principaux responsables: faire que chacun se sente à l'aise et travaille. C'est pousser le parti au débat, à la réflexion et aux propositions. Cela implique des groupes d'experts (et Claude Allègre m'a beaucoup aidé sur ce point à l'époque) mais cela passe aussi par les militants qui doivent se nourrir du mouvement des idées. C'est encore incarner et défendre le PS dans la vie publique, répliquer aux adversaires, dialoguer avec les partenaires et parler aux citoyens. Pour faire ce job, comme vous dites, il faut rencontrer les militants, les entendre, les respecter, je dirais presque les aimer, sans oublier de leur proposer des interprétations du monde et des perspectives. Il faut enfin organiser la machine et bien s'entourer pour le faire. Au bout du compte, il faut donner beaucoup de soi, tout en évitant d'agir seul.

En 1984 éclate le conflit de l'école, celui de l'école privée, avec le projet de loi Savary sur le grand service public laïque et unifié... et son retrait à l'été 1984 alors qu'une grave crise politique menace. Quelle était votre position sur ce projet censé défendre la laïcité et le service public de l'éducation ?

Mon appréciation de l'époque, restée intacte aujourd'hui, était que cette affaire avait été mal emmanchée dès le début. Il était normal, et attendu par les laïques, que l'on revienne sur les privilèges excessifs accordés par la droite à l'école privée confessionnelle, mais on ne pouvait pas nationaliser l'école privée sans porter atteinte aux libertés. C'était donc impensable. Et il était malheureusement illusoire de pouvoir unir les deux écoles, l'école publique et l'école privée, dans un « grand service public unifié d'éducation ».

Qui était une promesse électorale du candidat Mitterrand et des socialistes…

C'était, parmi nos promesses électorales, l'une des plus mal pensées. Je comprenais la longue frustration du camp laïque et de la gauche. Après tout, jeune homme, j'avais manifesté avec le Comité national d'action laïque contre les lois Debré en 1959. Mais unifier les deux écoles était impossible. En outre, le ministre de l'Éducation, Alain Savary, homme de qualité et de bonne foi, a été extrêmement lent dans sa démarche. Tout aurait dû être traité sur la base d'un compromis raisonnable dès les premiers mois. Or, en 1984, soit trois ans après notre arrivée au pouvoir, rien n'avait été tranché et l'on en était venu au projet chimérique d'une sorte de concordat entre l'école publique et l'école privée. Pour les milieux catholiques et pour la droite, la gauche paraissait liberticide en voulant annexer l'école privée, sans que le projet satisfasse les laïques ou les mobilise.

Vous étiez hostile à ce projet, tel qu'il était…

Je pensais que ce projet irréalisable était dangereux…

Vous en parlez à Mitterrand ?

Naturellement ! J'avais exprimé publiquement mes doutes à ce sujet plusieurs mois auparavant. J'en ai parlé à nouveau avec François Mitterrand quand j'ai senti que le climat se durcissait. À un moment, ce n'était plus seulement la querelle scolaire qui était en jeu, c'était la question même de la stabilité de notre pouvoir et de sa capacité à durer. Je voyais monter une grave menace pour la pérennité de tout ce que nous avions engagé en 1981 et j'étais anxieux qu'on trouve une solution, un compromis honorable et simple.

Sur cette affaire, la gauche au pouvoir a jeté dans la rue des centaines de milliers de manifestants…

Des centaines de milliers de personnes sont descendues dans la rue pour défendre l'école privée, dont beaucoup n'étaient ni de droite ni des militants confessionnels. Très vite, en juillet 1984, François Mitterrand m'a demandé de venir le voir à Latche, en présence de Michel Charasse, chargé de réfléchir à la mise en forme juridique d'une nouvelle solution. Sans avoir pu formellement consulter le PS, le président et moi avons, en plein accord et presque seuls, esquissé la solution des mesures simples et pratiques qui ont été mises en œuvre par le nouveau ministre de l'Éducation nationale, Jean-Pierre Chevènement. Après avoir démissionné du ministère de la Recherche et de l'Industrie seize mois auparavant, il revenait au gouvernement. En l'occurrence, il a bien fait le travail. Le compromis auquel nous sommes parvenus a, je le crois, sauvé l'avenir du septennat. Il a aussi commencé à solder l'historique querelle scolaire en France. Et dix ans après, lorsque François Bayrou et Édouard Balladur ont voulu redonner des avantages indus à l'école privée, une manifestation géante s'est déroulée dans l'autre sens, enterrant leur projet. J'étais bien sûr dans cette manifestation.

Mais quand François Mitterrand dit, quelques années après, qu'il savait lui-même quand il a engagé cette réforme qu'elle n'irait pas jusqu'à son terme, qu'il attendait que les choses aillent jusqu'à leur paroxysme pour finalement arrêter tout et dire « on ne peut pas le faire », n'est-ce pas une manière pour lui de réécrire l'Histoire ?

Il m'est difficile de parler à sa place. Je suis sûr en tout cas qu'il a su assez vite que le projet initial ne pourrait aller à terme parce qu'il prétendait marier des sensibilités et des cultures incompatibles.

Quand François Mitterrand évoque à Latche cette sortie de crise, est-ce qu'il est clair pour vous que le retrait du texte et le recul du gouvernement vont conduire au départ de Pierre Mauroy de Matignon ?

Non. Pour moi, ces deux choses étaient encore distinctes. Le rapport étroit et amical qui existait entre Pierre Mauroy et Alain Savary – lequel se sent alors désavoué et démissionne –, la lassitude du Premier ministre après trois années de dur travail, les évolutions intervenues dans la politique économique – même si Pierre Mauroy les avait souhaitées – pouvaient faire surgir l'hypothèse d'un changement. Pourtant, je n'avais pas conscience, quand je suis allé retrouver François Mitterrand dans sa bergerie, que l'épisode allait sceller le sort du Premier ministre. À Latche, ce sujet n'a pas été évoqué. François Mitterrand m'en parlera à l'Élysée à la veille de sa décision.

N'empêche que la conséquence immédiate du retrait du texte, c'est la démission de Savary et celle de Mauroy dans les heures qui suivent et, très vite, la nomination de Laurent Fabius. C'est un choix qui s'imposait à Mitterrand, celui de Laurent Fabius ? Est-ce qu'il vous en parle avant de le désigner ?

D'abord, j'ai eu l'impression que Pierre Mauroy quittait son poste avec le sentiment du devoir accompli et sans amertume par rapport à François Mitterrand. D'une certaine façon, cette décision de départ, ils l'ont prise ensemble. Cette fois, François Mitterrand ne se contente pas de m'informer mais me consulte sur le choix du Premier ministre. Il m'adresse Michel Charasse – décidément fait pour ces missions un peu secrètes, car s'il est volubile, il sait aussi très bien se taire –, à Bruxelles où je me trouve pour une réunion du Parlement européen. Le messager du président me rejoint avec une courte liste de noms et me dit : « François Mitterrand souhaite connaître ton opinion : quels sont, selon toi, les avantages et les inconvénients du choix de chacune de ces personnalités comme Premier ministre ? »

Et il y avait qui sur la liste ?
Dans mon souvenir, il y avait Pierre Bérégovoy, Laurent Fabius, Pierre Joxe et Louis Mermaz.

Pas votre nom ?
Non, non. Sinon, il aurait sans doute demandé son avis à un autre… J'ai donné le mien d'une façon précise et respectueuse de chacun.

Vous vous souvenez de ce que vous avez dit sur Fabius ?
Je me souviens de tout. Sur chaque nom, mon point de vue était politique, pas personnel.

Le choix du président de la République, c'est aussi votre choix ?
Ce n'était pas le sujet. François Mitterrand ne me demandait pas une préférence et je ne suis pas sorti de mon rôle. Je suis entré dans l'exercice tel qu'il me le proposait, en déclinant les avantages et les inconvénients, selon moi, de chaque choix possible.

Quels étaient selon vous les qualités et les défauts de Laurent Fabius qui est nommé Premier ministre ?
Je n'ai pas à distribuer des bons et des mauvais points aujourd'hui plus qu'hier. En tout cas, le choix de Laurent Fabius était un choix adapté à la situation. Il a bien rempli sa mission, même s'il a pu penser ensuite qu'avoir été choisi si jeune et dans un contexte si difficile n'avait pas forcément été, pour son propre avenir, un avantage.

Ce choix était politiquement signifiant : un recentrage politique, une nouvelle orientation… d'ailleurs les ministres communistes quittent le gouvernement.

Les communistes cherchaient un prétexte pour quitter le gouvernement et ils l'ont trouvé. Mais ils ne disent pas tout de suite qu'ils partent. Ils se tournent vers Laurent Fabius. Quand celui-ci m'accueille à Matignon après sa nomination, je m'en souviens, un matin tôt, il vient de recevoir de la part des communistes des demandes un tantinet exorbitantes et faites pour ne pas être acceptées, notamment de postes ministériels. Ce n'est pas Laurent Fabius qui a souhaité que les ministres communistes quittent le gouvernement ; ce sont les communistes seuls qui ont décidé de partir. J'ai seulement eu l'impression que Laurent Fabius s'accommodait de leur départ. Par le choix de son nouveau Premier ministre, François Mitterrand a voulu surprendre. Il a fait le pari de la jeunesse. Il voulait un homme compétent techniquement, qui saurait faire preuve de pédagogie, quelqu'un en qui il avait confiance et qui lui paraissait correspondre au nouveau cours, au nouveau ton que la gauche devait emprunter face aux événements.

Juste un point d'histoire : en tant que Premier secrétaire du PS, est-ce que vous avez des contacts avec la direction du Parti communiste au moment, en juillet 1984, où ses ministres quittent le gouvernement ?

Directement et sur l'instant, non. De 1981 à 1984 je n'ai pas eu avec Georges Marchais les rapports confiants et amicaux que j'aurai plus tard avec son successeur Robert Hue. Ce n'était pas le même type d'homme, pas la même période et je n'étais pas non plus dans la même fonction. Avec Georges Marchais, pendant ces trois ans, nous nous sommes appelés, ou rencontrés en tête à tête, assez peu souvent. Nous avons eu des réunions de délégation à délégation entre le Parti communiste et le Parti socialiste, assez formelles, au cours desquelles les préoccupations tactiques et l'inquiétude du Parti communiste étaient palpables. Leur départ en 1984 m'a préoccupé sans me surprendre.

Vous qui connaissez bien les communistes, est-ce que vous sentiez les nuances, les divergences même qui existaient au sein de la direction du PCF à ce moment-là ?
Pas vraiment. Il y avait des tempéraments différents chez les ministres communistes : Anicet Le Pors, Jack Ralite semblaient plus ouverts. Un homme comme Charles Fiterman était dur dans cette période, même s'il a beaucoup évolué ensuite. Les divergences au sein du Parti communiste, on les a vues s'exprimer ouvertement plus tard, quand le déclin s'est amplifié.

Est-ce qu'un éclatement possible du Parti communiste était possible… avec une partie à jouer pour les socialistes en utilisant ces divergences à la direction communiste ?
Non, cette question ne s'est pas posée. Charles Fiterman, plus tard, a failli tenter l'aventure positive d'une ouverture du Parti communiste. Il n'en a pas eu l'audace… ou les moyens.

Le but de la nomination de Fabius n'est-il pas dans l'esprit de Mitterrand, d'abord et avant tout, d'éviter la « Berezina » aux législatives de 1986 qui arrivent ?
François Mitterrand souhaite un gouvernement bien conduit, un appareil d'État maîtrisé et dirigé. À sa demande, le Premier ministre et les ministres expliquent aux Français pourquoi il y a un nouveau cours, moins lyrique, plus réaliste. En outre, s'ouvre à ce moment-là une période à partir de laquelle François Mitterrand s'investit davantage dans le champ européen. Il sait aussi que la séquence politique jusqu'aux législatives est courte. Quant aux risques d'une « Berezina » socialiste, François Mitterrand avait quelques idées en tête pour l'éviter.

Un an après l'installation de Fabius à Matignon, au mois de juillet 1985, éclate l'affaire Greenpeace, à la suite du

sabordage par les Services français d'un navire de l'organisation écologiste dans le port d'Auckland. L'affaire va prendre la dimension d'un scandale d'État. Comment jugez-vous la façon dont François Mitterrand a géré ce dossier ?
Cette histoire a été dramatique – puisqu'un homme est mort –, stupide et choquante. J'en ai d'ailleurs tiré la leçon qu'il ne faut pas forcément choisir, pour des postes ministériels, des responsables très proches des milieux et des corps entrant dans leur sphère de compétence, car ils peuvent en subir trop étroitement l'influence. François Mitterrand était humainement affecté par la mise en cause de son ministre de la Défense, Charles Hernu, en raison d'une fidélité à laquelle il tenait. Laurent Fabius s'est efforcé, aidé du nouveau ministre de la Défense, Paul Quilès, d'établir les faits. Quant à moi, dans mon rôle de Premier secrétaire, à travers plusieurs discussions avec le Premier ministre, j'ai essayé de contribuer à cette recherche de la vérité. Je lui ai notamment suggéré de convoquer les plus hauts responsables militaires afin qu'ils disent clairement ce qu'ils savaient. Cette démarche nous a fait réaliser que les services étaient impliqués et, dans une certaine mesure, bien sûr, l'ancien ministre lui-même.

À quel moment avez-vous su la vérité sur cette affaire ?
Je l'ai sue progressivement, quand ce travail d'enquête a été véritablement conduit. Au début j'étais dans le brouillard, comme tout le monde, je ne comprenais pas d'où cela venait ; et puis finalement, j'ai su. Laurent Fabius a agi comme il convenait à l'époque.

Mais comment expliquez-vous que François Mitterrand pendant des semaines ait nié la participation des Services français à cette affaire ?
J'ai l'impression que, pendant un moment, il a cru à la parole de Charles Hernu, tout simplement. Mais je ne peux pas me mettre à la place de François Mitterrand.

Est-ce qu'il pouvait ignorer la réalité des choses ?
Semble-t-il. Si cela n'avait pas été le cas, l'affaire aurait pris une ampleur plus grande encore.

La même année, en 1985, s'engage une controverse entre vous et Laurent Fabius pour savoir qui doit conduire pour le Parti socialiste la campagne des élections législatives du printemps 1986. S'agissait-il d'une rivalité de personnes ou d'un débat de fond ?
Le problème aurait dû être simple : j'étais Premier secrétaire du Parti socialiste, je conduisais la campagne du Parti socialiste ; Laurent Fabius était Premier ministre, il jouait un rôle majeur dans la campagne législative en valorisant le bilan et l'action du gouvernement. C'est d'ailleurs ce que nous ferons au bout du compte, François Mitterrand ayant – comme on a dit – « arbitré ». Ce qui n'était pas concevable à mes yeux, c'était que le Premier secrétaire du Parti socialiste s'efface et que le Premier ministre – personnalité nommée, je le rappelle, par le président de la République – prenne tout d'un coup la tête de l'ensemble de la campagne, y compris celle des socialistes. Pour moi, cela posait deux questions : l'une sur la nature même du PS que je concevais comme un parti autonome conduit par ses seuls dirigeants ; l'autre sur la conception de mon rôle. Quand François Mitterrand m'avait demandé en 1981 de lui succéder au PS sans avoir de fonction d'État, j'avais accepté en précisant que je dirigerais vraiment le Parti socialiste. Je ne voulais pas d'un parti conduit de l'extérieur. J'ai alors pris à témoin le Parti lui-même, à travers son Comité directeur (c'était le terme à l'époque), qui, unanimement, a approuvé ma vision des choses.

Vous avez eu une réaction extrêmement vive à ce moment-là. On a eu l'impression que vous explosiez…
J'ai eu une réaction extrêmement nette. Il fallait qu'il n'y ait

pas le moindre doute sur le rôle de chacun et que le choix du dispositif de campagne soit tranché de façon claire. Nous sommes finalement partis aux élections législatives de 1986 avec un dispositif cohérent, le Premier secrétaire conduisant la campagne du parti, le Premier ministre participant à la compétition électorale en défendant l'action du gouvernement, tous deux d'ailleurs faisant des meetings ensemble. En somme, nous aurions pu faire l'économie de cet épisode qui m'a surpris. Depuis que Laurent Fabius était Premier ministre, je le soutenais loyalement ainsi que son gouvernement, et lui-même, jusque-là, me laissait diriger le Parti socialiste, comme le faisait d'ailleurs François Mitterrand. De plus, nous avions des relations personnelles amicales. Elles en ont été forcément affectées.

Alors comment expliquez-vous cette tentative de Fabius de prendre, à votre place, la direction de la campagne des législatives ?

On a parlé à tort d'une querelle d'héritiers. À cette époque, en 1986, il n'y avait aucun héritage à recueillir. Nous étions convaincus, en tout cas moi je l'étais, que François Mitterrand serait à nouveau candidat à l'élection présidentielle en 1988... et c'est ce que je souhaitais.

Dans cette querelle avec Fabius, vous attendiez l'arbitrage de François Mitterrand ? Comment ça s'est passé ? Il vous a réunis tous les deux ?

Je n'attendais aucun arbitrage, puisque j'avais fait voter le Comité directeur sur cette question en précisant que, si le Parti socialiste n'était plus dirigé par ses responsables eux-mêmes et par son Premier secrétaire, j'abandonnerais immédiatement mes fonctions. Ensuite, c'est vrai, François Mitterrand nous a reçus ensemble, mais, si j'ose dire, il a « arbitré » quelque chose qui était déjà tranché par le PS.

Mais il n'y avait pas une différence d'orientation politique pour la campagne entre Laurent Fabius et vous-même ?
Sur l'orientation et la tonalité de la campagne de 1986, qui étaient, compte tenu du contexte, un peu défensives, il n'y a pas eu de différences entre nous. Disons – et c'est un débat qu'on retrouve encore aujourd'hui – que la conception du Parti socialiste était en jeu : est-il une formation démocratique qui se dirige elle-même ou peut-on l'instrumentaliser de l'extérieur ?

Quand François Mitterrand vous réunit pour un petit déjeuner à l'Élysée, qu'est-ce qu'il vous dit ? Il est énervé par tout ça ?
Ça le chagrine un peu que deux hommes pour lesquels il a de l'estime, auxquels il a confié des responsabilités, s'affrontent. L'attitude de Laurent est un peu curieuse parce qu'il nie qu'il y ait problème. Or, il y en a un, à l'évidence. Finalement, les choses se sont réglées comme elles le devaient. Le Parti socialiste a mobilisé toutes ses forces. Laurent Fabius et les membres du gouvernement, qui avaient bien travaillé dans des conditions difficiles, ont participé à la campagne. Quant au président, il s'est engagé avec toute son autorité dans les derniers jours avant le vote et il nous a aidés à obtenir un score excellent. Ce dispositif à trois – le parti, le gouvernement, le président –, chacun assumant sa charge et personne ne montant sur les épaules de l'autre, était naturellement le meilleur.

Et pour vous il n'y avait pas les prémices d'une rivalité politique à venir sur la succession à long terme de François Mitterrand ?
Non, en 1986, pour moi, cette question ne se posait pas.

Le gouvernement fait voter par le Parlement le changement du mode de scrutin des législatives et adopter la proportionnelle. Quelle est votre position sur le principe même de la proportionnelle ? Et sur le fait que Michel Rocard démissionne

du ministère de l'Agriculture au moment où la proportionnelle est votée par la gauche ?

Il est évident que le choix d'introduire la proportionnelle a été un choix d'opportunité : il s'agissait de freiner la victoire vraisemblable de la droite en la privant de la dynamique majoritaire. Pour autant, le rétablissement de la proportionnelle – scrutin réputé plus juste car faisant sa part à chaque courant politique – était partie intégrante du programme socialiste depuis 1972 et l'une des 110 propositions de François Mitterrand en 1981. Nous n'étions pas en contradiction avec nous-mêmes. On sait que cette restauration s'est révélée provisoire, le scrutin majoritaire ayant été rétabli par la droite, dès qu'elle a gagné.

Et depuis lors personne n'est revenu sur le rétablissement du scrutin majoritaire à deux tours…

Non. Le PS envisage, semble-t-il maintenant, l'introduction d'une dose de proportionnelle. En tout cas, si les élections législatives de 1986 apportent une victoire à la droite, le Parti socialiste réalise, avec 32 % des voix, un très bon score. À Paris, je suis élu à la tête de la liste socialiste avec sept autres députés, autant que le RPR puissamment installé à l'époque dans la capitale. Si bien que l'élection législative se termine curieusement : les vainqueurs sont déçus et les battus rassurés. Ironie de la politique parfois…

Michel Rocard quitte le gouvernement parce que, dit-il, avec la proportionnelle, on aura des députés du Front national…

Michel Rocard était hostile par principe à la proportionnelle. Il n'a sans doute pas bien évalué pourquoi ce choix était politiquement nécessaire.

Est-ce que, selon vous, Rocard a pris prétexte de la proportionnelle pour quitter le gouvernement ?

Il me semble. Pourtant, si nous avions été balayés au scrutin majoritaire par une très puissante vague de droite, Michel

Rocard ne serait peut-être pas devenu, deux ans plus tard, Premier ministre.

L'autre phénomène qui apparaît dans ces années-là, c'est l'émergence du Front national comme force politique. Quelle analyse faites-vous de la progression de l'extrême droite, et comment, en tant que Premier secrétaire, pensez-vous la combattre ?
Nous sommes dans une période de mutations économiques. Des restructurations majeures s'opèrent dans le monde industriel et bouleversent le monde ouvrier, avec la disparition des Charbonnages, la réduction massive de la sidérurgie et le recul du textile. Face à cette transformation technologique et industrielle, la gauche fait des réformes, atténue les conséquences sociales de la crise mais se heurte à une conjoncture économique mondiale peu propice et opère le fameux tournant de la rigueur. Alors que le chômage monte, un trouble naît à propos de l'immigration qui inquiète une partie de la population. Et puis vient l'exploitation politicienne de l'insécurité. L'insécurité existe, elle exaspère à juste titre ceux qui, dans les quartiers difficiles, souffrent le plus, et la droite va l'utiliser de façon systématique comme arme du combat politique, notamment dans les élections intermédiaires. Cela va en réalité servir l'extrême droite et le Front national. Sur le terreau de l'insécurité et de l'immigration amalgamées, une personnalité, Le Pen, qui a un talent de tribun, cultive le culte du chef. Il remonte un courant d'extrême droite qui avait décru après la décolonisation et qui, par ses scores, témoignera longtemps encore du malaise du pays. On doit le combattre sur le terrain des idées et des principes républicains.

Pensez-vous qu'il y a eu une forme d'instrumentalisation par François Mitterrand de ce vote d'extrême droite, pour affaiblir et diviser la droite ?
Non, je ne l'ai jamais pensé. Que François Mitterrand ait essayé à certains moments de diviser la droite classique, sans doute. Elle s'y prêtait d'ailleurs. Mais ces divisions concernaient

les chiraquiens et les giscardiens. Sa volonté d'intervention s'arrêtait là. Honnêtement, j'ai toujours eu avec lui des discussions extrêmement franches sur les sujets essentiels. Je ne vois rien, ni dans nos discussions privées, ni dans ses analyses, ni dans son expression publique qui puisse accréditer cette thèse. Je la trouve mensongère et injuste.

C'est à ce moment-là aussi qu'apparaît, en réaction au phénomène Le Pen, SOS Racisme. Comment percevez-vous l'émergence de SOS Racisme, dont on sait qu'à l'époque l'Élysée a beaucoup facilité la naissance ? En tant que Premier secrétaire du PS, voyez-vous ce nouveau mouvement d'un bon œil ?

Je vois SOS Racisme comme un mouvement de jeunes, antiraciste, ayant ses propres déterminations et capable de toucher la jeunesse sur des thèmes positifs : le refus de la xénophobie, le respect de l'autre. Comme leader du PS, je traite SOS Racisme comme un mouvement indépendant et spécifique. Et dès le départ, j'apprécie Harlem Désir, qui est à cette époque la figure emblématique de cette mouvance.

Mais qu'avez-vous pensé de l'utilisation par tel ou tel de ce mouvement dans les jeux du Parti socialiste ?

Si des rapports ont été noués par tel ou tel dirigeant de ce mouvement avec tel ou tel au Parti socialiste pour interférer avec sa vie interne, ils me sont restés extérieurs et ils ne m'ont pas dérangé.

Aux législatives de 1986, la gauche fait plutôt un bon score – vous l'avez rappelé – mais la droite gagne. François Mitterrand va donc se trouver confronté à la première cohabitation de l'histoire de la Vᵉ République. Il fait appel à Jacques Chirac. Il vous en parle avant ?

En mars 1986, je suis réélu député à Paris. En septembre, sur l'insistance de François Mitterrand, je vais concourir dans une élection législative partielle en Haute-Garonne consécutive à des fraudes, sous l'empire du scrutin de liste départemental à la proportionnelle. Le président souhaitait que je contribue à rendre de l'élan au Parti socialiste dans cette région toulousaine si importante pour nous. Sur place, nombre de socialistes m'appréciaient et, avec le secrétaire de la Fédération, Jean Carassou, avaient souhaité ma venue pour une élection qui s'annonçait difficile, après la victoire nationale de la droite. Face à Dominique Baudis, alors maire de Toulouse, j'ai mené une belle et dure campagne pendant l'été, presque jusqu'à épuisement. Gauche et droite ont obtenu quatre députés chacune. De là sont nés des liens profonds avec les militants haut-garonnais. J'abandonne mes mandats dans la capitale aussitôt élu député dans mon nouveau département.

Après la défaite de la gauche aux élections législatives, la question de la nomination du nouveau Premier ministre s'est immédiatement posée. Institutionnellement, le président de la République avait le choix ; politiquement, il ne l'avait guère. Mais un débat a lieu. François Mitterrand, comme toujours quand il y a des décisions délicates à prendre, réunit autour de lui un certain nombre de ses compagnons politiques. Un soir, nous sommes chez Louis Mexandeau, une petite dizaine de personnes rassemblées discrètement par le président. Quelques-uns lui suggèrent de ne pas nommer Jacques Chirac dont ils craignent la brutalité et le tempérament offensif. D'autres noms sont évoqués : celui de Jacques Chaban-Delmas que François Mitterrand avait connu pendant la Résistance, celui de Simone Veil, présentée comme plus ouverte ; j'entends même prononcer le nom de… Valéry Giscard d'Estaing qu'il serait, paraît-il, intéressant d'approcher en raison de son hostilité à Jacques Chirac !

Mon sentiment est tout autre, et je ne suis pas le seul à l'exprimer. François Mitterrand doit donner aux Français l'impression qu'il choisit librement celui qui lui est en réalité politiquement imposé. Le RPR a gagné les élections législatives et il a le groupe le plus important à l'Assemblée nationale, par conséquent son leader est incontournable. Notre système politique est présidentiel certes, mais mixte, et là, il s'agit de son versant parlementaire. François Mitterrand ne doit pas ruser mais jouer la partie avec les cartes telles qu'elles sont distribuées.

C'est ce que vous avez dit ce soir-là ?

En gros, oui. D'ailleurs – argument supplémentaire – nous avons eu assez vite l'intuition que Jacques Chirac, s'il n'était pas choisi, organiserait l'empêchement parlementaire de tout autre Premier ministre que lui. Ce qui avait filtré d'une rencontre entre Jacques Chaban-Delmas et Jacques Chirac à l'Hôtel de Ville de Paris nous avait à cet égard éclairés. François Mitterrand ne pouvait pas courir le risque de devoir nommer le président du RPR après le rejet parlementaire d'un autre postulant. Il aurait perdu d'entrée de jeu la bataille de la cohabitation. Après nous avoir écoutés, le président nous a indiqué qu'il était déterminé à choisir celui qui s'imposait politiquement et institutionnellement après le vote des Français.

Comment, dès lors, va se poursuivre votre relation avec l'Élysée, puisque le dispositif que vous avez décrit entre le parti, le gouvernement et le président ne peut plus fonctionner à l'identique ?

Pendant ces deux premières années de cohabitation, j'ai été en étroite intelligence politique avec François Mitterrand. Dans la période précédente, comme Premier secrétaire, je le voyais chaque semaine, mais il avait à ses côtés le Premier ministre, le gouvernement, la majorité parlementaire. Là, avec la cohabitation – et comme leader du Parti socialiste retourné dans l'opposition – j'étais vraiment l'interlocuteur indispensable. Le petit déjeuner du mardi matin entre le président de la République, le Premier ministre et le Premier secrétaire disparaissait évidemment. Mais je voyais François Mitterrand à l'Élysée chaque semaine. Nombre d'initiatives politiques prises par lui ou par nous, les socialistes, dans ces deux années délicates ont d'abord été évoquées à deux, parce qu'il voulait être sûr d'être compris et accompagné par son parti.

Vous avez fait votre apprentissage de la cohabitation… Vous allez la vivre onze ans plus tard comme Premier ministre de Jacques Chirac au printemps 1997…
Oui, même si j'étais loin de pouvoir le deviner. Cette première cohabitation a été un combat subtil. François Mitterrand a respecté le vote des Français et a laissé agir le gouvernement Chirac. En même temps, il a exprimé clairement à nos compatriotes qu'il ne partagerait pas avec le gouvernement la responsabilité de mesures avec lesquelles il était en désaccord. C'est pourquoi il a refusé de signer les ordonnances sur les privatisations. Il signifiait ainsi à la droite: «C'est votre politique, je ne peux pas vous empêcher de la conduire mais ne me demandez pas de l'approuver, je ne signerai pas vos textes. Vous avez la majorité, passez par elle et par la loi au Parlement.»

Vous parliez avec Mitterrand de cette stratégie politique?
Naturellement. Nous examinions ensemble, souvent en tête à tête, parfois avec d'autres, comment, chacun dans son rôle, nous devions nous comporter. Pendant les premières semaines après la défaite législative, François Mitterrand a été touché, touché durement.

Vous le sentez affaibli politiquement, bien sûr, mais aussi psychologiquement…
Oui. Il était affecté, et surtout affaibli, par rapport à la donne antérieure. Pourtant, rapidement, le combattant va reprendre le dessus, le tacticien, et même sans doute le stratège. Il retrouve sa vitalité, sa motivation, une lueur dans le regard différente. Et nous allons repartir au combat. Un combat politique, démocratique, parfois feutré mais un vrai combat. Il laisse le gouvernement gouverner. Il ne prend pas la responsabilité de la

politique gouvernementale et il veille soigneusement au respect de ses prérogatives comme président de la République, en particulier dans l'ordre de la politique étrangère et de la défense. Des débats, des divergences naissent avec Jacques Chirac, et il les utilise. Pas seulement parce que ce sont des divergences, mais parce qu'il croit que la position qu'il adopte lui-même est meilleure pour la France. Il refuse par exemple ce qu'on a appelé le « missile à roulettes », ce lance-missiles mobile qui devait se déplacer sur les routes de France ! Il s'oppose aussi à la « Guerre des étoiles », au bouclier antimissiles global proposé par les Américains dès cette époque. Autant de choix soutenus par Jacques Chirac et son gouvernement. Aux yeux de François Mitterrand, le bouclier antimissiles menace l'équilibre de la dissuasion nucléaire et risque de relancer une course aux armements. Ce projet lui paraît contraire aux options stratégiques et aux intérêts de la France selon une vision gaulliste reprise par les socialistes. Ainsi, dès qu'il y a débat, il prend la parole : sur les privatisations, sur les questions de politique étrangère. Et dès qu'il peut passer à l'offensive, il n'hésite pas, tout en laissant par ailleurs le gouvernement gouverner.

Il vous parle de sa relation avec Chirac ? Il vous fait quelques confidences ?

Oui. Il me disait : « Il me ment tout le temps. » Ce motif était central dans la description qu'il me donnait de Jacques Chirac à travers leurs entretiens consacrés au fonctionnement de l'État. Il n'avait pas confiance en sa parole.

Il a de l'estime « professionnelle » pour lui ?

Il est sensible à son ardeur, à sa force, à sa détermination. Il ne le sous-estime pas comme adversaire politique – après tout, il vient de gagner les élections. Mais il n'a pas d'admiration pour, disons, sans être discourtois, sa vision historique et son ampleur de vue en politique.

Avec le recul, sur cette cohabitation de deux ans, comment expliquez-vous que Mitterrand gagne ce bras de fer vis-à-vis de l'opinion ? Ça commence par une défaite politique et ça finira par une victoire à la présidentielle de 1988.

C'est vrai, cette victoire qui s'est imposée si aisément n'était pas au départ attendue. Deux facteurs ont joué. Il y a eu les fautes de Jacques Chirac. Il a, par exemple, commis l'erreur – qu'il ne renouvellera pas à l'avenir – d'adopter un cours beaucoup trop à droite. Était-ce l'influence de Charles Pasqua ou celle d'une partie de son entourage ? Il a cru peut-être, à cette époque, désarmer ainsi le Front national. Or, la politique qu'il adopte, à la fois très libérale en économie avec les privatisations et très dure et fermée face à certains mouvements de protestation, va déconcerter les Français et non les entraîner. Quand surgit un vigoureux mouvement étudiant et qu'il est devant un choix – négocier ou jouer l'affrontement –, il opte pour la méthode brutale et l'opinion ne le suit pas. Ceci ouvre un espace à la gauche.

Le deuxième facteur a été la comparaison des personnalités au sommet de l'État. En deux ans, les Français se sont progressivement convaincus que François Mitterrand assumait mieux sa fonction que Jacques Chirac la sienne. Il avait plus de hauteur de vue et il était en même temps plus rassurant. Et puis, le regard porté sur les années 1981-1986, sur les années de gouvernement de gauche, est devenu plus positif, avec le recul. Les Français n'excluaient plus de reprendre la route avec les socialistes. Parce que réélire François Mitterrand, c'était aussi faire ce choix.

Quand François Mitterrand décide-t-il d'être à nouveau candidat ?

Même si une candidature de Michel Rocard restait dans le paysage, il est rapidement devenu sensible que François Mitterrand serait encore la meilleure chance pour les socialistes en 1988. Dans l'été 1987, ce que nous sentions possible se cristallise. François Mitterrand fait venir quelques proches à Latche, chez lui, où il est en vacances. Il y a là Pierre Joxe, Louis Mermaz, Roland Dumas, moi-même. Il nous déclare: «J'envisage, et je veux que vous le sachiez pour l'intégrer à votre façon d'agir, d'être à nouveau candidat à l'élection présidentielle. Je ne peux pas laisser le pays à Jacques Chirac et à la politique qu'il conduirait. Mais je vous préviens: si vous laissez entendre que j'ai pris cette décision, je le démentirai. Cette intention que je vous confie, il faut la garder pour vous.»

C'était l'annonce d'une décision prise et il voulait que ses plus proches politiquement la prennent en compte, même s'il était trop tôt pour la rendre publique. Plus tard, dans l'après-midi, je dis à François Mitterrand que j'aimerais lui parler: «Si votre décision est prise, elle emporte, pour le parti, un certain nombre de conséquences qu'il faut immédiatement tirer; dans quelques mois, ce sera trop tard.» Il me demande de rester dîner et, lors de notre entretien en tête à tête, j'attire d'abord son attention sur la nécessité d'arrêter le nombre, les dates et les lieux des grands meetings qu'il allait faire.

... Déjà en 1987...

Évidemment! Sinon, comment retenir les salles? Il m'indique Jean Glavany, son chef de cabinet à l'Élysée et aussi un militant, pour arrêter les dates et les lieux. Dès septembre, la liste des grandes réunions sera décidée. Nous évoquons ensuite les contacts nécessaires pour préparer la communication de sa campagne politique. Ce sera à nouveau Jacques Séguéla. J'aborde enfin la question financière: sur ce terrain, le Parti socialiste, naturellement, assumera le financement de la campagne. Il me donne son accord pour que j'en parle avec le trésorier, André Laignel. Quand je quitte Latche, le lendemain matin, ces trois tâches m'attendent.

Et à aucun moment pendant cette rencontre dans les Landes ne vous vient l'idée de lui dire: vous allez avoir 72 ans en

1988. Est-ce que c'est le moment de vous présenter pour un nouveau septennat ? Rocard est plus jeune, il est là, il a envie d'y aller…

Non ! À mes yeux, sa candidature était naturelle. De plus, j'étais proche de François Mitterrand et je ne l'étais pas de Michel Rocard, même si j'avais de l'estime pour lui. De surcroît, il nous apparaissait que les chances de victoire reposaient sur les épaules de François Mitterrand. Pas de lui seul, mais de lui comme candidat. Je n'ai pas pensé à son âge et cette question n'a pas été abordée.

Il ne se la posait pas ?

Si. Pendant la période antérieure, dans les conversations en petits groupes, il lui arrivait de dire : « Croyez-vous que ce soit sage ? » Il nous testait, il voulait voir quelle était notre réaction. Mais à partir de l'été 1987, même s'il ne viendra que très progressivement à une déclaration formelle de candidature, il n'a plus véritablement d'hésitation. Quant aux interrogations plus personnelles qui pouvaient être les siennes, nous ne connaissions pas, en tout cas je ne connaissais pas ses problèmes de santé. Il a dû y penser. Mais cela n'a pas été un élément de nos échanges.

Pendant tout ce temps-là, secrètement, vous commencez à préparer la logistique de la campagne de François Mitterrand. Comment cela se passe-t-il, par exemple, avec Jacques Séguéla et les communicants ? Vous envisagez les thèmes de la campagne, les slogans ?

Cela se fera un peu plus tard. Dans les premières semaines de l'année 1988, avant que François Mitterrand se soit formellement porté candidat, l'idée qu'il va l'être s'est déjà installée dans les esprits. Nous travaillerons dans la discrétion, dans un semi-secret. Nous le faisons de deux façons : d'une part, à travers des contacts directs entre Henri Emmanuelli, chargé de la communication au Parti socialiste, André Laignel, le trésorier, et moi-même avec Jacques Séguéla et aussi Jacques Pilhan, au siège de Temps Public, sa petite structure de communication. Nous nous voyons chaque semaine. D'autre part, nous avons, parfois moi seul, d'autres fois avec Henri Emmanuelli et André Laignel, des rencontres à l'Élysée avec François Mitterrand pour évoquer les thématiques de la campagne. Dans le cadre de ce travail, la formule de « La France unie » nous est proposée comme un slogan possible. Il est plutôt bien adapté à la situation et au sens que François Mitterrand entend donner à sa candidature. Mais le Parti socialiste n'accepte pas tout…

Dans cette période de pré-campagne présidentielle, au début de l'année 1988, Pilhan et Séguéla ont l'idée de réunir de grands témoins. On parle du chanteur Renaud et de quelques autres. Est-ce que vous participez, vous, à ces choix de personnalités qui viendront soutenir la campagne de François Mitterrand ?

Nous participons aux choix, et aussi aux refus. Un jour, contre toute attente, il nous est proposé de retenir Bernard Tapie comme un des grands témoins de la campagne de François Mitterrand. Estomaqués, nous nous regardons, Henri Emmanuelli, André Laignel et moi. Nous en parlons un instant, et je dis à Jacques Séguéla et à Jacques Pilhan : « Écoutez ! Si vous proposez à François Mitterrand Bernard Tapie comme un de ses grands témoins, le Parti socialiste ne mettra pas un sou dans cette campagne. » L'idée n'a donc pas survécu. Et je n'ai jamais vraiment su si François Mitterrand l'approuvait ou pas. Nous n'en avons pas parlé avec lui. Ce n'était plus nécessaire.

À quel moment à votre avis François Mitterrand a-t-il dit à Michel Rocard qu'il était candidat et que le jeu de leurre devait cesser ?

Cela n'a pas toujours été un leurre. Dans un premier temps, François Mitterrand n'était pas certain d'être candidat. Il a hésité, pour toute une série de raisons, et il pensait vraiment que s'il n'était pas candidat, Michel Rocard le serait. Il nous disait: « Si ce n'est pas moi, ce sera lui votre meilleure chance. » Il a donc ménagé un temps cette possibilité. Quand sa détermination a été arrêtée, la candidature de Michel Rocard a cessé d'être un problème politique pour devenir une question personnelle à régler. Même si d'autres contacts ont dû être pris par ailleurs, j'ai fait passer à Michel Rocard le message que François Mitterrand serait vraisemblablement à nouveau candidat à l'élection présidentielle.

Comment vous, patron du PS, parvenez-vous à gérer le cas de Michel Rocard ? En 1981 il a dû s'effacer, en 1988 il va devoir le faire de nouveau…

Disons que ses chances de s'imposer face à François Mitterrand en 1988 étaient moindres qu'en 1981. Michel Rocard a rapidement mesuré lui-même que la possibilité de concurrencer le président sortant dans une désignation interne au Parti socialiste et même dans l'opinion était faible. Cette évidence a dû être traitée avec tact, dans le respect des personnes, mais elle s'est imposée politiquement à tous, et aussi à Michel Rocard.

Étiez-vous en plein accord avec le thème de « la France unie » ? Le message politique qu'il contenait signifiait-il déjà l'ouverture ?

Le thème de « la France unie » paraissait assez bien convenir à la période, parce que, face au caractère agressif de la politique et du style de Jacques Chirac, il suggérait que les Français pouvaient se rassembler autour de la candidature de François Mitterrand. Il n'y avait pas ouvertement, dans ce slogan et dans les interventions de François Mitterrand à l'époque, l'idée d'un appel à des personnalités du centre. Cette dimension ne sera révélée par François Mitterrand et par Michel Rocard, devenu Premier ministre, qu'après l'élection présidentielle.

Pour nous au PS, pour moi, c'était un thème général de rassemblement à l'intention des Français, pas une construction politique nouvelle.

Mais tout de même, les mots ont un sens. En 1981, c'est l'Union de la Gauche, en 1988 on parle de la France unie. Politiquement ça ne veut pas dire la même chose.

Certes ! Mais en 1988, l'image de François Mitterrand n'est plus celle de 1981. Il est le président sortant. La rupture entre le Parti communiste et le Parti socialiste n'a pas été surmontée. Les socialistes ne vont donc pas partir sous la bannière de l'« Union de la gauche » à l'élection présidentielle ni à d'éventuelles élections législatives. Par cette formule de « la France unie », nous touchons davantage à un imaginaire collectif que nous ne préparons une construction politique parlementaire précise. Du moins, c'est ce que je crois alors.

En 1988, vous êtes depuis sept ans le Premier secrétaire du Parti socialiste et vous décidez d'arrêter. Ressentez-vous alors une forme de lassitude ?

Cela relève autant d'un désir nouveau que de la lassitude. Je m'étais pleinement consacré pendant sept ans à ma mission de Premier secrétaire. C'était un engagement pris auprès de François Mitterrand et renouvelé en congrès tous les deux ans avec les militants. Désormais, j'avais envie d'exercer des fonctions d'État. Je l'ai laissé entendre à François Mitterrand : « Je ne me vois pas repartir dans le deuxième septennat en dirigeant à nouveau le Parti socialiste. Si vous gagnez, j'aimerais passer à autre chose. » « Moi, m'a-t-il dit, j'aimerais bien que vous continuiez, mais je comprends votre état d'esprit. Ça m'ennuierait seulement que vous annonciez votre intention de départ dès maintenant. » Mais je voulais décider moi-même et j'insistai : « Je vais pourtant le faire. » Et effectivement, dans l'émission *Questions à domicile* qui se passe à Toulouse, dans mon petit appartement au bord de la Garonne, j'annonce mon départ pour la fin du septennat. Je voulais qu'avant l'élection présidentielle, cette intention soit connue de tous, des socialistes au premier chef et aussi des Français.

Au cours de cette émission vous dites : « Bonjour la vie. » Cette formule a été mal prise au Parti socialiste…

Ah bon ? Heureusement que les facettes de la vie ne se limitent pas au Parti socialiste. D'ailleurs, j'ajoutais : « Bonjour l'action. » Il me paraissait naturel de dire ça.

Quand vous dites « Bonjour la vie », vous avez besoin d'air ?

Diriger une formation politique majeure pendant sept ans, avec d'abord le poids du pouvoir qui vous est proche, puis l'hostilité d'un pouvoir qui vous est éloigné, est une tâche lourde. Les socialistes, particulièrement les dirigeants, sont des gens passionnants mais dont les personnalités ne sont pas toujours aisées à harmoniser. On le voit encore aujourd'hui. D'ailleurs, François Mitterrand lui-même était, au bout de dix ans, très content de s'évader. Quant à François Hollande, qui nous a battus en longévité tous les deux puisqu'il a dirigé le Parti socialiste pendant onze ans, au moment où il a terminé sa mission, je suis sûr qu'il a dû avoir envie de dire : « Bonjour la vie… »

Pour revenir à la campagne présidentielle de 1988 : on avait le sentiment que c'était davantage la campagne de François Mitterrand que celle des socialistes…

Ce qui s'est passé a été singulier parce qu'il y a eu deux phases très contrastées dans cette campagne. Pendant plusieurs semaines, le Parti socialiste l'a menée seul, et j'ai assuré des meetings pré-présidentiels. François Mitterrand ne s'était pas officiellement déclaré, mais nous ne pouvions pas laisser le champ libre aux autres candidats. On a d'ailleurs parlé à l'époque pour le PS d'une « campagne sans candidat ». À travers mes meetings, je laissais entendre que François Mitterrand allait venir, en quelque sorte. Ainsi, pendant la première phase, alors que

Jacques Chirac était sur le pied de guerre, le rôle du parti fut plus grand qu'il ne l'avait jamais été auparavant dans une campagne présidentielle.

Et puis une rupture s'opère, trop forte c'est vrai, à partir du moment où François Mitterrand se déclare. Une rupture que je n'apprécie pas beaucoup. Le parti est oublié par les concepteurs de la campagne. Il remplit les salles, assure le financement, colle et affiche ; il apporte donc beaucoup, mais on ne le voit plus. Ce contraste sera d'autant plus accusé que la campagne du président sortant, dans son style, dans sa scénographie, sera très différente de celle de 1981. La manière d'être du candidat Mitterrand en 1981 était celle d'un militant. Un aspirant chef d'État mais un militant. Dans les meetings, on le touchait, on l'embrassait, on se précipitait vers lui, on lui offrait des roses. Il était physiquement enveloppé par les sympathisants qui venaient aux réunions. En 1988, souvenez-vous – et ces images, même moi, me saisissent – il avance, seul, entre des barrières qui créent un vide de trente mètres de large entre le président d'un côté et les citoyens de l'autre. Et cette incarnation de l'État, cette présence solitaire, ce côté un peu sphinx, cette apparence presque énigmatique, et en même temps très charismatique, sont très différents du style du François Mitterrand de 1981. Cela créait l'impression, effectivement, qu'il était seul. C'était à l'évidence voulu par ses communicants. Cela explique en partie aussi pourquoi François Mitterrand a peut-être cru, après 1988, qu'il l'avait emporté seul.

Mon sentiment était différent. Je pensais que lui seul pouvait gagner mais qu'il n'avait pas gagné seul. Si nous ne l'avions pas accompagné avec une intelligente précision pendant les deux années de cohabitation, s'il n'avait pas eu la force du Parti socialiste pour l'épauler au moment du combat, il ne l'aurait pas emporté. Lui ne semble pas avoir ressenti les choses ainsi, ou du moins ce n'est pas ce que lui disait son entourage.

Les socialistes ont parfois été heurtés par la tonalité de la campagne de François Mitterrand. Son premier discours, à Rennes, commence par: « Ceux d'en face ne sont pas nos ennemis » et la salle réagit… pas très chaleureusement.

Je n'étais pas à Rennes, je ne peux juger de la réaction de la salle. Quant à la phrase, elle ne me choque en rien. Ceux d'en face ne sont pas nos ennemis. Ils sont nos adversaires politiques, d'autres compétiteurs, mais nous appartenons à la même communauté nationale. Nous ne pouvons les tenir pour des ennemis. Pendant les campagnes, les militants ont parfois des réactions différentes. À moins qu'ils n'aient ressenti autre chose… ce que vous appelez une prise de distance.

En 1988, plutôt qu'un programme, qu'un projet ou l'énoncé de propositions – les 110 propositions de Mitterrand en 1981 – François Mitterrand choisit d'écrire une « Lettre à tous les Français ». Là encore, c'est l'homme Mitterrand, le président sortant, qui s'adresse à chaque Français, ce n'est pas le PS qui décline un programme… Comment avez-vous alors ressenti cette personnalisation de la campagne ?

François Mitterrand m'a expliqué sa démarche. Il m'a souvent lu, au moment où il l'écrivait, des passages du projet de cette Lettre aux Français. Nous l'avons nourrie, à sa demande, d'éléments d'analyse venant du Parti socialiste. La démarche me paraissait bonne. J'étais conscient que la dimension de chef d'État que François Mitterrand avait forgée, sa stature, sa capacité à rassembler, son côté rassurant étaient des atouts pour cette campagne présidentielle. Simplement, je ne voulais pas qu'on en soit dupe. Il fallait utiliser ces éléments sans qu'ils nous abusent. À mes yeux, le dispositif historique qui avait permis le succès de François Mitterrand, c'est-à-dire l'alliance d'un homme et d'un grand courant politique, pouvait se moduler diversement selon les circonstances, mais restait la clé.

Vous pensiez que sa victoire serait aussi large, aussi éclatante qu'elle l'a été ?
Pas forcément. On s'en est très bien accommodé.

Durant la campagne, et particulièrement dans ses derniers jours, il y a eu un certain nombre d'événements – assaut de la grotte d'Ouvéa en Nouvelle-Calédonie[1], libération des otages français au Liban[2] – qui sèment le trouble et inquiètent dans les rangs socialistes. Avez-vous craint dans ces moments-là une défaite de Mitterrand, la droite cherchant naturellement à tirer un profit électoral de ces événements…
En réalité, quand une dynamique s'est créée, les événements, quels qu'ils soient, ont tendance à la servir. Or la dynamique était favorable à François Mitterrand. La sortie des otages, qui nous a tous rendus heureux, est apparue sur le plan politique – pas sur le plan humain – comme l'objet d'un marchandage, d'une manœuvre opérée pour peser sur l'opinion. Quant au tour brutal de la politique en Nouvelle-Calédonie, à l'affrontement d'Ouvéa avec ses morts, ils ont finalement nourri l'image d'un Chirac inquiétant.

Et si, pure hypothèse, Raymond Barre avait été le leader de la droite, et non Jacques Chirac, est-ce que François Mitterrand aurait quand même été candidat ?
Je pense que oui. Sans doute, pour la droite, la chance de gagner aurait été plus grande. Car Raymond Barre avait restauré sa popularité, il avait contesté la cohabitation et était resté extérieur à cette confrontation-là. Grâce à son positionnement

1. Le 22 avril 1988, deux jours avant le premier tour, des indépendantistes kanaks attaquent une gendarmerie et prennent en otage vingt-sept gendarmes qu'ils cachent dans une grotte. Le jeudi 5 mai le GIGN donne l'assaut. Dix-neuf des preneurs d'otages et deux militaires sont tués.

2. Le jeudi 5 mai, les trois derniers otages français du Djihad islamique au Liban, Jean-Paul Kauffmann, Marcel Carton et Marcel Fontaine, sont libérés après trois ans de captivité.

assez original, à sa réputation d'homme d'État, à son sérieux, il avait rétabli son crédit. Il pouvait proposer un scénario dans lequel les Français écartaient Jacques Chirac, puisqu'il n'avait pas convaincu pendant ses deux nouvelles années de gouvernement, sans avoir à revenir à François Mitterrand et aux socialistes, si ceux-ci les avaient déçus entre 1981 et 1986. Mais les lacunes de la campagne de Raymond Barre et la maigreur de ses soutiens politiques lui ont interdit d'offrir cette solution. S'il avait eu plus de forces et s'il avait mieux joué ses cartes, il avait peut-être une chance de battre François Mitterrand.

Si vous deviez faire le bilan des sept années du premier mandat présidentiel de Mitterrand…

Je suis bien placé pour savoir qu'un bilan se juge trop souvent à la manière dont une séquence politique se termine. Mais en l'espèce, ce n'est pas seulement à la lumière de la victoire que la vision rétrospective du premier septennat peut être positive. Les socialistes ont montré qu'ils savaient diriger la France et qu'ils disposaient d'hommes et de femmes de talent ; ils avaient placé à la tête de l'État une personnalité considérée par les Français comme à la hauteur de sa tâche. Cela a joué dans l'élection présidentielle de 1988. Les socialistes ont respecté leurs engagements, du moins au sens où ils se sont sincèrement efforcés de mener la politique pour laquelle ils avaient été élus. Ils ont fait des réformes, dont certaines – l'abolition de la peine de mort, la décentralisation par exemple – n'ont jamais été remises en cause. Et même le tournant économique opéré face à la conjoncture a été considéré après coup, au moins en partie, comme le signe du réalisme. Ce septennat contrasté, avec ses avancées et ses reculs, a été finalement apprécié par une majorité de Français. Quant à nous qui l'avons vécu comme acteurs, après l'avoir éprouvé comme une période heurtée et passionnante, nous en sortons heureux puisqu'à nouveau victorieux mais, pour cette raison, peut-être un peu illusionnés.

Pendant le premier septennat vous avez pourtant eu des désaccords avec François Mitterrand…

Je ne retiens que peu de divergences avec François Mitterrand au cours de ces sept ans : sur l'amnistie des généraux factieux d'Algérie[1], sur les ventes d'armes à l'Irak lors du conflit Irak-Iran et sur la création d'une chaîne privée accordée à Silvio Berlusconi. Aucune de ces divergences n'a entraîné chez moi une perte de confiance ou un divorce ; c'étaient des désaccords politiques et je les ai exprimés avec plus ou moins de netteté selon les cas.

Sur l'amnistie des généraux, le président voulait sans doute rassembler, effacer des traumatismes anciens. À l'évidence, compte tenu de sa propre vie, il n'avait pas la même sensibilité que moi, Pierre Joxe ou Claude Estier par exemple, sur la période de la guerre d'Algérie. S'est d'autre part exercée l'influence du secrétaire d'État aux Anciens Combattants, Raymond Courrière, qui fut à l'origine de cette proposition. Élu du Languedoc-Roussillon, il cherchait à plaire aux rapatriés, même quand ils étaient de droite. C'est une propension qu'on a retrouvée ensuite dans cette aire géographique… Nombre de parlementaires socialistes ont été choqués et surpris – cette idée d'amnistie n'avait jamais été évoquée avant mai 1981 –, à tel point que nous avons laissé entendre qu'il nous serait très difficile de nous associer à ce projet, aussi bien le président du groupe parlementaire socialiste, Pierre Joxe, que moi-même, le Premier secrétaire du parti. Le gouvernement a donc utilisé l'article 49-3 pour que nous n'ayons pas formellement à voter ce pardon accordé aux généraux mutins.

1. En novembre 1982, les deux derniers chefs encore vivants de la tentative ratée de putsch, menée par des généraux de l'armée française en Algérie, le 23 avril 1961, Raoul Salan et Edmond Jouhaud, ainsi que six généraux ayant joué des rôles moins importants bénéficient d'une loi d'amnistie.

Est-ce que vous avez eu l'occasion de parler directement de cette affaire, de ce désaccord avec François Mitterrand ?
Bien sûr ! À l'occasion de nos petits déjeuners du mardi ou dans nos tête-à-tête, je lui ai dit clairement que ça ne me paraissait pas une bonne idée, que ce projet nous gênait et que sa symbolique, pour la gauche, n'était pas heureuse. Mais son regard était différent du nôtre sur cette période de l'Histoire. Il souhaitait effacer des blessures et, s'étant laissé convaincre, il n'a pas voulu se dédire. Pierre Joxe était, comme moi, un peu furieux et, du coup, bien que président du groupe socialiste, il n'a pas voulu être dans l'hémicycle quand le 49-3 a été utilisé sur ce texte… Comme Premier secrétaire, j'ai jugé de mon devoir d'être présent, tout en n'en pensant pas moins. C'était en 1982, ça nous chagrinait un peu, c'était une griffure, pas un motif de rupture.

Le deuxième désaccord, de nature stratégique, a porté sur les ventes d'armes, notamment d'avions Super-Étendard équipés de missiles Exocet, en 1983, à l'armée irakienne lors du conflit Irak-Iran. Il faut se rappeler que l'Irak avait pris l'initiative de la guerre. Les défenseurs des ventes d'armes, Charles Hernu, le ministre de la Défense, Claude Cheysson, le ministre des Affaires étrangères, Jean-Pierre Chevènement, le ministre de l'Industrie, certains conseillers de Pierre Mauroy liés d'ailleurs à l'industrie d'armement tel Robert Pontillon, soutenaient qu'il fallait faire barrage à la révolution islamique iranienne et que l'Irak pouvait être, avec notre aide, cette force de résistance. Je n'ai jamais cru à cette thèse du barrage militaire irakien face à une révolution religieuse, idéologique et politique. Il fallait à mon sens contrer ce phénomène d'une autre façon. L'Irak de Saddam Hussein, prétendument laïque, était un régime différent mais tout aussi détestable que celui de Khomeyni. Surtout, notre intervention dans ce conflit allait à l'encontre d'un principe que François Mitterrand avait auparavant proclamé : la France ne fournirait pas d'armes à des belligérants. Je craignais en outre que cela ne nous mît en danger, alors que nous entendions mener une politique active au Liban, où certains groupes étaient directement liés à l'Iran. De fait, nous l'avons payé très cher.

Sur ce sujet, même question, avez-vous eu une conversation, un débat avec François Mitterrand ?

J'ai plaidé plusieurs fois auprès du président et j'ai même obtenu pendant des semaines, presque quelques mois, que cette décision ne soit pas prise. J'ai fait douter François Mitterrand et puis, des influences plus fortes que la mienne l'ont emporté. Finalement il a donné son accord, je crois un peu à regret, sous la pression.

La raison principale, c'est vraiment ce que vous venez de dire : le rempart d'un Irak laïque contre la révolution islamique de l'Iran ?

C'était l'argument essentiel de ceux qui défendaient les livraisons d'armes. Ce qui, entre nous, renvoyait à une singulière idée de la laïcité ! François Mitterrand hésitait entre les risques. Il est vrai qu'il n'était pas facile d'apprécier où se situait l'intérêt de la France, quelle était la meilleure façon de servir la stabilité au Proche-Orient. J'ai fait part de mes craintes, tout en admettant qu'on puisse former une analyse différente. J'ai donc choisi de ne pas exprimer publiquement ma divergence parce que cette question mettait en jeu directement les intérêts de la France, peut-être même la vie de nos soldats. La suite l'a prouvé avec le meurtrier attentat contre nos soldats, au Liban. Après avoir plaidé, sans succès, je suis resté solidaire et silencieux.

Et votre troisième désaccord avec Mitterrand ?

Il se situe plus tard dans la législature, vers 1985, lorsque le président et le gouvernement envisagent d'autoriser la création de deux chaînes de télévision privées. L'argument – et là aussi on peut l'entendre – était de faire pour les télévisions ce que nous avions fait pour les radios : c'est-à-dire de libérer les ondes. Mais ce qui était vrai pour les radios – il existait des radios libres, vous vous souvenez, pour lesquelles François Mitterrand s'était battu sous la présidence de Giscard d'Estaing – ne l'était pas, à mon avis, pour les télévisions qui étaient de très grosses entreprises. En réalité, nous allions prendre l'initiative de casser le monopole public à la télévision alors qu'on savait que la droite entendait s'y attaquer si elle revenait au pouvoir. On nous avançait l'argument du réalisme : « Si nous la précédons, nous empêcherons la droite d'agir comme elle l'entend. » En fait, nous avons ôté le verrou, en abandonnant une position de principe et finalement la Une, la chaîne de référence, a été privatisée par Jacques Chirac en 1986, quand il est revenu au pouvoir.

Vous étiez contre le principe de création d'une chaîne privée en général ou c'est le contenu de cette chaîne et la personnalité de celui qui la possédait qui vous hérissaient ?
Les deux. Il ne fallait pas prendre la responsabilité de mettre en cause le principe du service public et, facteur aggravant, le faire avec Silvio Berlusconi, compte tenu de ce que nous savions de la vulgarité de sa télévision en Italie. Seul Jack Lang, le ministre de la Culture, et moi-même pour le parti avons plaidé vigoureusement contre cette décision, sans pouvoir l'empêcher. Là encore, cela ne créait pas un fossé entre Mitterrand et moi, même si, à mes yeux, un prétendu réalisme prenait le pas sur une conception exigeante de la culture et de la télévision qui était pourtant ailleurs celle de François Mitterrand.

À votre avis, quelles étaient les vraies motivations de Mitterrand dans cette affaire ? N'avait-il pas un objectif politique, dans la perspective des législatives de 1986, « s'assurer le contrôle d'une chaîne » ?
Sans doute espérait-il, alors que la droite semblait à nouveau proche du pouvoir, que la chaîne Seydoux-Berlusconi nous resterait plus favorable. Ce fut un jeu de dupes.

Ces désaccords exprimés en petit comité ont-ils modifié vos relations avec François Mitterrand ?
Non. Ces désaccords limités n'ont pas changé ma relation avec François Mitterrand ni mon jugement sur le premier septennat qui reste pour moi le septennat de référence. La dramaturgie déjà était belle : on gagne, on perd, on prend sa revanche ; et puis la confrontation du Parti socialiste avec l'épreuve du pouvoir a été une grande école politique, économique aussi. Pendant ces années nous avons bien servi notre pays.

Au cours de ce premier septennat, François Mitterrand et les gouvernements de gauche ont contribué à une modernisation économique de la France… quitte à décevoir sur le terrain social une partie de l'électorat de gauche…
Nous avons adapté les structures économiques face à la compétition mondiale, réformé l'État grâce à la décentralisation, rapproché, en matière de libertés, un régime resté autoritaire des autres démocraties européennes, fait progresser notre pays dans un contexte difficile. En même temps, pressés par la vitesse de l'évolution, nous avons perdu en route une partie de nos bagages idéologiques.

Vous parlez d'évolution… D'autres, plus sévères à l'égard de la gauche, ont parlé de renoncement, voire de trahison des idéaux…
Non. Nous ne sommes pas devenus cyniques ni sceptiques. Nous avons mesuré la complexité de la vie sociale et politique, la lourdeur des réalités économiques. Ma génération n'avait jamais été au pouvoir. Et si nous n'avions pas évolué, si nous étions restés absolument identiques à ce que nous étions en 1981, nous aurions été moins crédibles et la droite serait restée au pouvoir en 1988.

Pendant cette période, le chômage dû pour partie aux restructurations industrielles n'a cessé de monter. En tant que Premier secrétaire du Parti socialiste, vous deviez ressentir difficilement une certaine impuissance à empêcher cette montée du chômage et sa conséquence politique : une désaffection des couches populaires vis-à-vis du PS…

Si je n'avais pas ressenti douloureusement ce problème, je n'aurais pas fait de l'emploi la priorité de mon gouvernement dix ans plus tard. Vers la fin du premier septennat, la montée du chômage nous apparaissait comme le produit d'une fatalité économique que nous pouvions seulement freiner par des créations d'emplois publics, des mécanismes d'accompagnement social, un effort de modernisation de notre appareil de production vieilli. En même temps, nous éprouvions cette montée comme un échec. Mais c'était un échec objectif, nous n'avions pas le sentiment d'avoir fauté, nous avions essayé de lutter. François Mitterrand a prononcé cette phrase : « On a tout essayé contre le chômage. » Elle résumait bien un sentiment collectif, même si je l'ai mal acceptée. Je me suis dit qu'il faudrait se battre à nouveau, plus résolument, contre le chômage. C'est ce que mon gouvernement a fait.

On se souvient de Pierre Mauroy qui avait les larmes aux yeux en évoquant les mines qu'il avait fait fermer comme Premier ministre. Sur le plan personnel, humain, en tant que socialiste, c'était très douloureux d'assumer cette politique de rigueur… et ses rudes conséquences sociales.

Bien évidemment. Pierre Mauroy est un homme du Nord, il a vécu dans ces puissants paysages industriels arasés ensuite par les mutations. Moi-même, ils m'avaient marqué comme stagiaire aux Charbonnages. Ils font partie de l'histoire de la famille de ma femme, Sylviane, dont le père a été dès treize ans trieur, puis hercheur à la mine avant d'entrer à l'École des Mines de Douai et de devenir ingénieur. Son grand-père, venu de Pologne, y avait, lui, travaillé toute sa vie. Pourtant la fermeture des mines, compte tenu de la nature de notre charbon, dispersé, difficile à exploiter, peu riche en carbone et en cours d'épuisement, était absolument inéluctable. Malgré la force de la corporation des mineurs dans l'imaginaire ouvrier, syndical et politique, la disparition totale du charbon dans notre pays était un événement aussi fatal que la fin des diligences face aux véhicules à moteur. Le cas était un peu différent pour la sidérurgie, car nos ressources, au moins dans un certain nombre de bassins, étaient plus riches. Si les groupes privés que nous avons nationalisés avaient modernisé leurs entreprises plus tôt, nous aurions peut-être mieux résisté dans la compétition mondiale. En tout cas, à cette époque, pour opérer la reconversion de ces régions industrielles ruinées, nous avons donné la priorité à l'éducation, à la formation, à la recherche afin d'ouvrir des perspectives nouvelles. Je contribuerai directement à cette œuvre comme ministre de l'Éducation au cours du second septennat en multipliant les postes d'enseignants et en créant deux universités nouvelles dans la région Nord-Pas-de-Calais. Nous n'avons pas seulement essayé de clore du mieux possible un certain âge industriel, nous avons commencé à poser les bases d'un nouveau stade de l'industrie et des services.

En 1981, les socialistes et Mitterrand parlaient de « rupture avec le capitalisme » ; en 1988, c'est le thème de « la France unie »... C'est une évolution idéologique importante. Comment l'avez-vous vécue ? Est-ce que vous étiez le même homme en 1988 qu'en 1981 ?

Le capitalisme est un mode de production, une façon de faire fonctionner l'économie avec ses atouts et ses tares. La France est notre pays, notre communauté nationale, avec une histoire et des valeurs. On peut vouloir rompre avec le capitalisme sans déchirer la France. Les socialistes ont démontré qu'ils étaient capables de gouverner, de moderniser leur pays, de le faire évoluer sans le diviser. Mais il est vrai que nous ne pouvions pas rompre avec le capitalisme, si rompre signifiait l'abolir. Dans ce processus, la prise de responsabilité nous a sans doute fait perdre une partie de nos illusions. Quant à moi, je n'ai pas été à proprement parler désabusé mais la réalité m'a révélé la nature un peu emphatique de proclamations telles que « changer la vie » ou « tout est possible ». Je suis devenu plus lucide et plus relativiste.

4

Deuxième septennat
(1988-1995)

Rocard – L'ouverture – Ministre de l'Éducation nationale – Confrontation avec Laurent Fabius – Congrès de Rennes – Édith Cresson – Départ du gouvernement – Désenchantement – Le mur de Berlin – Maastricht – La guerre du Golfe – Bilan du mitterrandisme.

Réélu avec 54 % des suffrages, François Mitterrand désigne rapidement Michel Rocard comme Premier ministre. Pouvait-il vraiment faire un autre choix ?

François Mitterrand est élu le 8 mai 1988. Le lendemain matin à l'Élysée, il me dit hésiter encore pour le choix du Premier ministre entre deux personnalités : Michel Rocard et Pierre Bérégovoy. Il me demande mon sentiment, je le lui donne. Le lendemain, il annoncera la nomination de Michel Rocard…

Quel était donc votre « sentiment » ?

Je dis à François Mitterrand que Michel Rocard est celui qui est le mieux placé, dans le contexte politique de cette élection, pour aborder le début du second septennat. Le président, avec qui je n'avais jamais parlé de mon sort, m'annonce : « Quel que soit le choix du Premier ministre, vous serez le numéro deux du gouvernement et je souhaite vous confier le ministère de l'Éducation nationale et de la Recherche. » Mais revenons à la nomination de Michel Rocard. François Mitterrand avait à nouveau le libre choix de son Premier ministre, institutionnellement et politiquement. Sa liberté n'était bornée par rien et il y avait plusieurs personnalités possibles. Il a donc voulu Michel Rocard. Pendant la campagne présidentielle, celui-ci l'avait soutenu utilement, renforçant notre crédibilité économique. Au fond, un peu comme pour Pierre Mauroy en 1981, mais dans un tout autre contexte, le président a choisi quelqu'un qui ne l'avait pas toujours accompagné, sans doute dans un souci de rassemblement. Il connaissait aussi les qualités de l'homme.

Certains ont dit à l'époque, et même après, que François Mitterrand leur avait confié : « Je nomme Rocard pour lever l'hypothèque, dans six mois on n'en parlera plus. » Est-ce qu'il vous a tenu ce genre de propos ?
Oui. Mais pas avec cette brutalité. Si François Mitterrand a fait le choix qui lui paraissait le plus juste, il ne l'a pas fait sans arrière-pensées.

Vous pensiez que Michel Rocard s'userait très vite ?
Moi, non.

Vous ne vous dites pas : « Ces deux personnalités sont différentes, ont été opposées pendant si longtemps… ça ne va pas marcher. »
Non, je ne pense pas cela. La réélection de François Mitterrand malgré la défaite législative sévère de 1986 crée chez nous un retour d'euphorie. La droite battue est divisée, s'interroge et se déchire en différentes factions. Nous pensons que les choses vont bien se passer. Le gouvernement qui se met en place est composé de personnalités solides qui ont fait leurs preuves dans des fonctions d'État. Derrière l'expression « lever l'hypothèque », j'entends plutôt « il devra faire ses preuves ». De fait, ça a plutôt bien marché…

Dans ces premiers moments du deuxième septennat, on parle beaucoup de « l'ouverture » : l'ouverture politique au centre. Plusieurs personnalités venues de cette mouvance, dont certains anciens « giscardiens », entrent dans le gouvernement

de Michel Rocard, celui d'après les législatives. Comment réagissez-vous ?

Deux événements vont me surprendre dans l'instant. Le premier est une déclaration de François Mitterrand. Après l'élection présidentielle, une fois Michel Rocard nommé et le gouvernement formé, le président dissout l'Assemblée nationale, comme en 1981, pour obtenir une majorité parlementaire. Jusque-là, rien que de très normal. Mais, dans une conversation avec des journalistes juste avant les législatives, François Mitterrand prononce cette phrase : « Il n'est pas sain qu'un seul parti gouverne. » Curieusement, à la différence de sa démarche de 1981 où il avait recherché, face au Parti communiste, une majorité absolue pour les socialistes, il semble cette fois indiquer aux Français qu'il n'est pas bon que les socialistes aient la majorité à eux seuls. Comme les communistes ne font pas partie de la construction politique, cela veut dire qu'il n'exclut pas que la force d'appoint vienne d'ailleurs. Cela me surprend, et je pense que c'est une erreur.

Vous lui en parlez ?

Bien sûr, mais la phrase est dite. Et elle jouera sans doute un rôle dans le fait que la « vague rose » sera moins forte qu'attendu. Nous n'aurons pas la majorité à nous seuls, ce qui sera source d'embarras.

Le deuxième événement est l'ouverture. Pour moi, la politique de « la France unie » concernait les Français, c'était une thématique de campagne. Ça n'était pas une construction politique ouverte sur le centre, c'est-à-dire sur une partie de la droite. De ces intentions touchant le gouvernement, François Mitterrand ne me parle pas. Je n'ai plus la même relation avec lui puisque je suis ministre et non plus le Premier secrétaire du PS, interlocuteur politique privilégié. Je découvre que dans le gouvernement auquel il m'a appelé il y a des personnalités venant du centre. Je l'admets, cela ne m'enthousiasme pas.

Est-ce qu'à un moment, vous envisagez de partir, de quitter le gouvernement pour dire votre désaccord ? Vous ne l'avez pas fait, est-ce à dire que vous avez alors intégré ce choix de Mitterrand comme l'évolution politique majeure et logique du début de son deuxième mandat ?

À aucun moment je n'envisage de partir. D'abord, parce que les centristes sont marginaux dans le dispositif lui-même. Ensuite, parce que les choix ont été faits par le président François Mitterrand et que j'ai accepté d'exercer auprès de lui des fonctions d'État. D'ailleurs, ces personnalités se révèlent, à l'usage, plutôt sympathiques. C'est vrai qu'elles me sentent un peu sur la réserve… et d'ailleurs Jean-Pierre Soisson voudra déjeuner avec moi pour s'expliquer en tête à tête. J'aurai avec plusieurs de ces ministres des rapports courtois et agréables. Cela n'est pas primordial dans mes choix de l'époque.

Comment avez-vous jugé les premiers mois du gouvernement Rocard et aussi comment avez-vous perçu les relations qui s'instaurent entre le chef de l'État et le Premier ministre ?

Les tête-à-tête entre le président et le Premier ministre m'échappent. Je ne suis plus Premier secrétaire et je n'ai donc plus de rendez-vous hebdomadaire singulier avec François Mitterrand. Je suis un des ministres. Sans doute le numéro deux – je ferai les intérims de Michel Rocard – mais cela ne me donne pas de droits particuliers. Et même si François Mitterrand continue à voir ses amis en petits groupes, je suis parmi d'autres…

Vous le voyez au Conseil des ministres…

Oui, mais le Conseil des ministres est un lieu très formel. Au début, la relation entre François Mitterrand et Michel Rocard semble assez bonne. Le gouvernement réussit bien. Michel Rocard règle des problèmes importants, en premier lieu celui de la Nouvelle-Calédonie qui pouvait devenir un nouveau conflit colonial, trente ans après la décolonisation. Il agit là remarquablement. Il accomplit des réformes, comme celle du Revenu minimum d'insertion, – le RMI –, il rétablit l'impôt sur la fortune (ISF). Donc, il y a des décisions positives, la conjoncture s'améliore, le chômage recule et le Premier ministre plaît aux Français. François Mitterrand, qui regarde les faits froidement et qui a en tête l'intérêt collectif, se dit que ça ne fonctionne pas si mal. La relation entre les deux hommes est correcte, même si elle n'a sans doute pas un grand degré d'intimité, pas même d'intimité politique.

Vous avez le sentiment que François Mitterrand laisse Michel Rocard gouverner et prendre les décisions ?

Michel Rocard, comme il l'a révélé lui-même, a eu peu de latitude dans le choix de ses ministres. Mais, ensuite, pour l'essentiel, François Mitterrand le laisse gouverner. Ainsi, dans le secteur de l'éducation dont j'ai la charge, et qui devient le premier budget de l'État, le président, tout en étant présent, laisse le Premier ministre et son ministre agir… dès lors qu'il est d'accord sur les grands choix.

Quand François Mitterrand vous propose d'être ministre de l'Éducation nationale, est-ce que vous êtes content de ce choix ? On a dit que vous étiez davantage attiré par le Quai d'Orsay…

J'ai des sentiments mêlés. D'un côté, je suis chargé – et c'est comme ça que François Mitterrand me le présente – d'incarner la première priorité du nouveau septennat : l'éducation, la formation et la recherche. C'est une preuve de confiance. De l'autre, ayant le souvenir des difficultés d'Alain Savary dans ce poste, je suis conscient que le président me confie un ministère difficile où l'on teste plus qu'on ne gratifie. J'ai un troisième sentiment, que je tais : peut-être aurais-je aimé d'autres fonctions, plus régaliennes. En tout cas, avec mon expérience d'ancien professeur et peut-être… de diplomate, je m'attelle à la tâche avec détermination et prudence.

Vous avez les idées claires sur ce que vous voulez faire dans ce ministère de l'Éducation quand vous arrivez ? Quelle est votre stratégie ?
J'ai un certain nombre d'idées en tête. Le choix de mes collaborateurs sera important, et m'aidera. Claude Allègre est plus qu'un collaborateur, c'est un ami, et il s'engage, comme Conseiller spécial, sur le secteur de l'université, de l'enseignement supérieur et de la recherche, où son travail sera fécond pendant toute la période. Je choisis un directeur de cabinet que je ne connais pas personnellement mais dont Jean-Pierre Chevènement m'a dit grand bien : Olivier Schrameck, qui sera précieux. Dès que j'arrive au ministère, je fais un état des lieux, je regarde ce qui se profile et, en m'appuyant sur des collaborateurs de grande qualité, dont plusieurs d'ailleurs reviendront avec moi à Matignon, je définis mes orientations. Mais là, j'ai une surprise : si j'arrive sans idées préconçues, d'autres en avaient pour moi. Je découvre un plan tout bouclé qui avait été concocté avec la grande fédération syndicale de l'Éducation de l'époque, la FEN, par le responsable à l'Éducation du Parti socialiste, alors que j'étais Premier secrétaire… sans que j'en aie été informé. Il s'agit d'un plan tout prêt pour négocier des avantages salariaux et, paraît-il, une autre façon d'enseigner…

Qui était ce secrétaire national à l'Éducation du PS qui avait agi ainsi sans vous en parler ?
C'était Laurent Fabius. Certes, il ignorait que je deviendrais ministre de l'Éducation nationale mais il savait que j'étais Premier secrétaire… Ma réaction, fondée sur une certaine conception de l'État, va de soi. Je rappelle au collaborateur de l'ancien secrétaire à l'Éducation du PS qui vient au ministère, rue de Grenelle, m'apporter ce schéma de contrat, puis aux syndicalistes concernés que c'est à moi qu'il revient de définir, au sein du gouvernement, sous les arbitrages du Premier ministre et sous l'autorité du président de la République, la politique à

conduire dans l'éducation. Elle ne peut avoir été prédéterminée entre un courant du Parti socialiste et un courant du syndicalisme, qui plus est dans mon dos.

Cette attitude crée un peu de déception ?
Chez mes interlocuteurs de la FEN, oui ; ensuite, nous travaillerons ensemble. Pendant quatre ans, je dialoguerai avec les syndicats, tous les syndicats.

D'entrée de jeu le débat s'instaure sur la revalorisation des rémunérations des enseignants avec, en échange, la rénovation de l'enseignement, des méthodes, et la manière d'enseigner…
Je prends conscience, en arrivant à ce poste, que nous allons recevoir de face une très importante vague démographique avec l'arrivée massive de nouveaux lycéens, puis de nouveaux étudiants dans les universités. Pendant mes quatre ans au ministère de l'Éducation nationale, de 1988 à 1992, nous devrons parvenir à recevoir dans de bonnes conditions des centaines de milliers de lycéens et d'étudiants supplémentaires. Les moyens extrêmement importants que j'obtiendrai lors de discussions interministérielles complexes, et après avoir convaincu le président et le Premier ministre du bien-fondé des arbitrages souhaités, étaient d'abord destinés à faire face au retard éducatif français que ces deux vagues de nouveaux entrants pouvaicnt aggraver. En outre, la condition enseignante s'étant dégradée, il fallait la revaloriser en termes d'image et de statuts mais aussi sur le plan matériel. Tel a été le point de départ de mon action. J'ai pesé de tout mon poids pour obtenir ces ressources nouvelles, car j'avais, par ma fonction, une conscience aiguë du défi. Nous avons opéré une revalorisation des salaires, la « revalo », comme disaient les enseignants. Grâce au plan Université 2000, nous avons multiplié les constructions universitaires neuves, modernisé des cités universitaires, des campus, relancé le logement étudiant et même créé quatre nouvelles

universités en région parisienne, deux dans le Nord-Pas-de-Calais et une en Poitou-Charentes. Sans cela, nous risquions de subir une véritable explosion lycéenne et universitaire. Nous avons seulement connu des mouvements revendicatifs surmontés par la discussion. François Mitterrand et Michel Rocard ont compris mes préoccupations et m'ont donné les moyens de l'action.

L'effort budgétaire a été colossal, presque historique. On a l'impression que le ministre du Budget de l'époque, Michel Charasse, vous a mis des bâtons dans les roues. Il était extrêmement réticent à donner cet argent. Il y a eu des bagarres terribles avec vous...

N'exagérons rien. Michel Charasse était un homme que j'appréciais beaucoup en privé, parce qu'il était vif, chaleureux et drôle, même si je n'approuvais pas toutes ses déclarations publiques. Ça n'a pas changé depuis. À l'époque, il a fait son travail de ministre du Budget et, tout en renâclant – c'était son obligation –, à partir du moment où François Mitterrand allait dans le sens de mes demandes, il n'a pas contrarié ma démarche. Chaque année, au moment de l'élaboration du budget, dans son bureau, puis dans celui de Pierre Bérégovoy, ministre des Finances, nous avions des discussions budgétaires classiques : il jouait les méchants, je me montrais exigeant et tous trois transigions, je crois, de façon intelligente et utile. Le Premier ministre, qui nous recevait *in fine*, n'avait que peu de problèmes à arbitrer.

Michel Rocard se serait bien vu ministre de l'Éducation en même temps que Premier ministre. Il aspirait à copiloter la politique éducative avec vous. On se souvient d'une séance où vous êtes côte à côte devant la presse, il vous donne la parole... et vous répondez assez sèchement...

Ça, c'était au début. Michel Rocard et moi avons eu besoin d'un double ajustement. Moi, d'abord : pendant quelques semaines, j'ai parfois oublié que je n'étais plus le Premier secrétaire du PS, même si j'étais, aux yeux de François Mitterrand et comme numéro deux du gouvernement, un peu le garant de certains équilibres. Un article que j'ai écrit dans *Le Monde*[1] sur l'art de gouverner n'a pas plu au Premier ministre.

Quand vous avez fait publier dans* Le Monde *cette tribune «gouverner mieux», Michel Rocard vous a convoqué; il était très en colère!

Oui, le titre n'était pas bon. En réalité, l'article n'évoquait pas la façon dont Michel Rocard commençait à gouverner, il voulait tirer des leçons du passé. Pour autant, l'incident m'a fait réaliser – et cela assez vite – que, si j'étais un ministre important, je n'étais qu'un ministre. Il y avait un Premier ministre sous l'autorité de qui j'étais et, au-dessus de lui, le président. Michel Rocard a compris de son côté qu'il ne pouvait pas, malgré le désir qu'il avait exprimé, être aussi ministre de l'Éducation nationale. J'ai donc participé loyalement à son gouvernement, en respectant son autorité, il m'a laissé diriger mon ministère et nous nous sommes en fait bien entendus.

Des manifestations lycéennes de grande ampleur se produisent au mois de novembre 1990. Au plus fort de ce conflit, vous assurez l'intérim de Rocard qui est en voyage au Japon. Et François Mitterrand décide de recevoir une délégation de ces lycéens qui manifestent dans la rue. Comment percevez-vous cette initiative du chef de l'État?

Je suis surpris et un peu irrité mais je me tais et je recherche quel parti je peux tirer de cette invitation. Car, s'il y avait dans cette réception une pointe de malice et une récupération un peu étrange du mouvement pour un président, elle m'aidait à conclure, à mettre un terme positif au mouvement lycéen. Et malice pour malice, avec l'accord de Michel Rocard, et puisque

1. «Gouverner mieux», *Le Monde*, 21 juin 1988.

François Mitterrand se montrait ostensiblement réceptif aux revendications des étudiants – sous l'influence de certains de ses conseillers –, je me suis servi de son approche généreuse pour obtenir deux milliards de francs supplémentaires du ministre des Finances dans un arbitrage en faveur de la condition étudiante et du développement des universités.

Donc vous n'avez pas le sentiment d'un désaveu du président de la République ?

Non. François Mitterrand m'avait prévenu qu'il recevrait seul une délégation de lycéens. Quand ils sont revenus vers moi pour négocier, ils n'avaient plus de recours. J'avais obtenu des moyens nouveaux, il fallait seulement conclure. Nous l'avons fait.

Vous n'avez pas tendance à atténuer un peu cet épisode, à le banaliser ? Parce que Jean-Paul Huchon, alors directeur de cabinet de Michel Rocard, a raconté des années après que vous avez pris le téléphone pour appeler François Mitterrand et que vous étiez très en colère…

Sans doute étais-je agacé mais je crois que Jean-Paul Huchon en rajoute un peu. Je connaissais trop François Mitterrand pour agir ainsi. Il acceptait qu'on lui dise les choses nettement mais il fallait le faire avec courtoisie, en démontrant une capacité de convaincre. L'essentiel était alors pour moi que le mouvement lycéen se terminât correctement, sans frustration. Nous avons négocié pendant deux jours. Ce furent des heures étonnantes. Olivier Schrameck, mon directeur de cabinet, était à mes côtés avec plusieurs conseillers et j'avais en face de moi une délégation nationale de lycéens. L'exercice fut assez délicat. D'un côté, il fallait prendre nos interlocuteurs tels qu'ils étaient : de jeunes adultes, portant des revendications, sensibles, un brin insolents, qu'il ne fallait pas traiter avec paternalisme, au risque de tout faire capoter. De l'autre, nous étions face à de jeunes garçons et filles – l'âge de mon dernier fils à l'époque –, qui se fatiguaient plus vite que nous et à qui il fallait accorder des pauses. On leur apportait des sandwiches, des pains au chocolat, et même un peu de réconfort – sans trop le montrer – quand la négociation se faisait longue. Ça a duré deux jours, avec un mélange de respect pour eux et de conscience qu'ils n'avaient pas la mesure exacte de ce que pouvait signifier un effort de deux milliards de francs. Ils n'avaient naturellement pas le réalisme des syndicalistes ouvriers. Quand cela s'est terminé le dernier soir, que l'on a conclu, ils étaient contents et nous… soulagés. Nous avions appris un peu à nous connaître et quelques-uns étaient socialistes. Ils voulaient qu'on aille dîner tous ensemble dans un « restau » au Quartier latin. J'ai été tenté. Mais ça faisait un peu mélange de genres. Ils sont partis de leur côté et nous du nôtre. L'autre jour, allant à Bruxelles, je suis tombé Gare du Nord sur des délégués des Conseils de la vie lycéenne qui étaient venus discuter avec leur ministre du moment. Nous avons bavardé et je leur ai dit que ces conseils, je les avais créés, justement après le mouvement de 1991…

Pour conclure sur ce point de l'Éducation nationale, si vous deviez faire un bilan de ces quatre années, que diriez-vous ?

Nous avons beaucoup travaillé. Nous avons assuré l'augmentation des moyens, de nombreuses créations de postes, une meilleure formation professionnelle pour les enseignants avec la création des IUFM[1]. Il faut savoir qu'avant nous, les jeunes professeurs des collèges et des lycées se retrouvaient devant des classes quasiment sans formation pratique. J'ai développé la politique contractuelle, particulièrement pour les établissements universitaires. Nous rompions avec le pilotage centralisé et administratif du système, sans briser son unité. On peut citer aussi la déconcentration du mouvement des professeurs pour lui donner de la souplesse, la politique d'évaluation des élèves, la

1. Instituts universitaires de formation des maîtres.

réforme des cycles dans le premier degré, la réforme des lycées et aussi le plan Université 2000 qui a permis de rattraper une partie du retard universitaire français. La décentralisation des années 1982-1983 a été pour nous une chance. Face à l'afflux des lycéens et des étudiants, jamais l'État n'aurait pu faire face sans l'énorme effort des élus des Départements et des Régions, de gauche et aussi de droite. Je veux leur rendre hommage.

Revenons en arrière, à 1988, et à votre départ de la tête du PS. Comment s'est passée votre succession ?

Je n'y avais pas trop réfléchi. Je ne me sentais pas le devoir… ou le droit de trouver mon successeur. Là aussi, surprise : en rentrant en voiture dans la nuit du dernier meeting de la campagne des élections législatives victorieuses tenu en Seine-Maritime, Laurent Fabius – il conduisait, nous n'étions que tous les deux – m'a dit tout à coup : « Tu sais, je vais poser ma candidature à ta succession au premier secrétariat du PS, François Mitterrand est d'accord, j'aimerais bien que tu me soutiennes. »

J'étais déconcerté, car je croyais qu'il voulait revenir au gouvernement et je ne sus trop quoi lui répondre. Nous sommes arrivés devant chez moi, c'était alors rue Servandoni, et nous sommes restés à bavarder encore quelques instants dans la voiture à l'arrêt. Quand je suis remonté chez moi, j'ai pensé que ça allait se faire.

Vous ne lui avez pas promis votre soutien, là ?

Non, je n'ai pas promis mon soutien. J'ai dit que je devais réfléchir ; je n'étais pas enthousiaste mais, tout juste entré dans le gouvernement de Michel Rocard, j'hésitais à me mêler de ça…

Est-ce que François Mitterrand lui-même avait formulé très clairement devant vous ce souhait de voir Laurent Fabius à la tête du PS ?

À moi, rien n'avait été dit. C'est Laurent qui m'en a parlé, en invoquant le soutien du président. Cet élément jouait, bien sûr, car je gardais le souvenir du conflit sur la conduite de la campagne législative en 1985-1986 et je n'avais pas envie d'en connaître un autre. Mais, le lendemain, une bronca s'est déclenchée chez nombre de responsables mitterrandistes. Parmi les mitterrandistes historiques, certains avaient sans doute un point de vue différent, tel Pierre Joxe. Mais Édith Cresson, Roland Dumas, Henri Emmanuelli, André Laignel, Louis Mexandeau, Daniel Vaillant, et Louis Mermaz dans son style plus discret, déclaraient : « Ça n'est pas possible, on ne peut pas donner le parti à Fabius… » Ils l'ont d'ailleurs dit à François Mitterrand.

Pourquoi ces mitterrandistes récusaient-ils l'un des leurs ?

Cela tenait sans doute à la nature de leurs relations personnelles et à l'idée qu'ils se faisaient de lui. J'avais dirigé le parti avec tous et ils n'avaient pas, semble-t-il, la même certitude avec le nouveau candidat. En tout cas, ils s'y sont opposés avec vigueur. Je leur ai fait part de mon hésitation à m'engager mais ils sont revenus vers moi en évoquant l'hypothèse de Pierre Mauroy. Je leur ai répondu : « Écoutez, si vous décidez Mauroy, si vous vous engagez, alors je vous soutiendrai. Sinon, je ne bougerai pas. » Ils sont allés lui parler.

Mauroy avait très envie de diriger le parti ?

Je n'en sais rien. Mais puisqu'on le lui proposait, diriger le Parti socialiste dans lequel il s'était engagé tout jeune, dès la SFIO, en devenir le Premier secrétaire devait être, pour des raisons historiques, symboliques et affectives, un rêve secret. Et c'est pourquoi, quand il lui a été proposé de prendre la présidence de l'Assemblée nationale, il a préféré le parti. Un conflit de candidatures a alors coupé en deux le courant mitterrandiste et traversé le Comité directeur du PS. Devant cette brusque tension, une solution de compromis a été proposée par Pierre Joxe, que j'ai pour ma part acceptée : nous retrouver tous sur le nom de Louis Mermaz. Pierre Mauroy a acquiescé, Laurent Fabius non, sans doute confiant dans l'issue du vote. Mais Pierre Mauroy a été élu par une petite dizaine de voix d'avance… Laurent Fabius a, lui, obtenu la présidence de l'Assemblée nationale.

Pendant cette soirée au Sénat où se réunit le Comité directeur, est-ce que François Mitterrand envoie des messages ou fait savoir à vous et à d'autres que c'est Fabius qu'il veut ?

Dans mon souvenir non, en tout cas il ne m'en envoie pas à moi. Il ne s'exprime pas non plus de façon publique. Mais Pierre Bérégovoy, qui était ministre, intervient dans la réunion pour affirmer que telle est la préférence du président. C'était assez inhabituel…

Mitterrand a été très irrité par l'élection de Mauroy contre Fabius… il vous l'a fait savoir ?

Oui, il me l'a fait savoir, comme à d'autres. Il regrettait que ce qu'il avait souhaité, ou accepté, ne s'appliquât point. Peut-être a-t-il lu cette manifestation d'autonomie dès le début de son second septennat comme le signe que les rapports entre lui et nous étaient devenus différents…

Une forme d'émancipation du parti par rapport à l'Élysée… ?

Nous étions, sans le deviner encore, en train d'entrer dans une forme d'émancipation symétrique : celle de François Mitterrand par rapport au Parti socialiste, celle du Parti socialiste à l'égard de François Mitterrand. Mais la distension de ce couple qui, après dix années fécondes, avait gagné en 1981, puis affronté les difficultés du pouvoir et enfin joué subtilement la partie de la cohabitation pour vaincre à nouveau, a eu des conséquences lourdes pour la suite du septennat, on le verra plus tard.

Est-ce que François Mitterrand n'a pas fait une erreur politique en poussant Fabius ? Il a pris le risque, finalement, de faire éclater son courant…

J'imagine qu'il pensait que sa préférence s'imposerait naturellement. Il a sous-estimé le fait que les responsables du PS entendaient choisir eux-mêmes qui les dirigerait. À ce moment-là pourtant, il n'y a pas d'éclatement, il y a discussions, débats, heurts, froissements d'ego. L'éclatement se produira, deux ans après, au congrès de Rennes, quand le courant mitterrandiste diverge cette fois sur des textes et se scinde sur des votes d'orientation différents.

Au congrès de Rennes en 1990, Mitterrand soutient encore Laurent Fabius dans sa tentative de prendre le parti. Là effectivement, la famille mitterrandiste éclate…
Dans cette séquence, François Mitterrand n'agit pas, il réagit. Laurent Fabius prend l'initiative, selon le même schéma qu'en 1985 ou en 1988 : créant la surprise, jouant le fait accompli qui, en retour, provoque une résistance. Il rassemble ses amis et décide de présenter son propre texte au congrès qui vient. Cette façon de faire provoque irritations et crispations et entraîne le rejet d'un projet de candidature à la direction du PS, qui, en soi, n'était pas illégitime. Il faut toujours essayer de convaincre.

Pour les profanes, le congrès de Rennes s'est résumé à de rudes et spectaculaires affrontements entre dirigeants socialistes, à des querelles de personnes… Les images de la télévision sont encore dans les mémoires. Mais au fond, quels étaient les enjeux ?
Le débat porte sur la conception du Parti socialiste. Les questions de style et de personnes ont également joué. Mais, sur les orientations politiques fondamentales, il n'y avait pas de désaccords explicites et c'est pourquoi la rupture du courant majoritaire mitterrandiste aurait dû être évitée. Cette fois encore, je me suis demandé si je devais prendre parti. C'était risquer de froisser à nouveau François Mitterrand, et le ministère de l'Éducation était bien assez lourd. Je l'ai pourtant fait.

Vous ne vouliez pas de cet affrontement ?
J'ai rencontré François Mitterrand en tête à tête et j'ai plaidé pour le maintien de l'unité du courant mitterrandiste en lui disant : « Dans la Ve République, le président de la République

a besoin d'un parti majoritaire fort et uni. Ne laissez pas casser votre ancien courant, qui est la matrice, l'axe même du parti majoritaire qu'est le Parti socialiste. » Mais le président a sans doute souhaité que Laurent Fabius prenne la tête du PS. Il voyait son talent, ses qualités, son énergie, sa modernité, son sens de la communication. En tout cas, il ne voulait pas lui interdire de tenter sa chance. Peut-être n'était-il pas mécontent de laisser jouer la revanche du vote Fabius / Mauroy de 1988. Devant moi, il a constamment minoré les conséquences éventuelles d'une rupture. Pour lui, la confrontation était légitime dans un parti démocratique. « Il faut débattre, disait-il, vous vous retrouverez après… » En fait, cette cassure du courant majoritaire a eu des conséquences néfastes parce qu'elle a déconnecté la relation essentielle entre le président de la République élu au suffrage universel et la formation politique majoritaire faite pour soutenir le gouvernement et conforter l'assise du président dans le pays.

À ce moment-là, j'ai ressenti que les sentiments subjectifs du président et sa distance vis-à-vis de son parti l'emportaient sur la sagacité de l'homme politique. J'avais vu souvent François Mitterrand dominer ses préférences quand des enjeux politiques majeurs étaient en cause à ses yeux. Mais dans ce second et dernier septennat, ses liens avec les socialistes, sa conception du pouvoir, son rapport à l'histoire s'étaient modifiés. Il pensait davantage à lui et moins à nous. Il a laissé se faire la déchirure dans le PS.

Ce congrès a été d'une extrême violence. Comment avez-vous vécu, sur un plan personnel, ce débordement, ce déchaînement de haine incroyable entre les individus ?

Ces mots « extrême violence », « déchaînement de haine », qu'on a vus refleurir tout récemment, sont aussi outrés pour le congrès de Rennes que pour celui de Reims à l'automne 2008. Ce n'est pas l'affaire Clearstream… ! Pour autant, l'atmosphère était très tendue et j'ai vécu ce congrès péniblement. Je suis entré dans le conflit à contrecœur, par solidarité avec des amis, et j'en suis ressorti frustré. La confrontation de Rennes a été pourtant moins vigoureuse et intense que celle du congrès de Metz en 1979. Mais le congrès de Metz s'était noué sur des divergences politiques claires et avait été fondateur, alors que le congrès de Rennes n'a pas reposé sur des différences d'orientation perceptibles par l'opinion et fut désagrégateur.

Quand vous entrez dans la salle, vous voyez les militants qui hurlent, qui crient, qui sifflent les dirigeants. Ça devait être très dur à vivre pour l'ancien Premier secrétaire que vous étiez…

C'est vrai. Je me suis juré de ne plus revivre cela. Après Rennes, je me suis tenu à l'écart des batailles entre socialistes et je ne suis revenu plus tard dans le jeu que pour rassembler.

Derrière l'affrontement apparent Fabius-Jospin de Rennes, il y avait aussi l'affrontement Mitterrand-Rocard. Est-ce que la hantise de Mitterrand n'était pas de vous voir basculer dans un accord avec Michel Rocard… contre lui ?

François Mitterrand ne pouvait avoir cette crainte, parce qu'il savait par nos conversations privées que je ne ferais pas un tel accord. J'étais trop proche politiquement et personnellement de lui pour y songer. Et puis, vous imaginez le numéro deux du gouvernement prendre le parti du Premier ministre contre le président de la République ? Quant à Michel Rocard, il était embarrassé, car les conflits du congrès compliquaient sa relation avec le président. Sans la volonté de Laurent Fabius de remplacer Pierre Mauroy, il n'y aurait pas eu de motifs d'affrontement à Rennes.

À aucun moment vous n'avez été tenté de créer un axe majoritaire du parti, avec Rocard ?

Contre François Mitterrand ? Cela n'avait pas de sens. D'ailleurs le congrès lui-même fut insensé et sa fin pathétique. Nous n'avons pu conclure cet épisode pénible que le lendemain, une fois revenus à Paris, par une synthèse générale qui fut aisée à trouver sur le fond mais que les arrière-pensées des uns et des autres ont rendue artificielle. Pierre Mauroy est resté le Premier secrétaire, pour un temps. Découragé, il laissera sa place à Laurent Fabius un an après, sans congrès ni vote des militants. Je l'accepterai.

Vous revoyez Mitterrand dans les jours qui suivent le congrès de Rennes, en reparlez-vous avec lui ? Est-ce qu'il vous adresse des reproches ?
Nous en parlons peu. Je ne le vois plus guère qu'en Conseil des ministres ou lorsqu'il me demande de l'informer précisément sur des questions d'Éducation.

Il vous en veut quand même…
Sûrement, un peu…

Au mois de mai 1991, Mitterrand décide de se séparer de Michel Rocard. Après trois ans à Matignon, Rocard bénéficie d'une bonne popularité. Avez-vous senti venir cette prise de distance entre Mitterrand et Rocard et comment avez-vous vécu cette façon de le congédier ?
Je la percevais cette prise de distance, car je participais depuis peu, comme numéro deux du gouvernement, aux conseils restreints à l'Élysée consacrés à définir la position de la France dans le conflit du Golfe. Devrait-elle s'engager dans la guerre ? Si oui, comment ? Ces conseils restreints se tenaient chaque semaine et je notais que Michel Rocard y était assez silencieux. Mais distance ne veut pas dire séparation. Et puis, François Mitterrand a décidé de changer de Premier ministre. Il prétendait que ça ronronnait trop, que Michel Rocard ne réformait pas assez. Il disait vouloir un gouvernement avec plus d'ardeur, capable de donner un nouvel élan. L'opinion est restée dubitative – et moi aussi – sur le bien-fondé de cette décision et le nouvel élan ne s'est pas produit, puisque se sont

succédé, de 1991 à 1993, deux gouvernements de onze mois seulement.

Vous avez été surpris par le choix d'Édith Cresson pour succéder à Michel Rocard à Matignon ?
Ce fut une surprise pour tout le monde, y compris pour moi. Le symbole de la première femme chef de gouvernement en France était positif, pas seulement pour les femmes, et l'approbation fut large, y compris dans les médias. À vrai dire, les plus circonspects, les plus réservés ont été les responsables socialistes. Ensuite, la mécanique s'est grippée, les médias se sont retournés et sont devenus bientôt aussi sévères qu'ils avaient été enthousiastes. Au-delà de l'appréciation qu'on peut porter sur la capacité qu'a eu Édith Cresson de maîtriser l'énorme machine gouvernementale, beaucoup de responsables socialistes, au gouvernement, au groupe parlementaire ou au parti ne lui ont pas facilité les choses et ne se sont pas comportés avec elle de façon loyale. Si bien qu'au bout du compte, Édith Cresson s'est trouvée enserrée entre le souvenir d'un ancien Premier ministre plutôt populaire, Michel Rocard, et l'impatience de ceux qui se seraient bien vus Premier ministre à sa place.

On dit qu'au moment de la formation du gouvernement d'Édith Cresson, vous souhaitiez que Claude Allègre entre au gouvernement et que vous vous êtes opposé très vivement, violemment selon certains, à François Mitterrand à ce sujet…
Je n'ai rien demandé mais, sans me consulter, on m'a annoncé l'arrivée d'un secrétaire d'État aux Universités. Compte tenu de l'énorme travail accompli par Claude Allègre auprès de moi comme Conseiller spécial pour l'enseignement supérieur, j'ai précisé à Édith Cresson : « Si vous tenez absolument à nommer un secrétaire d'État aux Universités – ce qui n'est pas nécessaire, car le ministère de l'Éducation devrait garder son unité – alors, nommez Claude Allègre, parce que c'est lui qui, jusqu'ici, a fait le travail. » Il y a eu refus.

Refus argumenté ?
On m'a laissé entendre que Claude Allègre, scientifique brillant, n'était pas forcément fait pour cette tâche. J'ai précisé que je n'accepterais comme secrétaire d'État aux Universités que Claude Allègre et que, si on m'en imposait un autre, je partirais. Je ne voulais pas d'une injustice.

Mais est-il vrai que vous avez eu un vif accrochage avec François Mitterrand ?
C'est vrai. À l'Élysée, à la sortie d'un Conseil des ministres, j'ai dit en deux mots au président qu'il s'agissait pour moi d'une question de principe, d'une reconnaissance du travail fait. Je l'ai agacé. Finalement, on m'a seulement adjoint un Secrétaire d'État à l'Enseignement professionnel, Jacques Guyard, que j'ai accueilli avec plaisir. Claude Allègre a continué à travailler avec moi comme conseiller pendant un an, toute la durée du gouvernement Cresson.

À propos d'Édith Cresson, est-ce que vous partagiez les critiques de certains ministres, distillés sous couvert d'anonymat dans la presse, sur son fonctionnement en tant que chef du gouvernement ?
Non, je n'ai participé à aucun conciliabule ou commentaire critique à l'encontre du chef du gouvernement auquel j'appartenais. Je ne l'ai fait ni avec Michel Rocard, ni avec Édith Cresson.

Ça, c'est du discours public mais, en privé, qu'est-ce que vous en pensiez ?
Dans les conversations privées comme en public, j'appliquais la même règle. Quant à mon for intérieur, il reste intérieur.

Mais aujourd'hui, comment expliquez-vous sa vertigineuse chute de popularité ?
Le contexte économique, déjà, n'était pas facile. Le volontarisme,

non pas économique parce que les circonstances ne s'y prêtaient pas, mais au moins industriel qui devait être la marque d'Édith Cresson a eu beaucoup de mal à se concrétiser. Comme le départ de Michel Rocard n'avait pas été compris et que des critiques émergeaient des milieux socialistes, il n'était pas simple de gouverner. Il est difficile de savoir comment la Première ministre s'en serait tirée si les conditions avaient été meilleures.

Très vite Édith Cresson est isolée, elle fonctionne en circuit fermé à Matignon avec deux ou trois conseillers et certains ministres lui tournent le dos tandis qu'à l'Assemblée le groupe parlementaire socialiste prend ses distances…

C'est vrai. Mais ce gouvernement a été bref et donc formuler des critiques après coup ne me paraîtrait pas très élégant. En tout cas quand François Mitterrand a jugé que le dispositif ne tenait plus, il l'a changé avec regret mais sans hésitation. Cette fois, la réalité objective et la nécessité politique l'ont emporté sur les sentiments subjectifs.

Arrive alors Pierre Bérégovoy à Matignon – à un an des législatives de 1993. François Mitterrand fait-il un « tour de piste » pour voir quels sont les successeurs possibles pour Édith Cresson ? On évoquait alors les noms de Jacques Delors, de Jean-Louis Bianco qui se voyait très bien Premier ministre… Peut-être le vôtre aussi…

La question ne se posait pas pour moi. La distance personnelle avec le président subsistait, même si la guerre du Golfe, le conflit avec l'Irak, nous avait beaucoup rapprochés politiquement. Dans les conseils restreints j'avais été un point d'appui. Nous voyions les événements de la même manière et la confiance politique s'était rétablie.

Pourtant, mon sort ministériel va se sceller. Au moment où François Mitterrand s'apprête à nommer Pierre Bérégovoy, il me demande de venir le voir à l'Élysée. Ce n'est pas pour me consulter sur le Premier ministre qu'il pourrait choisir mais pour m'indiquer que je ne ferais vraisemblablement pas partie du prochain gouvernement. L'argument qu'il invoque est qu'il veut faire un gouvernement « sans les éléphants ». Vous voyez, les éléphants étaient déjà là... même quand ils devaient partir.

Mitterrand avait utilisé cette expression ?

Il l'a utilisée, oui, comme d'autres. Peut-être parce que les journalistes l'employaient déjà. Il me laissait entendre qu'il souhaitait un gouvernement différent, allégé d'un certain nombre de poids lourds, de caciques. En fait, quand le gouvernement sera composé, je constaterai que, avec Jean Poperen, je serai le seul de ceux-là à être écarté, les autres étant restés. Pierre Bérégovoy m'a appelé le lendemain matin tôt chez moi pour me confirmer que je ne serai pas dans son équipe ministérielle. Je n'ai pas été surpris.

Mais vous l'avez mal pris...

Pas vraiment. Bien sûr, j'étais déçu de ne pas poursuivre un an de plus ma tâche à l'Éducation nationale où il y avait des réformes à achever. En même temps, Jack Lang, qui me succédait, était tout à fait apte à conduire ce travail et il s'est inscrit dans ma continuité. Je me suis aussi demandé si une des clefs de mon départ n'était pas finalement le fait que Bernard Tapie entrait au gouvernement. François Mitterrand avait-il craint que je démissionne en constatant sa nomination ? Il me connaissait bien... Je n'ai pas d'obsession anti-Tapie : cet homme a du talent, une force oratoire et un grand sens de la persuasion, d'autres diront du bagou. Mais, dans le monde des affaires, il a été un racheteur, les moins indulgents diront un dépeceur d'entreprises plutôt qu'un dirigeant. En tout cas, avec ses qualités et ses défauts, il n'avait pas sa place dans un gouvernement socialiste et le présenter, en plus, comme un exemple pour la jeunesse des banlieues en difficulté, était malvenu. En m'écartant, François Mitterrand m'a épargné tout dilemme.

C'est la version rose des choses…
J'aime bien les versions roses, de temps en temps…

Mais comment expliquez-vous cette attirance de Mitterrand et aussi de Bérégovoy à l'égard de Bernard Tapie, qu'est-ce qui a bien pu les intéresser chez cet homme ?
Honnêtement, je n'en sais rien. Faut-il risquer un rapprochement avec la télé Berlusconi ? Voulait-on « faire populaire » ? C'était brouiller les valeurs. Ce type de choix a provoqué chez moi une prise de distance que n'avait pas entraînée le tournant de la rigueur ou les ventes d'armes à l'Irak. Le tournant de la rigueur était inévitable, les ventes d'armes à l'Irak pouvaient se discuter. Mais rien ne nous obligeait à cet anti-symbole-là.

Vous êtes plus sensible à l'éthique ou à la politique ?
Pourquoi la politique ne serait-elle pas éthique ?

Continuons : 1993 c'est…
Revenons un instant à 1992. Quand Pierre Bérégovoy est nommé pour terminer la législature en bon ordre, pour remettre en place un dispositif de conduite du gouvernement plus classique, il pense lui-même que c'est trop tard. Il y va parce que c'est son devoir, parce qu'il ne veut pas refuser cela à François Mitterrand et sans doute aussi parce que c'est une consécration pour lui d'être Premier ministre. Mais il sait que ce sera très difficile. Ce gouvernement de onze mois sera plutôt un bon gouvernement avec des personnalités solides à l'intérieur ; il fera son maximum pendant cette période devenue très dure. Mais un climat délétère s'est créé à propos de ce qu'on a appelé « les affaires ».

Justement, comment vivez-vous cette période où pratiquement tous les jours des affaires éclatent, des affaires qui précisément

touchent à l'éthique, au rapport des socialistes à la morale, à l'argent…

Je la vis de façon ambivalente. Cela me désole, et – sans le savoir encore – j'en tirerai des leçons quand j'aurai à composer, puis à diriger plus tard un gouvernement. Après tout, nous connaîtrons cinq années sans scandales ! Mais, en même temps, je trouve cette campagne odieuse parce que je sais qu'avant le financement officiel des partis politiques et la limitation des dépenses de campagnes, tous les partis avaient utilisé des financements occultes. La structure Urba, montée par le Parti socialiste pour obtenir des reversements d'entreprises afin de financer l'action politique, était une petite entreprise par rapport aux énormes machines qui s'étaient créées ailleurs. Voir le RPR nous faire la leçon sur le terrain de la morale, compte tenu du comportement de ce mouvement à la mairie de Paris et ailleurs pour ses propres financements, relevait d'une indécence comique. Je trouvais tout cela néfaste et inéquitable. Le seul point positif, c'est qu'à partir de ce moment, s'est mis en place en France un financement public des partis et des campagnes, une limitation des dépenses et de la publicité politique. D'un mal est sorti un bien, une évolution nécessaire de la démocratie mais, nous, nous avons été sévèrement secoués pendant un temps.

L'image à la télévision d'un juge en train de perquisitionner au siège du PS, rue de Solférino, a été terrible, elle a fait des dégâts dans l'opinion…

Heureusement, cela ne nous a pas empêchés de nous relever, parce que l'opinion savait relativiser ce genre de choses ; non pas qu'elle l'acceptât, mais elle n'ignorait pas ce que d'autres faisaient. D'ailleurs, ce genre d'affaires a concerné ensuite les autres partis, à droite comme à gauche. Simplement, comme antérieurement nous avions un peu joué les vertueux, notre image en a pris un coup.

Aux élections législatives de 1993, vous êtes battu… comme beaucoup d'autres socialistes. La défaite du PS est rude. Vous vivez cela comme un double échec, politique et personnel. Est-ce que vous avez alors la tentation de renoncer à la politique ?
Être battu en Haute-Garonne par un adversaire qui n'était pas un foudre de guerre et qui d'ailleurs ne défendra même pas le siège conquis contre moi aux législatives suivantes, a été décevant. J'avais espéré être épargné par la vague et ce n'était pas le cas. J'étais, d'autre part, face à un problème professionnel. J'ai souhaité, conformément au statut de la fonction publique, retrouver un travail dans mon ministère d'origine, celui des Affaires étrangères. Il est vrai aussi que les conditions de notre échec collectif m'ont conduit à envisager, non pas de renoncer à l'engagement militant, mais de m'écarter des responsabilités politiques.

Vous prenez alors contact avec votre ministre de tutelle, le ministre des Affaires étrangères, Alain Juppé…
Bien sûr.

Pour lui demander du travail, une mission, quelque chose…
Naturellement.

Vous êtes allé voir Alain Juppé au Quai d'Orsay ?
Je prends contact avec lui, je lui écris – afin qu'il reste une trace – que, puisque je viens d'être reversé dans la fonction publique, il serait bon que je puisse accomplir un travail dans mon ancien ministère. Je verrai Alain Juppé deux fois, la première pour lui dire : « Je suis disponible pour travailler », à quoi il me répondra : « Vous savez, c'est difficile, je vais voir mais, bon, vous êtes socialiste… » Et puis, comme rien ne se passe, je vais le retrouver quelques mois après et, là, il n'a rien à me proposer. Contrairement à ce qui s'est dit ou écrit, je ne lui ai jamais demandé un poste particulier ni telle ou telle ambassade !

On avait alors parlé de Prague…
L'ambassade de France, près du pont Charles, est belle, mais rien de tout cela n'est exact. J'avais dit à Alain Juppé : « Je suis à nouveau un fonctionnaire du ministère des Affaires étrangères, je ne dois pas rester sans travailler, donnez-moi une activité. » J'ai ajouté simplement : « Si on veut me faire partir à l'étranger, je préférerais que ça soit en Europe parce que ma femme travaille à Paris… » La deuxième fois, Alain Juppé a conclu ainsi : « Je suis désolé, mes amis politiques sont réticents à l'idée de vous donner un poste. J'avais pensé à vous proposer d'être le représentant de la France au Sommet social mondial qui se prépare au Nations unies. Cela aurait pu vous convenir. Mais mes collègues s'y sont opposés et j'ai finalement confié cette mission à Yvon Gattaz », l'ancien président du patronat français. Un patron pour un sommet social ! Ça m'a permis de terminer la conversation sur un sourire…

Dans votre tentation d'éloignement de la politique, au-delà des questions de travail, n'y avait-il pas un certain désenchantement ?
Oui, certainement. Pourtant, cela n'a pas duré longtemps. Je me suis impliqué à nouveau assez vite, quand Michel Rocard, devenu Premier secrétaire du PS, m'a proposé une mission qui avait du sens. De toute façon, j'étais resté en Haute-Garonne, où je conservais mon mandat de conseiller général du canton de Cintegabelle. Quant au désenchantement, sachez que je n'ai jamais considéré la politique comme une carrière ou un gagne-pain. Je ne sais pas ce qui se serait produit si on m'avait proposé une mission au Quai d'Orsay correspondant à mes capacités. Peut-être aurait-ce été une nouvelle bifurcation dans ma vie !

Au fond, Juppé vous a rendu service, il ne vous a pas trouvé de job aux Affaires étrangères… et en 1997 vous êtes devenu

Premier ministre. Si vous aviez été en poste à l'étranger, cette opportunité ne se serait pas présentée…

Il serait mal venu de ma part de lui en vouloir, mais j'ai évité de lui faire remarquer quand, quatre ans plus tard, il m'a passé ses pouvoirs à Matignon…

Ce désenchantement, il était personnel… ?

Je me suis engagé et je suis resté en politique par conviction et aussi parce que j'aimais cette vie. Si cette conviction se troublait, l'idée de faire autre chose prenait sens. Je ne me suis jamais considéré comme un professionnel de la politique mais comme un militant et un représentant du peuple. Cela ne veut pas dire pour autant que, dans mes responsabilités, j'ai agi en amateur. Je déteste l'amateurisme !

Au début des années 1990, votre vie privée change. Est-ce que cela a une influence sur votre vie publique ?

Sylviane Agacinski et moi avons commencé à vivre ensemble en 1990 et nous nous sommes mariés en 1994. Elle avait un enfant de cinq ans, Daniel, qui est devenu mon second fils. Vivre aux côtés de Sylviane a été et reste toujours un bonheur et cette chance a éclairé les autres dimensions de ma vie, y compris mon engagement. Ma conception de la vie publique n'en a peut-être pas été changée, parce qu'elle était déjà formée, mais elle a été influencée. En tout cas, être chaque jour avec une philosophe, c'est-à-dire avec une femme qui, par rapport aux événements, prend le recul de la réflexion, ça me plaît.

Durant vos années au ministère de l'Éducation nationale, de 1988 à 1992, des événements internationaux considérables se produisent : la chute du mur de Berlin au mois de novembre 1989, suivie en 1990 de la réunification allemande. Comment avez-vous vécu ces événements, comment avez-vous jugé la manière dont François Mitterrand, alors président de

la République, a géré ces événements majeurs pour l'histoire de l'Europe et même du monde ?

J'ai vécu ces événements avec un mélange de stupéfaction et d'enthousiasme. Stupéfaction, parce que ce bloc de l'Est, issu lointainement de la révolution d'Octobre et dirigé de façon si despotique, ne semblait pas pouvoir s'affaisser d'un coup, à bas bruit, sans larmes ni sang. Enthousiasme, parce que l'effondrement d'un totalitarisme que j'avais personnellement combattu sous des formes diverses à travers mon histoire d'homme me comblait. En outre, j'avais soutenu, plusieurs années auparavant, que le mouvement d'unification de l'Allemagne coupée en deux, si cette question était jamais mise à l'ordre du jour, serait irrésistible. La puissance d'aimantation des deux moitiés d'un peuple séparé ferait voler en éclats les obstacles juridiques ou étatiques. J'assistais à l'un de ces moments rares où la nécessité historique s'accomplit sous vos yeux.

Pour ce qui est de François Mitterrand, on a été extrêmement léger dans l'analyse de son attitude. L'homme s'est engagé dans l'action à l'époque de Yalta et cela a pesé sur sa vision de l'histoire. Il a vécu toute sa vie politique au cœur du monde bipolaire et peut-être a-t-il été plus déconcerté que moi, plus jeune, par la chute du mur et, ensuite, par la dislocation de l'URSS. Pourtant, non seulement François Mitterrand n'a pas sous-estimé le mouvement qui était en train de se produire, mais il en a parfaitement compris le sens profond et l'a accompagné utilement à chaque étape.

Il a, il est vrai, fait une ou deux erreurs de communication, dont une qu'il a regrettée lui-même. Quand il a lu à la télévision française des extraits du message des putschistes contre Gorbatchev et Eltsine, il a donné l'impression de les reconnaître, alors que, par d'autres expressions publiques, par ses jugements sur le fond, par sa solidarité constante avec Mikhaïl Gorbatchev, il exprimait l'inverse. Peut-être aussi n'a-t-il pas épousé ce mouvement avec l'enthousiasme de certains commentateurs. Mais il était chef d'État et il tempérait son expression.

Dans toute cette période, il a eu, à mon sens, un triple souci. Le premier était d'éviter à tout prix un déséquilibre, voire des tensions majeures en Europe, avec une explosion des nationalismes. Or, l'éclatement de la Yougoslavie nous a montré à quel point cette explosion était mortifère. Son deuxième souci était que la construction européenne ne fût pas mise en péril. Et là, il s'est peut-être interrogé trop longtemps sur l'intention de l'Allemagne de se réunifier sans renoncer à l'Europe, ce qui était pourtant la volonté d'Helmut Kohl. Une fois rassuré, il n'a plus eu de réticence. Sa troisième préoccupation était qu'on ne touchât pas aux frontières sur le continent. À propos de la frontière Oder-Neisse, le chancelier allemand a été un temps ambigu, parce qu'il était devant des échéances électorales et qu'il ne voulait pas s'aliéner certains soutiens politiques en Allemagne. Sur cette question essentielle des frontières, François Mitterrand avait tout à fait raison : sans le respect des frontières héritées de la guerre, on risquait d'ouvrir la boîte de Pandore.

On a parlé du rôle de François Mitterrand dans ce processus. Il faut aussi évoquer le sens historique de Mikhaïl Gorbatchev qui a sans doute évité qu'il y ait des effusions de sang au moment de la chute du mur.

Le rôle de cet homme a été décisif. Très tôt, en 1953, j'avais su la répression de la révolte des ouvriers en Allemagne de l'Est, puis, jeune homme, j'avais vu l'écrasement de la révolution hongroise et la domestication du Printemps polonais en 1956. Plus tard, j'ai assisté à la destruction du Printemps de Prague en 1968 et enfin à la normalisation imposée à la Pologne de Solidarnosc en 1981. Aussi avions-nous peur que ce schéma se réitère. Nous savions le système soviétique nécrosé, nous voyions dans la succession des gérontes à la tête de l'État, parfois pour quelques semaines avant que la mort ne les saisisse, le symbole d'une autre mort en train de gagner un régime sénescent. Mais sa capacité de frapper et de réprimer persistait. Et, là, le rôle de Mikhaïl Gorbatchev a été irremplaçable ! Un autre responsable, placé dans des conditions aussi difficiles, aurait sans doute tenté de bloquer l'évolution historique en marche en recourant aux anciennes recettes de la répression. Peut-être le nouveau cours se serait-il frayé quand même un chemin, mais au prix de violences et de désastres humains. Le rôle de Mikhaïl Gorbatchev a donc été absolument exceptionnel, même si ce point de vue, occidental, est loin d'être partagé en Russie, ce qui est malheureusement révélateur de l'état de confusion régressive qui affecte ce pays.

L'unification allemande non seulement n'est pas un frein à la construction européenne mais on peut même dire qu'elle a été un accélérateur ; d'une certaine manière Maastricht est l'aboutissement de cette accélération. Quelle est votre analyse de ces années où l'Europe a progressé à pas de géant ?

Ces années de la fin du siècle ont été, pour l'Europe, celles d'une contradiction historique. Dans cette période, effectivement, sous l'impulsion de François Mitterrand et avec le plein appui du chancelier allemand Helmut Kohl, malgré les résistances britanniques, la construction européenne s'accélère. Le projet de finalisation de l'union économique et monétaire, l'idée d'une monnaie unique, l'esquisse d'une Europe politique dotée d'une diplomatie et d'une sécurité communes sont des pas en avant voulus par les chefs d'État, les élites économiques et politiques. Mais ces avancées ne sont pas reconnues par les peuples. La tête accélère et le corps ne suit pas. François Mitterrand, qui voit bien que la gauche va à la défaite en France en 1993 et devine qu'il n'achèvera pas son second septennat avec un gouvernement socialiste, se concentre davantage sur l'Europe. Elle est pour lui un dessein historique, une des causes de sa vie ; or l'avancée de l'Europe, sa consolidation et de nouvelles étapes lui semblent indispensables pour assurer un nouvel équilibre après la dislocation de l'URSS, la disparition des blocs et l'arrimage à l'Europe de peuples de l'Est pour lesquels la démocratie est récente.

François Mitterrand sait, au plan personnel, devoir ménager ses forces et l'Europe devient sa priorité. Il veut la ratification du traité de Maastricht avec ses deux objectifs : économique et monétaire d'un côté, politique de l'autre. Il pense que l'attitude de la France sera en cette affaire décisive et il s'efforce, par un travail d'explication extrêmement bien fait, de rassembler le maximum de soutiens dans les grandes forces politiques françaises et pas seulement à l'intérieur du Parti socialiste où des réticences, minoritaires, existent. François Mitterrand accomplit remarquablement ce travail préparatoire, à tel point que, devant opérer une révision constitutionnelle – puisque les pas en avant européens impliquent des transferts de souveraineté nouveaux de la France vers l'Union –, il obtient un très large vote de soutien à la révision constitutionnelle à l'Assemblée nationale et au Sénat réunis en Congrès.

Après cela, malheureusement, le président opère une volte-face. Il avait dit antérieurement : « Si j'ai une majorité parlementaire solide, je passerai par le Parlement, je n'aurai pas à recourir au peuple ; si je ne l'ai pas, alors le peuple devra trancher, parce qu'il sera le seul recours. » Il vient d'obtenir cette majorité très forte et, à ce moment-là, il commet ce qui fut, de mon point de vue, une erreur. Selon les sondages, les Français seraient à 60 % favorables à la ratification. N'oubliant pas totalement la politique intérieure, il pense peut-être obtenir un franc succès au référendum et une meilleure assise pour la fin de son septennat, même si changer le sort des élections législatives de 1993 devait lui sembler douteux. En tout cas, il change brusquement de pied et, malgré ses engagements précédents, décide d'un référendum. Ainsi s'ouvre une voie à la coalition des non, à l'amalgame de tous ceux – à gauche et à droite – qui sont hostiles à Maastricht et, pour beaucoup, eurosceptiques. Rapidement, les sondages tournent, l'opinion semble changer, dès qu'elle est confrontée non plus à une interrogation virtuelle mais à la question réelle du référendum, lequel se présente bientôt de façon difficile.

Vous étiez contre la procédure de référendum ?

J'ai suggéré à François Mitterrand, lors d'un entretien en tête à tête que je lui avais demandé, de rester dans sa logique initiale, estimant que son revirement ne serait pas forcément compris et qu'il y avait un risque d'échec. Il m'a écouté, sans paraître convaincu.

Cette discussion avec Mitterrand intervient en 1992 ?

Oui, je ne suis plus au gouvernement. Je retire de notre conversation l'impression que François Mitterrand ne déteste pas affronter le risque que le référendum présente. En tout cas, dans des circonstances devenues défavorables, il va agir avec une force de conviction, un talent politique et un courage personnel – compte tenu du développement de sa maladie – absolument remarquables qui vont d'ailleurs impressionner les Français, y compris Philippe Séguin, son adversaire respectueux dans un débat télévisé majeur.

Vous n'étiez pas sensible à l'argument que sur une question aussi fondamentale, aussi cruciale, la légitimité populaire était nécessaire ?

Le Parlement est lui aussi l'émanation de la souveraineté populaire. Je n'oppose pas la légitimité référendaire à la légitimité parlementaire. Dire oui ou non à l'Europe suppose certainement de s'adresser directement au peuple. Discuter, et adopter ou non un texte de Traité long et complexe relève davantage du Parlement. Soumettre à référendum de tels textes, c'est s'exposer à des opérations de caricature et de simplification. Ce n'est pas faire injure au peuple, c'est au contraire le respecter que de lui proposer de se prononcer par référendum sur des choix simples, clairs et fondamentaux. Finalement, François Mitterrand et le traité de Maastricht l'emporteront d'extrême justesse, par 51 % des voix. Ma propre position sera de dire « non au non » car, si je regrette certaines insuffisances du Traité et le brusque changement dans la méthode de consultation, je désapprouve la coalition des non et je ne souhaite pas son succès.

Dire « non au non », c'était, convenez-en, une manière assez réservée, timide, de s'engager. Pourquoi ne pas appeler plus directement à voter oui ?

Je viens de vous donner mes raisons. Mon approche aura peut-être convaincu certains hésitants en montrant ce qu'avait de factice le regroupement de forces politiques allant de l'extrême gauche à l'extrême droite en réalité hostiles à la construction européenne. Et dire non au non, c'était évidemment dans la pratique voter oui.

En 1990, l'Irak envahit son voisin, l'Émirat du Koweït, et la France de François Mitterrand décide d'engager des troupes dans la coalition aux côtés des Américains pour chasser les troupes irakiennes du Koweït… Vous êtes à l'époque ministre de l'Éducation nationale dans le gouvernement Rocard. Est-ce que le président de la République consulte ses ministres ?

Oui, un débat s'est engagé au sein du gouvernement et s'est prolongé au Parti socialiste. Je participe à tous les Conseils restreints, c'est-à-dire aux dispositifs de décision. Dans ces Conseils restreints, il y a ceux qui attendent de connaître le point de vue du président, ceux qui refusent a priori que nous intervenions, tel Jean-Pierre Chevènement, ceux qui sont au début réticents, tel Pierre Joxe. Il y a aussi ceux qui, comme moi, pensent – ce sera finalement aussi le point de vue de Pierre Joxe – que nous ne devons pas intervenir au sein d'une simple coalition de fait autour des Américains mais que nous pouvons le faire dans une opération recevant la légitimité de l'Organisation des Nations unies. Cette posture convenait à François Mitterrand qui ne voulait pas que la France se tînt à l'écart. L'enjeu était pour lui trop important : un État avait envahi un autre État membre des Nations unies et des risques naissaient pour l'approvisionnement pétrolier comme pour l'équilibre de la région. Il y avait en effet de quoi s'inquiéter des intentions ultérieures de Saddam Hussein à l'égard de l'Arabie Saoudite, par exemple, si nous ne bougions pas.

François Mitterrand s'adresse aux Français pour prévenir que nous sommes entrés dans une « logique de guerre ». En même temps, par l'action diplomatique, il donne une chance à la paix. D'où les missions envoyées par la France auprès de Saddam Hussein pour lui proposer de se retirer du Koweït et éviter l'intervention militaire. Ces initiatives françaises sont mal perçues par les Américains qui, au fond, veulent ce conflit. Ils ont décidé d'écarter par la force la menace que représente Saddam Hussein, ils craignent qu'il saisisse la perche qui lui est tendue et qu'en rendant le Koweït il sorte finalement à son avantage de l'épreuve de force avec l'Occident. En réalité, la structure mentale de Saddam Hussein et la nature de son régime lui interdisaient le recul et la recherche d'un compromis. Il ne saisira pas la perche tendue et la guerre aura lieu.

N'avez-vous pas ressenti, comme certains observateurs de l'époque, une sorte d'ambiguïté dans la position de François Mitterrand qui donnait des assurances aux Américains et en même temps recherchait jusqu'au bout un compromis avec Saddam Hussein ?

Les Américains ont peut-être trouvé cette position ambiguë, moi pas. Elle correspondait aux intérêts de la France et de l'Europe : il fallait laisser une chance à la paix. François Mitterrand pensait, c'est du moins mon interprétation, que Saddam Hussein ne se retirerait pas du Koweït, qu'il faudrait l'en déloger militairement. En lui offrant l'occasion de faire retraite honorablement, il justifiait mieux, aux yeux des Français, l'envoi ultérieur de nos soldats dans la guerre ; et il faisait mieux comprendre, au Proche-Orient, l'intervention de la France. Je vois là plus d'intelligence de la situation internationale que d'ambiguïté.

Est-ce que François Mitterrand a été agacé ou gêné par la démission au début du conflit de son ministre de la Défense, Jean-Pierre Chevènement ?

C'était la deuxième démission de Jean-Pierre Chevènement ; il y en aura une troisième, plus tard, dont les socialistes et moi-même ferons les frais. Il n'est pas fréquent, on s'en doute, qu'un ministre de la Défense démissionne en pleine guerre ! Cela a choqué François Mitterrand, même s'il n'ignorait pas les liens anciens de son ministre avec l'Irak ; quant au trouble, il l'a surmonté rapidement en nommant Pierre Joxe à sa place.

À l'été 1994, au mois de juillet, François Mitterrand se fait opérer pour la deuxième fois. Tout le monde sait qu'il est malade, qu'il souffre d'un cancer, depuis sa première opération en septembre 1992. Vous-même, avant celle-ci, saviez-vous qu'il était malade ?

Non, je l'ai appris comme tout le monde en 1992. Cette maladie s'est déclarée, on le sait, en 1981, juste après sa victoire. Le président l'a cachée et je n'en ai pas eu conscience. Cette année 1994, si difficile pour François Mitterrand, a été étrange du point de vue de notre relation. Car deux événements personnels nous ont rapprochés et un événement politique nous a éloignés.

Le premier événement personnel, c'est sa présence à mon mariage, le 30 juin 1994, avec Sylviane. Je l'avais naturellement invité sans être sûr qu'il viendrait, parce que lui-même était malade et que Danielle Mitterrand était hospitalisée. Il est arrivé au moment de l'apéritif – c'était sur la terrasse de l'Institut du monde arabe à Paris, il y avait une merveilleuse fin de journée, on voyait Notre-Dame et la Seine –, et il est resté dîner très tard. Il avait l'air heureux d'être là, comme si mon bonheur quelque part lui plaisait. Cette soirée avec lui et nos invités fut, pour ma femme et moi, pleine de douceur, d'intensité aussi. L'ombre au tableau fut que Michel Rocard, qui venait d'être écarté de la direction du PS par Henri Emmanuelli, n'est pas venu.

Le deuxième événement personnel concernait François Mitterrand lui-même. Je l'ai vu un jour à l'Élysée, tout seul, dans une petite pièce où il devait se sentir plus à l'aise. Je voyais qu'il souffrait aux crispations soudaines sur son visage, liées aux ondes de la douleur. Or, cette conversation a été sans doute une des plus intimes et une des plus confiantes que j'aie jamais eue avec lui. Le journal *Paris Match* venait de révéler l'existence de Mazarine Pingeot, sa fille. Je lui avais dit que je trouvais cette histoire belle, que sa révélation ne devait en rien le gêner, et il en était d'accord. Cela nous a amenés ensuite à parler des rapports entre les êtres, de l'amour, de la fidélité, du couple. Selon lui, il y avait au fond deux manières de faire : changer de femme et se remarier, comme je l'avais fait moi-même ; ou garder dans sa vie personnelle deux femmes qu'on aime ou qu'on a aimées. Je lui ai rappelé que je l'avais vu un soir, des années auparavant, place Saint-Sulpice, près de la fontaine, tard, il faisait nuit ; il était en train de tourner, en la tenant par les mains, comme en dansant, avec une petite fille qui devait avoir dix ans à l'époque. J'avais pensé que c'était peut-être une nièce. Mais c'était sa fille. Il avait l'air heureux. J'étais venu vers lui, nous avions échangé quelques mots, sans rien préciser. Il se souvenait de cette scène.

Vous saviez qu'il avait une fille avant que ce soit révélé au grand jour par* Paris Match *?

Oui, je l'avais appris quelques années plus tôt.

Et cette conversation à caractère un peu intime, c'est lui qui en prend l'initiative ?

C'est venu comme en glissant, peut-être parce que nous étions, moi dans un changement de ma vie, lui face à la révélation publique d'une vie personnelle complexe.

Et puis, un événement politique nous a au contraire éloignés.

Ce fut la publication du livre de Pierre Péan sur le passé de François Mitterrand. J'ai ressenti certaines révélations comme une blessure, peut-être aussi comme une provocation à l'égard de nous tous qui étions ses amis. Non pas les informations sur sa jeunesse, parce qu'on les connaissait un peu, c'était très ancien, et puis on a le droit de changer, même s'il était avant-guerre plus près de la droite extrême que nous ne le pensions. Ce n'est même pas ce qui a été redit sur Vichy, parce qu'on le savait et que, de toute façon, il avait été un résistant engagé et courageux. Non, pour moi, le choc a été la révélation, si tardive, qu'il avait maintenu une relation personnelle avec Bousquet, le responsable des rafles des Juifs en France, y compris après qu'ont été connues, à la fin des années 1970, la responsabilité et la culpabilité de celui-ci. Je ne pouvais ni le comprendre ni l'accepter.

Vous avez eu l'occasion de lui en parler ?
Non, parce que nous ne nous sommes pas vus à ce moment-là…

Vous vous êtes revus après…
Oui, avec d'autres, quand il est revenu au Parti socialiste au moment de son départ de l'Élysée, en mai 1995 ; puis dans un tête-à-tête, quand je suis allé le voir pour la dernière fois rue Frédéric-Le-Play dans son ultime appartement, un appartement qui lui était si étranger. Il n'était plus le temps d'évoquer cela. Nous nous disions adieu.

En fait vous n'avez jamais parlé avec lui de cette histoire de relations avec Bousquet…
Non. Avant, tout cela n'existait pas pour nous. Il ne nous parlait que de sa résistance. J'ai eu, à propos de cette relation gardée avec Bousquet, des paroles publiques dures. Affectivement, elles étaient pour moi difficiles à prononcer ; politiquement, elles étaient inévitables.

Il les a mal prises, bien sûr.
J'imagine.

Comment expliquez-vous ce côté un peu provocateur qu'il y a chez lui d'afficher cette relation avec Bousquet ?
La relation maintenue avec Bousquet reste pour moi inexplicable, sauf par le désir, obscur, de faire vivre ensemble des contraires. Pour le reste, il y a toujours la tentation pour des personnalités d'exception accédant à un pouvoir dominant de vouloir faire admettre par tous et en tout cas par leurs proches leurs choix quels qu'ils soient. Seulement sur certains points, et sans renier l'ensemble, il y a des limites à l'approbation.

N'y a-t-il pas eu la volonté de sa part, justement à l'automne de 1994, où il sentait que c'était à la fois la fin du pouvoir et sans doute la fin de sa vie, de tout mettre sur la table : sa vie privée, son passé ou ses relations ?
C'est vrai, mais à vouloir mêler des contraires, on court le risque que certaines choses perdent sens.

À ce moment-là il y a aussi la révélation par la presse de cette fameuse affaire des écoutes liée à la protection de Mazarine – un système d'écoutes de personnalités, très développé et injustifié. Comment réagissez-vous à cette atteinte aux libertés fondamentales ?
C'est l'un des faits qui me conduiront, dans la campagne de 1995, à évoquer un droit d'inventaire. Droit d'inventaire à mes yeux collectif, mais droit d'inventaire qui visait aussi ce genre d'errements.

Comment expliquez-vous ce dérapage ?
Au pouvoir, et au pouvoir longtemps, dans le système présidentiel français, personne n'est à l'abri de dérives, pas même les amoureux des libertés. C'est pourquoi il faudrait, aujourd'hui surtout, de vrais contre-pouvoirs.

Vous avez vécu de très près, de l'intérieur, comme acteur de premier plan les deux septennats de François Mitterrand. Aujourd'hui, quel regard portez-vous sur le mitterrandisme, sur ces quatorze années de pouvoir ?

Comme courant politique, le mitterrandisme n'est pas comparable au gaullisme. Le gaullisme n'existe pas sans de Gaulle. Le socialisme existe avant et après Mitterrand ; le mitterrandisme est une greffe réussie sur le socialisme français. La trace que François Mitterrand laissera dans l'histoire récente est évidente. Il est le premier président socialiste élu au suffrage universel. Il est celui qui met fin, avec la gauche, à vingt-trois ans de pouvoir de la droite. Il est réélu. Il a été une personnalité et un chef d'État critiqués, davantage au plan intérieur qu'extérieur, mais reconnu par ses pairs sur le plan international. Les Français l'ont estimé à la hauteur de sa charge.

Les deux septennats ne sont évidemment pas de même nature. Le premier est plus dynamique, réformateur et centré sur les problèmes de la France. Le second est plus statique, plus gestionnaire, et davantage tourné vers la scène internationale, notamment européenne. Il y aura dans les deux septennats des réformes essentielles qui ne seront jamais remises en cause. Ce qui n'aura pas duré, c'est la modification des rapports de production, avec notamment les nationalisations. Elles seront faites, elles auront des mérites. Mais la droite re-privatisera, et nous n'y reviendrons plus. Au terme, il ne restera pas grand-chose de la vieille idée socialiste du changement des rapports de production, en tout cas vus à travers la question de leur propriété. Sans doute faudra-t-il la reprendre autrement. Nous n'avons pas changé la vie, comme nous le prétendions présomptueusement, mais nous avons fait évoluer la société, le droit de la famille, les mœurs, l'approche de la formation, la culture. Nous avons sorti la société française d'une certaine gangue conservatrice pour la rendre plus vivante et plus souple.

François Mitterrand a fait des choix qui ont honoré la France sur les grandes questions internationales : l'attitude à l'égard de la puissance soviétique avant 1989 ; notre relation avec les États-Unis, celle d'un ami loyal et autonome dans la définition de sa politique ; l'Europe, où le président est un constructeur, parfois un peu résigné à l'insuffisance de ses contenus sociaux, à son libéralisme excessif mais un véritable constructeur ; le Proche-Orient aussi, où sa vision de la réconciliation souhaitable entre les Palestiniens et Israël est pionnière à certains égards. Le domaine sans doute où François Mitterrand a le moins changé les approches est celui de la politique africaine, où nous sommes, malgré le discours de La Baule, restés dans les vieilles ornières. Le symbole du renvoi en 1982 du premier ministre de la Coopération, Jean-Pierre Cot, est venu le souligner.

On a le sentiment que le socialisme de François Mitterrand était un peu vieillot, dépassé par l'évolution du monde.

On ne peut évoquer le bilan de ces quatorze années – coupées par deux cohabitations – sans prendre en compte la période historique dans laquelle elles s'inscrivent. Les interlocuteurs principaux de François Mitterrand, Ronald Reagan puis George Bush aux États-Unis, Helmut Kohl en Allemagne, Margaret Thatcher en Grande-Bretagne, étaient des dirigeants conservateurs. Par ailleurs, à la fin des années 1980, le capitalisme se libéralise à nouveau, se mondialise et commence à se financiariser. Ce n'est donc pas une période favorable pour une politique économique de gauche, offensive et redistributrice. François Mitterrand va inscrire l'essentiel de son action au pouvoir dans les deux dernières décennies du XXe siècle, au moment où se soldent de grandes espérances et des désillusions tragiques.

Les outils conceptuels traditionnels du socialisme semblent désuets dans cette période de mutation du monde.

Ils étaient surtout contestés par plusieurs de nos partenaires internationaux et peu à la mode idéologiquement, économiquement et politiquement dans l'univers du monde occidental d'alors. Je dis bien, d'alors. Depuis, les dogmes libéraux ont montré leur nocivité.

Vous soulignez la difficulté pour un pouvoir de gauche en France de travailler et de fonctionner isolément de ses partenaires mondiaux : les Américains, les Anglais, les Allemands. Il devenait difficile pour la France de mener une politique originale par rapport à l'environnement international ou même européen ?

Parce que nous avions conscience de ce contexte, la construction européenne devenait pour nous décisive, à condition qu'elle soit l'occasion de l'affirmation de l'Europe et de ses nations et non le vecteur de leur dilution. Ce dilemme européen persiste encore aujourd'hui.

Quand François Mitterrand arrive au pouvoir en 1981, il connaît l'environnement international. Il ne peut pas être surpris, il est au fait de la réalité politique et des choix économiques de ses principaux partenaires…

François Mitterrand était un politique, pas un économiste. Un politique habité par le volontarisme, sinon il n'aurait pas redressé le vieux Parti socialiste et il n'aurait pas, en dix ans, conquis le pouvoir. Ce volontarisme politique le guide dans les premiers mois, mais le blocage, la résistance, la viscosité de la réalité économique internationale l'affectent avant qu'il ne les accepte, avec peut-être, cette fois, une pointe de résignation.

À la fin de sa grande biographie de Mitterrand, Jean Lacouture vous demande : « D'un mot, comment définiriez-vous vos sentiments à l'égard de Mitterrand ? », et vous répondez : « Gratitude. » Vous feriez la même réponse aujourd'hui ?

Oui, certainement. François Mitterrand m'a ouvert la voie de l'action politique réelle, une action qui a orienté toute mon existence. Il m'a permis de diriger le mouvement socialiste qu'il avait fait renaître et il a été pour moi un exemple de subtilité politique, de détermination et de ténacité. Il m'a nommé à ma première responsabilité d'État. J'ai partagé avec lui des moments de fièvre et de conquête. Il m'a offert certaines des plus belles années de ma vie. C'est pourquoi, ce mot de gratitude me paraît le bon, au-delà des différences entre nous et des écarts inévitables qui ne relevaient pas de l'infidélité, mais de la liberté d'opinion dont il avait fait sa propre règle.

Quant à moi, je me suis engagé aux côtés de François Mitterrand quand la perspective de la victoire était lointaine. Je l'ai soutenu, à la tête du Parti socialiste, pendant les sept premières années décisives du pouvoir et, après sa réélection, j'ai été un de ses ministres clé. Plus tard, m'inspirant souvent de ses leçons et aussi tirant les miennes, j'ai repris son combat. J'ai sorti le PS de l'incertitude en 1995, lui ai redonné vie et, à son exemple, je lui ai fait reprendre le chemin du pouvoir. Aussi je n'accueille pas sans ironie les reproches et les professions de foi mitterrandistes de ralliés tardifs et courtisans, de familiers déçus ou d'hommes portant son nom comme un passeport qui, lui disparu, ont soutenu, voire rallié ses adversaires de toujours. Politiquement fidèle, je préfère le droit d'inventaire à la captation d'héritage.

Quand, le 8 janvier 1996, vous apprenez la mort de François Mitterrand, vous ressentez quoi ?

Je suis à Toulouse ce jour-là, et c'est Pierre Joxe qui m'appelle pour me l'annoncer. Chacun garde son chagrin pour soi et nous nous disons peu de chose. C'est toujours dur d'affronter l'irréversible. Pourtant, je pense moins à sa mort, pressentie, qu'à sa vie, désormais achevée et qui, en trois décennies, a bouleversé la mienne. Je sais que je dois être un continuateur. J'étais redevenu le Premier secrétaire du Parti socialiste en 1995 et je rentre à Paris très vite pour faire face à l'événement et partager mon deuil avec les socialistes, rue de Solférino. Je m'exprime publiquement, et je sais que, par rapport à d'autres, on aura jugé mes réactions du moment un peu froides. Je suis ainsi fait : la mort n'est pas pour moi une occasion de lyrisme, surtout lorsqu'elle frappe ceux dont j'ai été proche. J'ai par ailleurs été mal à l'aise avec les cérémonies d'adieu, qui, comme souvent avec François Mitterrand, ont été doubles. Il y avait celle dite « des intimes » à Jarnac. Et puis la grande cérémonie officielle avec cette messe « possible » à Notre-Dame. Les devoirs de ma charge de Premier secrétaire m'obligeaient d'être à Paris, dans la cathédrale, y compris avec ceux qui, souvent, l'avaient combattu. J'aurais préféré que nous lui disions adieu tous ensemble, nous qui avions été ses compagnons. Mais cette division nous a été imposée.

5

Leader de la gauche
(1995-1997)

Solitude – Delors renonce – Candidat à la présidentielle – Retour à Solférino – Genèse de la gauche plurielle – Dissolution – Victoire.

Au mois de novembre 1994 se déroule le congrès du Parti socialiste à Liévin. Henri Emmanuelli est alors Premier secrétaire. Vous prononcez un discours devant une salle relativement clairsemée, on vous écoute poliment, sans plus. Quel souvenir avez-vous gardé de ce congrès de Liévin ?

Ce congrès pour moi est étrange. Henri Emmanuelli dispose d'une forte majorité. Il donne à ses discours une tonalité assez marquée à gauche et, dans le même temps, il appelle Jacques Delors à « faire son devoir », c'est-à-dire à se présenter à l'élection présidentielle. Jacques Delors ne répond pas directement à cet appel, il n'est pas présent au congrès, et l'on sait bien que sa vision politique n'est pas celle du Premier secrétaire, parce qu'elle est plus modérée et en partie tournée vers les centristes. Si bien que ce congrès est celui du grand écart pour les socialistes. Quant à moi, je fais simplement une contribution au débat. On a dit à l'époque qu'elle était passée inaperçue ; c'est possible, mais elle a été la matrice des idées que j'avancerai trois mois plus tard dans l'élection présidentielle et que je mettrai en pratique au gouvernement après 1997. Je suis un peu seul, c'est vrai, mais de proches amis politiques sont là et ma femme aussi. Dans les marges de ce congrès, pas très agréable, avec Bertrand Delanoë, Daniel Vaillant, Adeline Hazan, les Schapira, Nicole Baldet, nous nous offrons des moments joyeux comme avec ces plateaux de fruits de mer, le soir, dans une ancienne poissonnerie bien connue à Lille.

Certains ont dit alors « Jospin, c'est fini »... Vous aviez le sentiment d'être un peu isolé, solitaire ?
C'est le moment où *Libération*, dessinant « la galaxie socialiste », me situait comme une « planète isolée ». Claude Allègre, physicien, s'en amusait et trouvait que c'était une excellente situation... Mais il faut revenir en arrière et rappeler qu'Henri Emmanuelli, jusque-là un de mes proches, avait, sans m'en parler, préparé au sein du Conseil national du PS une coalition pour mettre en minorité Michel Rocard, devenu Premier secrétaire après avoir lui-même fait tomber Laurent Fabius. Michel Rocard venait d'être affaibli par l'échec de la liste socialiste qu'il avait conduite en juin 1994 aux élections européennes. Dominique Strauss-Kahn, un autre ami, avait présenté sa candidature contre Henri Emmanuelli au poste de Premier secrétaire, achevant de fracturer le courant de pensée qui était le mien au PS et qui, jusque-là, les englobait tous deux. Je ne m'étais reconnu dans aucune de ces deux démarches, j'avais refusé de soutenir l'un contre l'autre, si bien que je me retrouvais dans une certaine solitude : je l'ai acceptée. L'essentiel, dans ces situations, est de rester soi-même en préservant ses convictions.

Vous vivez cette situation comme une épreuve ?
Je la vis d'abord comme le prolongement de notre défaite collective aux législatives de 1993 et de ma propre défaite en Haute-Garonne. Je n'ai pas encore l'idée d'un rebond possible. Je veux simplement donner mon analyse de la situation et tirer quelques leçons des deux septennats vécus avec François Mitterrand. C'est pourquoi je fais une contribution seul, refusant d'engager des amis restés très proches comme Bertrand Delanoë et Daniel Vaillant, ou encore de signer les textes préparés par d'autres comme Pierre Moscovici ou Dominique Strauss-Kahn me le proposaient. Cette contribution pour le congrès est un

témoignage. Ai-je l'intuition que je prends date pour autre chose ? Pas clairement. Je sais seulement que je dois en passer par là, par ce retour sur soi que je voudrais voir les socialistes accomplir aussi. Or, ce n'est pas le chemin qu'ils prennent à Liévin…

François Mitterrand vient à Liévin, à l'extérieur de l'enceinte proprement dite du congrès. Il prononce un discours sur le carreau de la mine, saluant les mineurs victimes de la catastrophe de Liévin qui s'était produite vingt ans auparavant. Et ensuite il va déjeuner au milieu des responsables socialistes au domicile du député-maire socialiste Jean-Pierre Kucheida. Est-ce que vous avez des souvenirs de l'ambiance, des paroles de Mitterrand ce jour-là ?

J'ai su au dernier moment que j'étais invité à ce déjeuner, et personne ne m'avait indiqué l'adresse de Jean-Pierre Kuchéida, ce qui donne une idée des rapports de l'époque. Enfin, grâce à une camarade, j'ai réussi à trouver. Quand je suis arrivé, après les autres, François Mitterrand m'a fait placer pas loin de lui, je me suis senti bien. C'était une atmosphère surprenante. François Mitterrand souffrait… et se plaisait à être là, il se disait optimiste pour l'avenir. Il était bouleversant dans sa façon d'être avec nous. Ce fut un moment de nostalgie, d'émotion de l'instant, de pressentiment de sa fin, de plaisir de sa présence, de brève fraternité retrouvée. Ce déjeuner a marqué tous ses participants. François Mitterrand nous a donné encore une fois une leçon impressionnante de détermination politique.

Qu'est-ce qu'il vous a dit ? C'était une forme de testament politique ?

Il nous a dit que le Parti socialiste et la gauche, s'ils étaient souvent minoritaires dans ce pays, étaient irremplaçables. Que nous ne devions pas nous décourager malgré nos défaites. Que la perspective d'autres victoires restait ouverte. Ce message essentiel surgissait des souvenirs évoqués, du jugement sévère porté sur le pouvoir en place, des allusions à ses propres difficultés… À ce moment même, il restait tendu vers l'avenir et il y avait de la générosité dans son attitude.

On dit que plusieurs participants à ce déjeuner étaient très émus, au bord des larmes…
Oui, c'est vrai.

Vous-même ?
Non.

Vous ne pleurez jamais ?
Je ne pleure pas souvent, non. J'étais très ému.

Trois semaines plus tard, Jacques Delors, sur lequel Emmanuelli avait fondé beaucoup d'espoir, annonce, à la télévision, qu'il ne sera pas candidat à l'élection présidentielle.
Je suis à la maison, seul, avec ma femme, qui apprécie beaucoup Jacques Delors, et nous le regardons attentivement. C'est curieux, parce que je sais par Pascal Lamy, son plus proche collaborateur à Bruxelles, qu'il ne sera sans doute pas candidat et, tout au long de l'émission, je crois qu'il va l'être. Car la démarche de Jacques Delors, avec la sortie très médiatisée d'un livre, et son attitude pendant l'émission – notamment des propos ouverts à l'égard des communistes et du rassemblement de la gauche – m'ont fait penser, jusqu'au dernier moment, qu'il allait s'engager. À la fin, la lecture de son message est tombée et la vérité d'un être, ou peut-être d'une orientation politique, est apparue.

L'argument qu'il donne pour ne pas être candidat, à savoir qu'il n'aura pas la majorité pour conduire les réformes, vous le comprenez, vous l'acceptez ?
Je récuse l'argument, j'approuve l'analyse. Je repousse l'argument car, au plan de la dynamique politique, une personnalité portée

par les Français à la présidence de la République crée par définition une majorité. Je comprends l'analyse, parce que le schéma politique d'une alliance avec le centre – il le révélera ensuite dans un livre – n'aurait sans doute pas permis de gagner l'élection présidentielle. Elle aurait certainement ouvert une crise au sein du Parti socialiste dans la campagne elle-même. Il a lucidement jugé que sa tâche était politiquement impossible, même si des motifs personnels ont pesé aussi dans sa décision.

À quel moment, après ce renoncement de Jacques Delors, vous dites-vous «je vais y aller»?
Dès ce moment, ce soir-là, je me pose la question de ma candidature.

Tout de suite?
Oui. J'aurais été sûrement un «bon soldat» de la campagne de Jacques Delors s'il avait été candidat, sous réserve des contradictions politiques que j'ai évoquées. Lui hors du jeu, il y a un vide et une porte s'ouvre. Aucun candidat ne s'impose absolument. Des noms sont évoqués: Pierre Joxe, Robert Badinter, Jack Lang. Les deux premiers se récusent très vite, et Jack Lang, lui, esquisse une candidature.

À quel moment vous dites-vous «ça y est, j'y vais». Et avec qui en parlez-vous?
L'émission de Jacques Delors a lieu le 11 décembre 1994. Ma décision mûrit dans la période des fêtes, entre Noël et le jour de l'An. Michel Rocard passe me voir et me dit pourquoi il croit ne pas pouvoir être candidat. Pierre Mauroy vient également et me dit pourquoi il pense que je devrais l'être. J'en parle avec mes amis proches réunis à la Brasserie des Invalides. À ma famille aussi. Ma délicieuse mère déclare: «Tu vas au casse-pipe.» Plus encourageante, Sylviane me dit: «Si tu crois devoir le faire, vas-y. Tu n'as rien à perdre.» J'exclus d'annoncer ma décision pendant les fêtes – les Français sont

entre eux, en famille, se reposent et se réjouissent, ce n'est pas le moment d'une déclaration politique. Au jour de l'An, j'en parle avec des amis proches, extérieurs au monde politique, lors d'une promenade à pied, dans la campagne, près de Paris. Je me sens serein. J'annoncerai ma candidature tout de suite après, le 4 janvier, non sans avoir rencontré Henri Emmanuelli, Premier secrétaire de mon parti, puis François Mitterrand, bien sûr.

Qu'est-ce qu'ils vous disent ?

Henri me laisse clairement entendre qu'il ne m'appuiera pas. Il veut trouver une candidature qui fasse consensus et je comprends qu'à ses yeux ce n'est pas le cas de la mienne. François Mitterrand ne m'encourage pas, et ne me dissuade pas non plus. Il reprend avec moi un exercice familier pratiqué à plusieurs reprises par le passé, dans des climats psychologiques changeants : l'examen des atouts et des handicaps de tel ou tel, parmi lesquels cette fois je figure.

Quelle est sa réticence ?

Il n'évoque aucune réticence, il examine des possibilités. Au bout de ces possibilités, je commence à comprendre que, pour lui, les choses se joueront au final entre le Premier secrétaire et moi. C'est bien ce qui va se produire. Henri Emmanuelli gagne du temps mais pense à lui-même. Il est le Premier secrétaire du Parti socialiste, il a une légitimité. Il dispose d'une très large majorité depuis le congrès de Liévin. Jacques Delors n'a pas répondu à ses appels. Il a envie de mener ce combat. De mon côté, je juge ma candidature nécessaire car, malgré mon estime pour Henri Emmanuelli, je ne le crois pas l'homme de la situation. Je pense pouvoir rassembler plus largement que lui les socialistes puis la gauche. C'est pourquoi j'annonce ma candidature devant le Bureau national du PS, instance politique décisive du PS.

Au Bureau national, une minorité se montre hostile, une autre favorable, la majorité est dubitative. Mais personne ne se montre indifférent. Le climat est à la réflexion… Je mesure alors que je n'ai pas disparu du paysage politique ni de la mémoire de mon parti, ce qui finit de me déterminer. Henri est tenté de faire prendre une décision par le Conseil national ou par une instance restreinte dans laquelle évidemment la réalité arithmétique du congrès de Liévin pourrait l'avantager. J'affirme clairement que je poserai ma candidature, dans le respect des statuts, devant les militants. Qu'eux seuls pourront trancher. Cette solution s'impose.

Il y a donc une primaire entre Emmanuelli et vous-même. Vous avez un souvenir de cet épisode de Château-Chinon où François Mitterrand vous fait venir tous deux, vers la fin du mois de janvier, pour un banquet militant ?

Oui, bien sûr. Ce banquet fut tout à fait significatif de la façon d'agir de François Mitterrand. D'abord il voulait être sûr que les choses se passeraient bien entre Henri Emmanuelli et moi. Jack Lang aussi était là. Le président tenait à son parti. Il voulait aussi montrer, manifester qu'il se tenait là, dans sa ville d'élection, comme le fléau de la balance. Il fut équitable, ne prenant pas position, mais, à la fin du repas, il est reparti avec Henri Emmanuelli, livrant ce genre de signe subtil qu'il affectionnait. Du coup, moi, je suis resté seul avec les participants au banquet, autre symbole de ce qui va arriver. La tête du Parti sera peut-être avec Henri Emmanuelli, mais les militants vont prendre position en ma faveur. Le vote interne, en février 1995, me donnera plus de 65 % des suffrages des adhérents.

Est-ce que vous pensiez que vous alliez gagner aussi largement ?

Il est difficile de prévoir les choses. On a essayé de me décourager. Un certain nombre de caciques, dans ma propre fédération de Haute-Garonne, n'avaient pas pris position en ma faveur et quelques-uns ont voulu me dissuader de poursuivre, prétendant que je serais battu sèchement, y compris chez moi. Bien évidemment, j'ai été jusqu'au bout. Seul le suffrage des militants pouvait déterminer mon sort. Nous avons fait une très courte campagne dans laquelle nous nous sommes exprimés, Henri et moi, essentiellement par écrit, en direction des adhérents et en nous respectant pleinement. En Haute-Garonne, avec un petit noyau animé par deux proches, Kader Arif et François Delpla, au plan national grâce au travail de Daniel Vaillant et de nombreux amis, nous avons su largement convaincre. Dans les derniers jours, ou les dernières heures, je pensais que j'allais l'emporter. Mais je ne m'attendais pas à un succès aussi net.

Ce score, comment l'expliquez-vous ?
D'abord par l'empreinte que j'avais laissée comme Secrétaire national puis comme Premier secrétaire dans ce parti. Pendant quinze ans, je l'avais animé, j'y avais multiplié les meetings politiques, les soutiens électoraux, les discussions sur le fond avec les militants et les cadres ; le souvenir de ce que j'avais représenté restait fort. Paradoxalement, je n'y étais pas moins légitime que le Premier secrétaire en place, parce que j'avais été là longtemps et qu'il était là depuis peu. Ensuite, l'orientation politique que je proposais mettait fin au grand écart entre un discours très « à gauche » et l'appel à la candidature d'une personnalité modérée. J'ai rassuré les militants sur notre identité ; ils savaient dans quelle direction nous allions aller. Enfin, les socialistes se sont dit que j'avais plus de chances qu'Henri de bien figurer dans la présidentielle et d'arracher un deuxième tour qui semblait alors peu probable.

Si l'on se replace dans le contexte de l'époque, on est dans une bataille de primaires à droite très féroce entre Édouard Balladur et Jacques Chirac, et l'on a l'impression que le candidat socialiste aura beaucoup de mal à exister entre les deux. La presse, les sondages, tout le monde est monopolisé par ce match à droite.
Au départ, effectivement, la presse brode davantage sur l'omniprésence des deux candidats de la droite, qu'elle met en scène,

que sur leurs divisions, qu'elle occulte. Certains journalistes se gaussent de mon début de campagne et ironisent sur ma supposée absence. Les débuts sont un peu délicats.

N'êtes-vous pas effrayé par l'enjeu, la responsabilité que cela représente, vous n'avez pas eu le temps en fait de vous préparer, tout va très vite... C'est une première pour vous, la candidature à la présidentielle... Vous abordez cette campagne dans quel état d'esprit ?

Je m'interroge. Pas sur ma décision, elle est prise : les militants ont voté ; le 5 février, je suis intronisé, à la Mutualité, candidat du Parti socialiste. Mais sur notre capacité à relever le défi. Je mesure bien mes faiblesses. Et la première est la trace laissée en moi par la défaite dans ma propre circonscription deux ans plus tôt. Puis-je espérer convaincre l'ensemble des Français dans la circonscription France ? Ne suis-je pas perçu, bien qu'ayant été ministre de l'Éducation nationale pendant quatre ans, avant tout comme un homme de parti ? Le Parti socialiste, étant lui-même dans un creux, sera-t-il possible d'arriver au second tour ?

En même temps, je connais mes forces, sinon je serais resté chez moi. Ce n'est pas tout à fait ma première campagne présidentielle. J'ai accompagné celles de François Mitterrand en 1981 et 1988 comme Premier secrétaire et j'ai vu ce qu'il fallait faire. En 1988, j'ai même mené pendant quelques semaines la « campagne sans candidat ». J'ai le PS derrière moi, j'aime les meetings et les foules militantes, je l'ai expérimenté au cours des années. Et puis, je crois avoir une idée de ce qu'il faut dire aux Français comme aux socialistes. Il y a un gant à relever, il y a un vide à combler, il y a un grand courant d'idées à exprimer, faisons-le et on verra bien après si une victoire est possible ou non.

En tout cas, le lendemain du 5 février, rien n'est préparé. Seul le papier nécessaire aux affiches et aux tracts a été retenu. Sinon, tout reste à faire : l'élaboration d'un programme, la mise en place d'une équipe et d'une organisation de campagne, un calendrier de réunions et le dispositif de communication. Pendant ces premières semaines où certains me brocardent, j'essaie de réunir les conditions d'une réussite possible. À quoi aurait-il servi de partir vite pour courir pieds nus ?

En fait, il vous a manqué du temps…

La désignation s'est faite tard, j'aurais préféré que la décision fût prise plus tôt, on a perdu du temps. Au début, ça patine face à la suprématie des deux candidats de droite. Nous devons même improviser un déplacement public, le 18 février, où Henri Nallet aimablement m'accueille à Tonnerre, parce qu'il fallait être sur le terrain. Et puis le dispositif se met progressivement en place, je commence à m'exprimer sur le fond, à participer à des émissions, à faire des meetings, les choses bougent.

En termes de communication, vous vous préparez comment ? Vous avez des conseillers, des publicitaires qui sont là pour vous proposer des idées ? Est-ce que vous faites des trainings pour passer à la télévision ?

Non, aucun training. D'abord, je n'ai jamais aimé ça et, de toute façon, on n'a pas le temps. Oui, il y a des communicants : Gérard Fenech et Pascal Le Barazer, qui me sont présentés par Bertrand Delanoë. Ils vont bien faire leur travail. Mais l'essentiel se passe au plan politique, avec la mise en place d'une équipe de campagne qui organise et réfléchit sur le fond. Daniel Vaillant est le directeur de campagne, Pierre Moscovici, avec des assistants, est chargé des finances, Gérard Métoudi, qui fut mon collaborateur à l'Éducation nationale et Dominique Lefèbvre, élu de la région parisienne, aidés par Christian Sautter, font travailler un groupe d'experts et des équipes. Bientôt, quand l'organisation prend forme, Dominique Strauss-Kahn, Martine Aubry, qui seront deux de mes cinq porte-parole avec George Pau-Langevin, Jean-Marc Ayrault et François Hollande, viennent nous épauler pour élaborer les propositions à venir. Bertrand Delanoë dirige la communication, Bernard Poignant s'occupe des contacts avec les élus, Pierre Schapira organisera les meetings avec Madeleine Darbel. Claude Estier est mon mandataire. Tout un groupe s'engage à ce moment-là et m'entoure dans un siège de campagne, rue du Cherche-Midi, qui est distinct de celui du Parti socialiste. Mais les relations avec le Parti sont claires et je rencontre régulièrement aussi bien Henri Emmanuelli, le Premier secrétaire, qu'Alain Claeys, le trésorier. Ainsi s'amorce la campagne ; il reste à la conduire.

C'est-à-dire ?
Au début, je développe des thèmes politiques, je rationalise, j'explique le sens de la confrontation. Mais je ne réponds pas encore assez au désir de ceux qui sont là. Au premier grand meeting, à Rennes, je suis froid, comme en retrait de mon propre discours. Quand apparaissent les premières pancartes « Jospin président », « Lionel président » dans leur couleur verte, c'est tout juste si ça ne me surprend pas. Je suis pleinement mobilisé, mais j'en reste trop à la conscience lucide du rapport des forces, si défavorable. Et puis, tous ces hommes et ces femmes qui viennent dans les meetings, dès le premier tour, alors que c'est difficile, me transforment. Je me dis : « Tu dois être à la hauteur de leur affection, de leur amitié, de leur soutien, de leur chaleur, de leur espérance. »

Vous vous lâchez un peu ?
Oui. Je donnais déjà beaucoup de moi-même, intellectuellement et physiquement. Il fallait aussi m'engager plus affectivement, manifester aux autres ma gratitude pour leur soutien, répondre à leur désir en affirmant ma propre envie de les entraîner… le plus loin possible.

Là vous forcez un peu votre nature…
Pas du tout. Des meetings, j'en avais fait des centaines. J'avais le sens du contact avec les gens. Je savais donner de la chaleur et j'aimais ça ! Il fallait simplement recommencer, à une autre échelle.

Dans une campagne présidentielle, un lien particulier se crée entre le candidat et les Français. Est-ce que vous le percevez dans cette campagne de 1995 ?
Oui. Je le sens assez vite. Mais le résultat du premier tour transforme le climat. Le fait que, promis à l'éviction face au duo des ténors de droite, je sorte en tête du premier tour modifie l'approche des médias, peut-être d'une certaine façon le regard des Français, et à coup sûr le moral des socialistes. Dès le lendemain, je tiens un meeting à Valence, et il y a dans la salle, qui croule sous le monde, deux fois plus de participants qu'attendu. Ensuite, les réunions se succèdent, et tout à coup, la foule des sympathisants rejoint celle des militants. Les meetings doublent ou triplent en nombre par rapport aux prévisions.

Comment vivez-vous ce phénomène ?
La campagne du deuxième tour est un pur plaisir. Le seul frein qui demeure chez moi est la conscience que, normalement, la victoire n'est pas possible. Le rapport des forces entre la gauche et la droite livré par le premier tour – la gauche et l'extrême gauche font 40 %, la droite avec l'extrême droite représente 60 % – impliquerait de conquérir dix points au-delà du score de gauche au premier tour pour gagner. J'en emporterai plus de sept, c'est beaucoup, mais pas assez. Pourtant, dans les derniers jours de la campagne, qui est absolument formidable de force, d'entrain et d'enthousiasme, les socialistes se mettent à y croire. Quelques-uns de nos leaders pensent que je vais peut-être gagner. Et moi je sais que ce n'est pas possible. Je me rappelle le retour, avec Pierre Moscovici, d'un meeting fervent, à Montbéliard, où j'étais étouffé, comme Jean-Marc Thibault qui m'avait accompagné, par les participants en entrant dans la salle et en sortant, saisi par des ouvriers, des paysans robustes qui me donnaient d'énormes claques affectueuses dans le dos, qui m'étreignaient. Nous rentrons dans la nuit sur Paris, Pierre me dit qu'il y croit, que je peux gagner. Je lui explique

pourquoi, à mon avis, ce ne sera pas possible. Il est vrai que les sondages me rapprochent incroyablement des 50 %, et du match nul avec Jacques Chirac. Je pense d'ailleurs qu'au dernier moment, une petite partie des électeurs aura reflué. Et finalement, je serai battu – honorablement. Les Français n'étaient pas prêts à élire à nouveau un président socialiste, juste au sortir des deux mandats successifs de François Mitterrand. La campagne aura été belle et féconde, la défaite sera fondatrice.

Cette campagne vous a changé ? Vous avez senti une évolution se produire en vous ? Vous avez dit à un moment : « J'ai fendu l'armure »...

Il n'est pas recommandé de partir au combat sans armure mais il faut savoir la délacer, être soi-même et goûter les plaisirs de la fraternité. J'ai le souvenir du meeting de Toulouse, le dernier du second tour, qui a été un beau moment de bonheur politique. C'était ma région. Il y avait plus de 40 000 personnes, dans un enthousiasme extraordinaire, qui criaient, qui interrompaient mon discours pendant de longues minutes pour applaudir ou scander des slogans. L'un d'entre eux était : « Lionel à l'Élysée, Martine à Matignon » ; Martine Aubry était populaire. Je m'étais arrêté pour dire : « Mais c'est qui, cette Martine ? » et un long rire s'est déployé dans la foule... Toute ma famille était là. Ma mère était venue, ma femme aussi bien sûr, une de mes sœurs, Noëlle Châtelet, mon frère, mes trois enfants. Quand nous sommes repartis en avion, c'était un peu une atmosphère de troisième mi-temps, on buvait bien. Le parti avait loué un Airbus à Air France, et les équipages, dans ces occasions-là, étaient des équipages volontaires, pas franchement hostiles. Tout d'un coup, le chef de cabine est arrivé avec un gâteau éclairé de bougies pour l'anniversaire de Sylviane, ma femme, qui tombait ce jour-là ; il a pris sa guitare et il a commencé à lancer des chants... C'était un moment particulièrement heureux.

Vous avez été surpris par votre score du premier tour, 23 % ?
Plutôt, tout était incertain. Autour de dix-huit heures, à la maison, j'ai appris par téléphone que les premières sorties des urnes plaçaient Jacques Chirac en tête. On ne savait pas qui, de Balladur ou de moi, l'affronterait au second tour. Une heure plus tard, sur la base des résultats effectifs dans des bureaux-tests, il apparaissait que je pointais en tête au premier tour, sans qu'on sache qui serait éliminé, de Chirac ou de Balladur. Ce fut un renversement inattendu et une joie. Mais je n'ai pu la laisser s'exprimer qu'en arrivant rue du Cherche-Midi, avec l'équipe tout entière qui me confirmait ces estimations.

Avez-vous eu le sentiment, comme certains l'ont écrit, que Mitterrand jouait la victoire de Chirac ? Il y avait eu des bisbilles entre vous sur la participation de Mitterrand à votre campagne, sur sa présence à l'un de vos meetings…
Il est absurde de penser que François Mitterrand ait pu souhaiter la victoire de Jacques Chirac. Par contre, la question de sa présence dans ma campagne s'est posée, sans bisbille. Je ne voulais pas prendre de distance avec François Mitterrand, mais je devais être autonome. C'était indispensable politiquement, compte tenu de la nature de cette élection et des ombres projetées sur la fin du septennat. Je ne pouvais pas me présenter seulement comme un héritier. Il fallait, sans rompre avec l'histoire récente et celui qui l'avait écrite, construire ma propre légitimité et ouvrir une autre période. Cette dualité se retrouvait dans notre relation personnelle, parce que chacun attendait de l'autre quelque chose. François Mitterrand a sans doute escompté que je lui demande un soutien plus visible – par exemple qu'il vienne dans un meeting – et il serait venu. J'aurais préféré qu'il propose lui-même une formule – et à ce moment-là je l'aurais acceptée. Aucun de nous deux n'a fait le premier pas. Lors d'une réunion mémorable à Mont-de-Marsan, avec des milliers de personnes autour du chapiteau,

dans le département d'Henri Emmanuelli, une rumeur a circulé suivant laquelle François Mitterrand allait arriver depuis sa maison de Latche où en fait il n'était pas. Je garde comme un regret de ne pas avoir fait un meeting avec lui, peut-être celui de Toulouse. Mais on ne récrit pas le passé…

Et sur le fait qu'il ait joué Chirac…
Je vous l'ai déjà dit, c'est une supposition choquante. D'ailleurs, je suis convaincu qu'il avait plus d'estime pour Édouard Balladur, comme homme d'État, que pour Jacques Chirac. François Mitterrand avait peut-être pris des distances avec le Parti socialiste, mais si un socialiste lui avait succédé, il en aurait été satisfait.

On a jugé un peu mou votre débat de l'entre-deux-tours avec Jacques Chirac. Aviez-vous en y allant le sentiment que les jeux étaient faits, qu'il n'était donc pas nécessaire de mener un combat alors que la cause était perdue ?
Pour moi, ce débat devait être sans concession sur le fond et maîtrisé dans le ton. L'élection présidentielle n'allait pas se jouer sur ce duel. Jacques Chirac se dégageait de tout bilan : celui de la fin du deuxième septennat de François Mitterrand naturellement, et aussi celui d'Édouard Balladur installé par lui à Matignon mais qui était devenu son adversaire. Il a fabriqué ce thème, baroque et falsifié, de la lutte contre la « fracture sociale », qui l'a servi sur le moment mais qui l'a trahi deux ans après, quand cette prétention s'est révélée mystificatrice. Jacques Chirac s'est appuyé sur la conviction qu'en France les proclamations valent souvent plus que les actes. Au fond, il a eu deux fois de la chance ! En 1995, il a eu en Balladur un concurrent plus loyal qu'il ne l'avait été lui-même vis-à-vis de Giscard d'Estaing en 1981, sinon il n'aurait pas gagné ; en 2002, il a été sauvé par une gauche éparpillée, sinon il aurait perdu. Quant à la trace qu'il laissera comme président, c'est une autre histoire…

Est-ce que vous ne vous reprochez pas d'avoir été modéré dans ce débat avec lui, plus que vous ne l'auriez souhaité ?
Inconsciemment ou consciemment, Jacques Chirac et moi-même pensions, chacun, que nous avions intérêt à un débat calme et que nous avions peu à gagner à une offensive désordonnée. Lui, parce que, sauf accident, il avait partie gagnée, compte tenu du rapport de force entre la droite et la gauche au premier tour. Il ne voulait donc pas prendre de risque. Et moi, parce qu'il était important pour l'avenir que, dans la confrontation, les Français me découvrent, non pas seulement comme le combattant de la campagne, mais comme un homme d'État potentiel. Il ne fallait pas déraper. Au début, je suis allé à l'offensive, j'ai mis la pression, et puis, bon, Jacques Chirac est un professionnel, il sait se battre, il a répliqué… L'échange s'est équilibré.

Juste pour l'anecdote, est-il vrai que vous vous étiez trompé de costume pour aller à l'émission ?
Là aussi, nous avons fait match nul. En arrivant dans les studios, je me suis aperçu que le pantalon et la veste du costume préparé pour la circonstance étaient dépareillés : l'un était gris clair, l'autre plus foncée. Il était trop tard pour réparer l'erreur. Il y eut un moment de stress et un silence pesant. Alors Serge Moati, qui filmait pour nous ces moments, m'a lancé : « Ça n'est pas grave, de toute façon on ne voit que le haut, tu pourrais y aller en caleçon, ça ne se verrait même pas ! » On a éclaté de rire et on s'est détendus. J'ai mis ledit costume. Alain Duhamel, qui passait voir chaque candidat pour savoir si tout allait bien, m'a regardé de la tête aux pieds sans rien remarquer, ce qui a redoublé nos rires. Ensuite, tandis qu'on s'installait sur le plateau avec Jacques Chirac, les cameramen ont remarqué que sa cravate miroitait. Il lui fallait en mettre une autre. Comme j'avais amené un jeu de cravates, je lui en ai proposé une… qu'il a évidemment refusée.

Elle était rose ?
Même pas, mais c'était une cravate d'adversaire. Ainsi, même dans les moments solennels, un diablotin peut se glisser dans les détails…

Au soir du deuxième tour, vous êtes très heureux et vous pensez que cette défaite honorable est le début de quelque chose…
Je ne peux pas être heureux, mais j'ai le sentiment du devoir accompli. Et de nouvelles questions se posent à moi : que dois-je faire après ? Comment me situer par rapport au Parti socialiste ? Martine Aubry vient me voir et me suggère de constituer un contre-gouvernement : je n'aime pas beaucoup ce genre de dispositif. D'autres me disent : il faut que tu reprennes la direction du Parti. Je m'en ouvre à Henri Emmanuelli qui ne se montre guère enthousiaste, même s'il sait qu'une nouvelle situation politique s'est créée. Il me fait une proposition alternative : soit devenir le « président » du Parti cependant qu'il resterait le Premier secrétaire, soit être explicitement considéré comme le candidat futur pour la prochaine élection présidentielle. Je pense que la deuxième solution n'est pas concevable et que la première instaurerait une dyarchie néfaste au sommet du PS. Je n'ai pas réellement envie de revenir à la tête du Parti socialiste et pourtant je sens que c'est la seule solution.

Votre analyse, c'est que finalement on ne peut pas être le leader de la gauche sans être le Premier secrétaire du PS…
Ce n'était pas le leadership de la gauche qui était en cause. Compte tenu de l'attitude du PC et du mode de fonctionnement des écologistes, je ne pouvais pas me proclamer leader de la gauche. La clé se trouvait sur la porte de la maison principale : au PS. Naturellement, après l'élection présidentielle, tout le monde considérait que si je le souhaitais, je reprendrais la tête du Parti. Mais l'élégance d'Henri Emmanuelli va faciliter ce passage. Je demanderai seulement que cette décision soit approuvée par un

vote au suffrage universel des militants pour que la légitimité de ce retour ne fasse pas de doute. C'est ce qui s'est produit.

Finalement, en quelque temps vous étiez passé d'un état de minoritaire, plutôt isolé, dans une sorte de traversée du désert, avec la tentation d'abandonner la politique, à celui de leader incontesté de la gauche. Ça a dû représenter pour vous un changement considérable !

Extérieurement, oui, même si, quand votre sort change, vous restez le même. Au départ, j'étais mal à l'aise avec ce retour à la tête du PS, parce que je n'avais pas envie de revenir en arrière en retrouvant mon ancienne fonction. J'en avais épuisé les charmes. J'arrive donc rue de Solférino un peu résigné, non pas en traînant les pieds mais par devoir, parce que c'est le choix politique qui s'impose. Mais l'étonnant est qu'en quinze jours, tout change. Je trouve, dans le même bureau et dans une tâche dont je croyais tout connaître, de nouveaux repères et de nouveaux motifs d'agir. J'exerce cette responsabilité avec plaisir. Car je suis dans une situation politique nouvelle : je ne dépends de personne au-dessus de moi, et il me faut animer cette grande communauté politique qu'est le Parti socialiste.

Il n'y a plus… de statue du commandeur.

En quelque sorte. Bientôt s'ouvre pour Jacques Chirac, élu sur le slogan de la lutte contre la « fracture sociale », et pour le gouvernement Juppé une épreuve de vérité. Les Français réalisent qu'en fait de dynamisme et de générosité, ils doivent subir une politique conservatrice et dure. Le thème de la fracture sociale est très vite abandonné. Le Premier ministre Alain Juppé est doublement fragilisé par son mentor : il l'est par son retournement politique, il l'est par les affaires de la Ville de Paris auxquelles il est mêlé. Il finira par se déstabiliser lui-même en abordant des questions qui méritaient d'être traitées, telles le déficit de la Sécurité sociale ou le déséquilibre des retraites, mais en les abordant avec brutalité.

Des conflits sociaux très durs éclatent à l'automne 1995, la France est bloquée, d'abord sur la question de la réforme des retraites…

Il y a des conflits durs dans plusieurs secteurs : la Poste, la SNCF, la fonction publique. Et puis l'opinion a le sentiment d'avoir été abusée. Le gouvernement doit reculer.

C'était quand même une démarche courageuse de la part de Juppé de vouloir réformer les retraites, sachant les déficits qui s'annonçaient pour les années à venir.

C'est pourquoi, revenu à la tête du PS, j'adopte une attitude prudente : nous sommes solidaires des salariés qui sont engagés dans les conflits. Ils n'ont pas été consultés, on les dénonce comme des privilégiés – alors que les vrais privilèges dans la société française sont ailleurs – et le gouvernement ne prend pas en compte des éléments essentiels comme les différences de longévité de vie ou de pénibilité dans le travail. Mais je ne nie pas, devant les socialistes et l'opinion, qu'il y ait un problème des retraites. Le vieillissement de la population française, la réduction relative du nombre des actifs créent un déséquilibre. Il faut lui apporter des solutions qui ne soient pas démagogiques. J'aurai la même attitude responsable, critiquée par certains à gauche, sur la question des immigrés sans-papiers. L'occupation de l'église Saint-Bernard[1], située dans mon ancienne circonscription de La Chapelle-Goutte d'or, émeut l'opinion à juste titre. Mais on ne peut s'en tenir à l'émotion.

1. Le 28 juin 1996, trois cents étrangers en situation irrégulière – en majorité des Maliens et des Sénégalais – occupent l'église Saint-Bernard, dans le 18e arrondissement, pour demander leur régularisation. Ils sont violemment expulsés par les CRS, le 30 août suivant, à la demande du ministre de l'Intérieur Jean-Louis Debré.

Justement, on ne vous voit pas beaucoup dans les manifestations de soutien…
Je participe à certaines, par exemple dans ma région à Toulouse. Je n'accepte pas la brutalité, l'absence de discernement avec lesquelles le gouvernement traite les sans-papiers, la renonciation à des grands principes républicains tels que le droit du sol ou le fait d'écorner le droit d'asile. En même temps, je ne peux laisser croire que, si nous venions aux responsabilités, nous régulariserions sans critères tous les sans-papiers – ce qui serait tout simplement irresponsable. Certains à gauche ou dans l'extrême gauche, voire dans la presse, jugent que je suis « à côté de la plaque ». Mais je sais que les Français, à ce moment-là, sont attentifs à ce que nous faisons et qu'ils jaugent la cohérence de nos positions.

À partir du moment où vous redevenez Premier secrétaire, se construit peu à peu ce qu'on va appeler la « gauche plurielle ». Comment avez-vous réfléchi à cette stratégie, à cette recomposition politique ?
Cette recomposition venait de plus loin, d'une démarche engagée à l'époque où Michel Rocard était devenu Premier secrétaire après avoir, en 1993, évincé Laurent Fabius, qui avait lui-même réussi à obtenir le départ de Pierre Mauroy. Cette démarche était celle des Assises de la transformation sociale, mouvement de dialogue engagé par les socialistes avec des personnalités de gauche et des écologistes. Michel Rocard m'avait confié la responsabilité politique de cette démarche dont Jean-Christophe Cambadélis fut l'animateur avec moi, puis sans moi, quand un problème de santé m'a pour un temps mis sur la touche. Si cette tentative n'avait pas véritablement abouti, il en restait des traces. Ensuite, Rocard avait été renversé par Emmanuelli au cours d'une période très instable pour le PS, mais de multiples contacts avaient été noués dans divers milieux de la gauche et de l'écologie.

Quand je reviens à la tête du parti, je veux construire une

nouvelle forme d'union à gauche. Je me tourne bien sûr vers les communistes qui s'étaient éloignés de nous depuis 1984, même si des liens subsistaient dans la vie politique locale. Je les contacte à nouveau comme des partenaires possibles. L'arrivée à la tête du PC d'un homme plus ouvert, Robert Hue, va faciliter ce rapprochement. Mais je sais bien que le Parti communiste s'est encore affaibli. Un courant de pensée novateur et intéressant – même si les Verts ont une vie interne compliquée –, le courant écologiste, est apparu sur la scène politique et pourrait être associé à une majorité nouvelle. D'où l'idée de ne pas reprendre le vocable «union de la gauche», daté, mais de le renouveler et de le dépasser dans la perspective d'une majorité «plurielle». Cinq composantes inégales s'y retrouvent. Celles qui avaient soutenu ma candidature dans la campagne présidentielle de 1995 : le Mouvement des radicaux de gauche de Jean-Michel Baylet et le Mouvement des citoyens de Jean-Pierre Chevènement. Grâce à eux, j'avais été en tête au premier tour – c'est peut-être l'occasion de le rappeler. Et puis les deux forces qui avaient présenté chacune un candidat : le Parti communiste et les Verts. Les premiers contacts sont à peine noués qu'intervient la dissolution d'avril 1997 qui bouscule tout et accélère les rythmes.

Cette démarche avec le Parti communiste, les Verts, les Radicaux, s'inscrit dans la perspective des législatives de 1998. Vous prépariez un programme ?

Oui, nous avions commencé à mener des discussions. Mais à quoi aurait servi une stratégie d'alliance si la formation principale, le Parti socialiste, ne s'était pas redressée, si elle n'avait pas retrouvé une orientation ? Il fallait recréer une force politique attentive à ses partenaires et convaincante pour les Français. C'est le travail que j'ai organisé au sein du PS pendant les deux années qui conduiront à 1997. En deux ans, nous avons tenu trois grandes conventions : l'une sur les questions internationales et l'Europe, l'autre sur les problèmes institutionnels, de société et de mœurs, la troisième sur la politique économique et sociale, animées respectivement par Pierre Moscovici, Jack Lang et Henri Emmanuelli. Nous avons fait débattre ensemble les socialistes, nous avons engagé tous les responsables dans un travail de réflexion que j'ai constamment animé. De la première à la dernière minute, dans chacune de ces réunions, j'ai été présent. Par ce travail collectif, réussi grâce aux talents nombreux au PS et conduit sous un leadership accepté, nous avons su progressivement convaincre les Français que nous avions reconstitué une force et construit un cadre de propositions cohérent. Parallèlement, un travail d'organisation interne a été mené avec rigueur par Daniel Vaillant, en particulier pour désigner nos futurs candidats aux élections législatives proches. Un certain nombre de circonscriptions, après des négociations serrées, ont été réservées à des femmes. Quand cette dissolution inattendue est intervenue, nous étions préparés.

Lorsque Jacques Chirac annonce la dissolution, vous êtes surpris ?
Oui. C'était aussi fait pour cela. Je suis surpris dans l'instant. Mais les socialistes sont prêts.

Vous n'avez pas eu le temps de signer un accord avec vos partenaires…
L'idée est là, et souvent c'est l'idée qui compte avant tout. Avec le Parti radical de gauche, un accord était déjà rédigé. Un autre l'a été assez vite avec les Verts, après la dissolution. En revanche, nous n'avons pas pu conclure avec le Mouvement des citoyens, l'Europe restant, dans la perspective de l'euro, un point d'achoppement. La discussion avec Robert Hue a été amorcée dans les toutes dernières semaines. Si bien que l'idée d'une majorité potentielle naissait dans l'esprit des Français. Les contrats étaient conclus ou ébauchés ; en même temps, rien ne nous ligotait vraiment. Après tout, on a connu plus mauvaises conditions pour commencer.

Jacques Chirac a dissous l'Assemblée nationale le 21 avril 1997, la campagne commence, vous conduisez la bataille. À quel moment sentez-vous que la victoire est possible ?

C'est vrai, la dissolution a eu lieu un 21 avril, ce qui prouve que tous les 21 avril ne se ressemblent pas… La dissolution était faite pour surprendre l'opposition, mais je constate vite que les dirigeants de la droite se sont surpris eux-mêmes, tant ils paraissent finalement moins prêts que nous. Ils avaient pris cette décision sur un coup de tête, sans avoir beaucoup réfléchi à la suite. Aussi bien dans la campagne nationale que dans ma campagne en Haute-Garonne, le Parti socialiste est très mobilisé et les auditeurs réceptifs, attentifs, mais encore hésitants. Ils se décideront en chemin. Le climat devient rapidement favorable.

Vous vous dites, à un moment, tiens ça y est, c'est possible, ça va se jouer, on peut gagner ?

Je commence à l'envisager après les résultats du premier tour. La victoire ne m'apparaît pas certaine, mais probable. Du coup, je lève le pied sur les meetings, car la dynamique étant lancée, j'ai besoin de temps pour réfléchir à la suite, en cas de victoire. Dès ce moment, je prends contact avec Olivier Schrameck, mon ancien directeur de cabinet au ministère de l'Éducation nationale, pour qu'il assume à nouveau cette fonction auprès de moi. Il accepte. Entre les réunions et les émissions, je réfléchis, notamment avec lui, au dispositif à venir.

Donc vous réfléchissez à votre gouvernement, à ce que vous allez faire, avant le deuxième tour ?

Oui. Je ne voulais pas être pris de court. Je consacre un certain nombre d'heures, chez moi, rue du Regard, à ébaucher ce que pourrait être un gouvernement, car je sais que si nous gagnons, j'aurai peu de temps pour le composer.

Le 1er juin, jour de la victoire, où êtes-vous ?
À Cintegabelle, bien sûr.

Et à quel moment l'apprenez-vous ?
Comme toujours un dimanche d'élection, la journée est interminable. Il pleut, et je tue le temps en parcourant les bureaux de vote de mon canton. Ma femme et mes trois enfants me rejoindront le soir à Cintegabelle, à la permanence. En début de soirée, arrivent les premières évaluations, favorables. Les résultats tombent à partir de vingt heures et une majorité de gauche se dessine clairement. Sur les écrans de télévision, je vois se succéder les noms d'amis politiques de longue date, élus ou réélus et je constate aussi avec plaisir que nombre de nouveaux venus, des candidats que je ne connais pas personnellement, font chuter des députés sortants de la droite et du centre. Les plus amicaux s'appelleront parfois entre eux les « bébés Jospin ».

Dès le soir du second tour vous pouvez donc vous dire « je vais être Premier ministre »... Comment réagissez-vous ? Quels sentiments vous animent ?
Dans la soirée, je savoure la victoire, avec cette sensation de félicité, de légère exaltation qu'elle procure toujours. Je joins les dirigeants et les amis élus, je reçois beaucoup d'appels aussi. Deux d'entre eux me procurent une satisfaction un peu perverse. D'abord celui de Philippe Séguin tenant courtoisement à me féliciter. On sait qu'il était devenu, avec Alain Madelin, le leader de la campagne à droite, remplaçant au pied levé un Alain Juppé déstabilisé. Je n'avais pas oublié qu'il m'avait pris de haut auparavant en déclarant : « Vous voyez Jospin en Premier ministre ? » Je l'ai remercié de son appel et lui ai glissé : « Vous voyez, il vaut toujours mieux respecter ses adversaires. » Le coup de fil de Tony Blair me fait également sourire, parce que je lui avais fait savoir, lui qui était devenu Premier ministre tout

récemment, que s'il voulait m'adresser un signe de solidarité pendant ma campagne, il serait le bienvenu. Nous n'avions eu aucune réponse. Tout d'un coup, il trouvait mon adresse…

Vous rentrez de Toulouse tard dans la soirée, puis c'est la fête à la Maison de l'Amérique latine à Paris…

Je fais d'abord la fête avec les Cintegabellois et avec des amis de la région, qui m'avaient entouré dans les moments difficiles. Je reste avec eux, avec ma famille, avec Patrick Lemasle, mon suppléant, qui va devenir le député. Plus tard, dans la nuit, je rentre à Paris où me surprend dès l'aéroport une escouade de motards et de caméras braquant leurs projecteurs sur ma voiture. À la Maison de l'Amérique latine, près du siège du PS, membres du Comité de soutien, famille, amis, responsables socialistes et – surprise charmante ! – Mazarine, la fille de François Mitterrand, m'attendent dans une atmosphère très joyeuse. Mais j'éprouve aussi un fort sentiment de responsabilité et je mesure l'ampleur du travail à accomplir.

6

Matignon
(1997-2002)

Gouvernement de la gauche plurielle – Cohabitation avec Chirac – Bras de fer – Les « affaires » – Duo avec Hollande – Politique économique – Les 35 heures – Le dossier Corse – Réformes – L'Europe – Immigration et sécurité.

Dès le lendemain matin du scrutin, le lundi 2 juin 1997, l'Élysée vous fait savoir que le président de la République souhaite vous rencontrer.
Le lundi, le président de la République me dit au téléphone son intention de me nommer Premier ministre, puis me reçoit en fin de matinée à l'Élysée. Il souhaite que la passation de pouvoir avec Alain Juppé se fasse dès le lendemain. Je dois former le gouvernement de façon très rapide. À vrai dire, seule la France procède à des changements de gouvernement si prompts. Outre la Présidence américaine, où la transition prend trois mois, dans la plupart des démocraties parlementaires la constitution d'un gouvernement se fait en plusieurs semaines. Notre façon d'agir a ses avantages, car elle dispense de perdre du temps en conciliabules, en négociations, et nous épargne un long piétinement. Son inconvénient, c'est la précipitation et les risques d'erreur dans le choix des personnes. Enfin, c'est notre système, il fonctionne comme ça.

Comment trouvez-vous Chirac lors de ce premier contact ? Il vous félicite ?
Oui, immédiatement. J'ai lu ici ou là qu'il était abattu, dépressif, découragé. Ce n'est pas l'homme que je trouve en face de moi.

Il est réaliste, il prend en compte ce qui vient de se produire et cherche à bien s'inscrire dans sa fonction de président.

Se montre-t-il glacial, chaleureux ?

Il est prosaïque. D'entrée de jeu nous fixons les règles de la cohabitation, ou plutôt nous les rappelons, car elle avait déjà fonctionné deux fois sous François Mitterrand. Vous vous doutez que je m'étais un peu renseigné auprès de connaisseurs, tels Hubert Védrine ou Christian Sautter, pour ne pas être surpris. Je constate qu'il n'y a pas de désaccord sur la façon dont doivent se répartir les compétences entre le président et le Premier ministre, sur la responsabilité de chacun, sur l'élaboration des nominations, sur le rôle important mais non exclusif qui est celui du président en matière de politique étrangère et de défense et sur la latitude très grande du gouvernement en matière de politique intérieure.

Vous abordez toutes ces questions dès ce premier rendez-vous ?

Absolument. Au cours de deux autres rendez-vous – qui échappent aux chroniqueurs parce que nous ne les avons pas annoncés mais qui se succèdent dans les heures qui suivent – j'évoque avec lui la formation du gouvernement.

En effet, la prérogative du chef de l'État est de nommer le gouvernement. Cela ne signifie pas qu'il le compose. En phase de cohabitation, il doit seulement donner son accord pour les choix du ministre des Affaires étrangères et du ministre de la Défense.

Vous aviez déjà pensé à des noms ?

Je propose Hubert Védrine pour les Affaires étrangères et Alain Richard pour la Défense. Il approuve immédiatement le nom du premier. Il connaît moins bien le second et me demande un délai de réflexion de quelques heures. Dans l'après-midi, nous nous revoyons et il agrée le deuxième nom. Je lui donne alors les grandes lignes de mon gouvernement.

On a dit alors que Michel Rocard a essayé d'être ministre des Affaires étrangères, qu'il aurait même sollicité Chirac. Vous avez eu vent de cette histoire ?
On m'en parlera seulement après. Il semble que cela soit vrai. En tout cas Jacques Chirac n'a pas évoqué cette hypothèse avec moi.

Chirac ne vous a pas suggéré de noms ?
Non. Il n'avait pas à le faire. Pour les autres ministres, je lui ai seulement fait part de mes intentions. Il a souhaité être informé des noms des titulaires des ministères de l'Intérieur et de la Coopération… toujours le souci de l'Afrique. Je forme donc librement mon gouvernement, ce qui est une exception et un privilège sous la Ve République.

Vous avez préalablement réfléchi à la formation de ce gouvernement. Quelle idée force vous a guidé pour sa composition, sa structure et surtout sa manière de fonctionner ?
Si je n'ai pas eu beaucoup de temps pour décider, j'avais déjà réfléchi à la conception même du gouvernement. Je voulais un gouvernement resserré, avec beaucoup de femmes, un gouvernement collégial, fonctionnant en équipe et sans cumuls de mandats. Je souhaitais être entouré de personnalités fortes, talentueuses et loyales.

Au moment où cette cohabitation s'engage, ne craignez-vous pas l'épée de Damoclès d'une nouvelle dissolution puisque le président de la République a de nouveau le droit de dissoudre au bout d'une année…
Sans l'exclure, je ne la crains pas. Car, après l'expérience terriblement hasardeuse qui vient de se produire, il semble délicat d'y recourir à nouveau. Je n'ai pas la certitude que mon gouvernement durera. Pourtant, j'envisage mon calendrier d'actions comme si le gouvernement devait tenir cinq

ans. J'ai en tête l'idée de la précarité, mais je m'inscris dans la durée.

Dans la composition du gouvernement, les observateurs remarquent que des binômes antagoniques se mettent en place, Martine Aubry aux Affaires sociales et DSK à l'Économie, Élisabeth Guigou à la Justice et Jean-Pierre Chevènement à l'Intérieur... Était-ce délibéré de votre part ?

Non. S'il y a des binômes, ils tiennent davantage aux classiques polarisations gouvernementales qu'à une théorie et à une construction préconçues. J'ai voulu pour chaque fonction des personnalités aptes à la remplir avec brio ou solidité, sans chercher à construire des couples ni antagoniques, ni complémentaires. Simplement, la ministre de la Justice, Élisabeth Guigou, et le ministre de l'Intérieur, Jean-Pierre Chevènement, sont par nature dans une polarité qui exige d'être maîtrisée. Elle le sera. Il en va de même pour le ministre chargé de l'Économie et la ministre responsable de la Solidarité et de l'Emploi. Comme Martine Aubry est numéro deux du gouvernement, elle sera associée aux grandes options de politique économique. Elle l'avait souhaité et je trouvais cette exigence légitime, car un gouvernement socialiste doit combiner l'économique et le social. D'ailleurs, ça fonctionnait dans les deux sens : Dominique Strauss-Kahn intervenait sur les grands choix sociaux, et pas seulement pour rappeler telle contrainte financière ou telle exigence économique. Ainsi, outre mes tête-à-tête avec chacun des deux ministres sur ses dossiers propres, j'avais régulièrement avec eux des discussions à trois avant de faire des propositions à l'équipe gouvernementale sur les principales orientations de politique économique et sociale.

Votre gouvernement est donc rapidement constitué et la presse réagit plutôt favorablement à son annonce. Vous avez vous-même le sentiment d'avoir formé une belle équipe ?

La presse a parlé de *dream team*, ce qui a fait plaisir à l'ancien basketteur que j'étais. J'avais, c'est vrai, une équipe de talent. Au-delà des figures de proue, d'autres personnalités à l'époque moins connues des Français, comme Hubert Védrine aux Affaires étrangères par exemple, ont occupé pendant cinq ans leur fonction avec brio, se faisant très vite reconnaître par leurs pairs, les ministres des autres grands pays. On pourrait dire la même chose de Pierre Moscovici qui le secondait excellemment pour les questions européennes ou du communiste Jean-Claude Gayssot au ministère des Transports, manifestant son sens du concret, son aptitude à négocier lors des conflits, sa capacité à accepter des évolutions pour réussir des politiques industrielles. De même, Dominique Voynet a su intégrer l'écologie à notre action et Élisabeth Guigou maîtriser deux ministères successifs différents et difficiles.

Dans un gouvernement avec de telles personnalités, fortes, affirmées, ne redoutiez-vous pas d'être confronté à des problèmes d'autorité ?

Je n'avais pas de problème d'autorité, j'exerçais mon rôle d'arbitrage et en même temps, ayant autour de moi des personnalités fortes, je n'empiétais pas sur leur travail, je respectais leurs compétences, je faisais en sorte qu'elles servent l'équipe que nous constituions. C'est pourquoi, aujourd'hui, la façon de faire du président de la République m'est proprement incompréhensible. Marginaliser le Premier ministre, malmener les ministres, intervenir dans leurs compétences, leur dérober des annonces, les laisser s'avancer pour les contredire et enfin les tancer comme le fait Nicolas Sarkozy est une conception de la conduite de l'État et des rapports humains qui m'est étrangère. Je suis persuadé qu'en période de difficultés, une telle manière d'agir – car on ne saurait parler de méthode – se révélera néfaste.

En formant ce gouvernement de la « gauche plurielle », n'êtes-vous pas conscient, dès le départ, qu'il y a pas mal

de désaccords, de discordances : avec les communistes sur l'Europe, avec Chevènement sur la monnaie unique, avec les Verts sur le nucléaire et sur les sans-papiers ? Ne craignez-vous pas que de tels désaccords soient porteurs de fêlures… qu'on observera effectivement plus tard ?

Pour tous, dès le départ, les accords sont plus importants que les divergences. La victoire est belle et chacun tire profit de la dynamique créée. C'est vrai pour les communistes qui, face à leur déclin historique et à leur problème d'identité, deviennent des partenaires respectés dans un nouveau gouvernement de gauche. Pour eux, c'est important. C'est vrai aussi pour les Verts qui accèdent pour la première fois aux responsabilités d'État. Sans doute est-ce une épreuve, presque une épreuve initiatique, mais c'est aussi un pas qu'ils veulent franchir, une preuve qu'ils aspirent à se donner à eux-mêmes. Avec les uns et les autres, j'aurai à rechercher des compromis et je les trouverai, logiquement, plus près des positions socialistes. Jamais cela ne mettra en péril la solidarité gouvernementale.

Sur l'Europe par exemple, nous passerons à l'euro normalement, en 2000, en pleine cohérence gouvernementale. Pourquoi ? Parce que, dès le départ, je me suis attaché à une conception large de l'euro que j'avais d'ailleurs promise à Jean-Pierre Chevènement. Je ne voulais pas d'un euro carcan. Certains responsables allemands et hollandais voulaient réserver la monnaie unique à quatre ou cinq pays supposés à monnaie forte. Ils prenaient un peu de haut les pays du sud de l'Europe, qu'ils appelaient parfois les pays du « Club Med ». J'ai défendu face aux Allemands – et j'en convaincrai Gerhard Schroeder –, l'idée qu'il fallait un euro large. Et il sera effectivement lancé à onze pays. En outre, ma vision est celle d'une Europe réhabilitant les questions sociales et s'affirmant sur la scène internationale. Certes, je ne transige pas sur l'engagement européen, car nous détourner de l'Europe sous prétexte de ses insuffisances serait tourner le dos à notre intérêt historique et nous priver du surcroît de force qu'elle peut donner à tous. Mais sur les modalités, la nature, le contenu de cette Europe, il y a possibilité de débat dans la majorité et matière à compromis. En fait, seule la cohabitation nous empêchera de donner un élan plus vigoureux à une Europe progressiste. Le pilotage à deux de la politique européenne a été un frein.

Est-ce que, sur un plan plus personnel, vous vous sentiez prêt à exercer cette fonction de Premier ministre dont tout le monde dit qu'elle est terrible ?

Je ne crois pas aux programmations des individus. Quand ils sont placés par les circonstances – qu'ils ont parfois contribué à créer – dans des fonctions de responsabilité, les dirigeants montrent s'ils ont ou non la capacité d'exercer leur mission. L'élection présidentielle de 1995, le retour à la tête du PS, le travail accompli ensuite, la victoire aux élections législatives de 1997 m'ont conduit au poste de Premier ministre. Ce déroulement politique m'a préparé à assumer cette responsabilité. Par ailleurs, j'avais réfléchi à la fonction gouvernementale, à la façon de pratiquer la réforme, à la maîtrise du temps dans l'action. Je ne me suis pas interrogé pour savoir si j'étais prêt. Je me suis mesuré concrètement à l'épreuve elle-même et j'ai fait mon travail. Après, le jugement appartient aux autres.

En cohabitation, le pouvoir est à Matignon, c'est le Premier ministre seul qui est à la barre, n'est-ce pas encore plus dur ?

En cohabitation, il faut distinguer la politique étrangère et la politique intérieure. En politique étrangère le dispositif est assez complexe. On a utilisé la formule « la France parle d'une seule voix ». Il serait plus juste de dire qu'elle parle à l'unisson parce que ce n'est pas une voix qui s'exprime mais deux et même trois, compte tenu du rôle du ministre des Affaires étrangères. Nous étions conscients, Jacques Chirac et moi, que les autorités françaises devaient s'exprimer en pleine cohérence pour que la France soit respectée à l'étranger et que nos partenaires, notamment européens, ne soient pas déconcertés. Mais en politique extérieure, le rôle du gouvernement était essentiel. Ainsi en matière de défense – hors l'arme nucléaire où le président avait l'initiative –, la plupart des décisions étaient préparées par le gouvernement en lien étroit avec les responsables des Armées et en informant la présidence de la République. Les Conseils de défense se tenaient à l'Élysée sous l'autorité du président et c'est là que se prenaient des décisions essentielles – par exemple : va-t-on ou ne va-t-on pas au Kosovo aux côtés de nos alliés ? Et si oui, selon quelles modalités ? Mais ils étaient préparés auparavant par des comités restreints qui, sous l'autorité du Premier ministre, se tenaient à Matignon. Quand les ministres compétents et moi-même rejoignions le président et les chefs d'État-major au Conseil de défense, les dossiers étaient déjà élaborés et les décisions esquissées. Donc, en politique extérieure, et hors désaccords politiques insurmontables, il n'était pas malaisé de parler d'une seule voix.

En politique intérieure, mon gouvernement était libre. Le seul pouvoir partagé était celui des nominations. Il fallait s'entendre sur le choix des préfets, des ambassadeurs, des magistrats, etc. Le plus souvent, nous sommes arrivés facilement à des accords, parfois des décisions ont été trop longtemps retenues par le président, ce qui n'était pas bon pour le rythme de l'activité gouvernementale. Il y a eu aussi quelques erreurs funestes comme la protection accordée pendant de longues années par le président Jacques Chirac à Yves Bertrand, le directeur des Renseignements généraux, qui s'est révélé être un fonctionnaire félon. Ou bien le président connaissait ses agissements et il a été coupable, ou bien il les ignorait et il a été irresponsable de nous refuser son remplacement, quand nous le lui avons expressément demandé en avançant des arguments sérieux.

Dans ces moments-là, vous vous manifestez auprès du président de la République pour dire : tel fonctionnaire doit être déplacé, remplacé ?

Naturellement. Le ministre de l'Intérieur, Daniel Vaillant, et moi-même avons réclamé son changement, notamment parce qu'il était dans ce poste sensible depuis trop longtemps. À l'époque, nous ne connaissions que la partie émergée de l'iceberg, mais c'était suffisant pour juger. Ce remplacement nous a été refusé. En dehors de ce cas limite, il y a eu quelques nominations de personnalités de qualité auxquelles j'ai dû renoncer mais, pour l'essentiel des nominations, nous sommes tombés d'accord.

Je reviens aux sujets de fond. Dans l'ensemble du champ intérieur, la politique économique, l'emploi, la recherche, l'éducation, la culture, la sécurité, l'environnement, la politique industrielle, les réformes de société… le gouvernement était libre d'agir tant qu'il avait une majorité à l'Assemblée nationale pour l'approuver.

Vous avez donc conduit la politique que vous vouliez ?

Oui, tout en étant évidemment exposé à la critique de l'opposition – ce qui est parfaitement normal – et à celle du président. Nous y reviendrons sûrement.

S'agissant de la politique extérieure, vous avez eu des désaccords importants avec le président Chirac ?

En politique extérieure, je retiendrai deux désaccords notables qui se sont réglés l'un et l'autre selon les vues du gouvernement. Le premier, en 1997, est né de l'intention du président de la République de réintégrer la France dans l'OTAN. Après les élections, j'ai dit à Jacques Chirac que notre gouvernement ne pourrait le suivre dans cette voie… et il a dû reculer. Le refus des Américains d'accéder à ses demandes de commandements pour des généraux français lui a servi à justifier une retraite que nous n'avons pas cherché à exploiter. Il est bien dommage que le président Sarkozy ait relancé la démarche avortée de Jacques Chirac !

Le deuxième désaccord formel a concerné la Côte d'Ivoire

et il s'est réglé au cours d'une série d'échanges au téléphone avec Jacques Chirac, car j'étais alors en Égypte. Le président de la République voulait tout simplement envoyer la Gendarmerie française dans ce pays pour rétablir le président d'alors dans son poste ! Les bras m'en sont tombés ! J'ai dit non.

En revanche, sur des points majeurs comme la décision d'intervenir au Kosovo ou nos efforts pour décourager le nouveau président George Bush d'intervenir militairement en Irak, Jacques Chirac et moi-même étions d'accord. Ce fut aussi le cas, après les attentats du 11 septembre, quand il s'est agi de témoigner de notre solidarité à l'égard des États-Unis décidés à briser le sanctuaire d'Al-Qaïda en Afghanistan. Nous avons envoyé des avions de combat et déployé des gendarmes pour la sécurisation de Kaboul. Nous étions également convenus d'en rester à ce dispositif limité, afin de ne pas être entraînés dans un engrenage. Malheureusement la France ne s'en est pas tenue là depuis.

Par ailleurs, la cohabitation a été un frein pour le gouvernement en matière de régulation de l'économie mondiale – je ne participais pas aux sommets du G8 –, pour renforcer la dimension sociale de l'Europe et pour refonder la politique africaine. Nous avons pu rattacher le ministère de la Coopération à celui des Affaires étrangères pour montrer notre intention de sortir de la « Françafrique », mais, dans la pratique, nous n'avons pu aller plus loin. Le président gérait à sa façon – indulgente, familière et paternaliste – ses relations avec ses homologues africains.

Sur un plan global, comment qualifieriez-vous vos relations avec le président Jacques Chirac durant cette cohabitation ?

Disons d'abord à quel point la cohabitation a créé une dissymétrie. Je ne critiquais pas le président de la République dans son principal domaine de compétence, la politique extérieure et la défense, puisque nous l'élaborions de concert et qu'en cas de désaccords nous les résorbions ou les minimisions, afin de préserver l'image de la France sur la scène internationale. Au contraire, le président ne se privait pas de contester la politique intérieure, sphère presque exclusive du gouvernement. Il y avait donc un déséquilibre entre notre silence, souhaitable, sur l'exercice de sa fonction et sa liberté de critiquer le gouvernement, liberté dont il a usé et abusé.

Aviez-vous de la sympathie pour lui ou pas du tout ? Sur un plan personnel, comment cela se passait-il ? On a vu parfois des images de complicité entre le président de la République et vous-même, on l'a vu vous tendre un appareil photo pour que vous le photographiiez avec des enfants, et inversement…
Pour que les rapports personnels entre le président de la République et moi-même aient pu être harmonieux – malgré nos divergences politiques –, il aurait fallu qu'il s'abstienne de critiques publiques et, surtout, qu'il n'organise pas des attaques contre moi en réplique aux affaires qui le menaçaient, à l'écart desquelles je me tenais pourtant rigoureusement. Cela n'a pas été le cas. Du coup, nos relations ont seulement été courtoises, rarement vives, et surtout professionnelles, chacun restant dans l'exercice de ses fonctions.

Quant aux images de complicité cordiale que vous évoquez, elles ont le plus souvent été prises à l'occasion de cérémonies nationales : 14 juillet, 11 novembre, 8 mai. Nous étions côte à côte dans la symbolique d'unité et de fraternité d'une nation commémorant son Histoire. Il était normal que le président de la République et le Premier ministre, au milieu d'une foule le plus souvent aimable et laissant de côté ses préférences partisanes, épousent spontanément cette ambiance chaleureuse. Et là, ni lui ni moi n'avions à forcer notre nature, peu portée spontanément à la froideur. Je pourrais évoquer dans le même esprit les scènes plus feutrées des Conseils européens. Nous étions de longues heures côte à côte, la position de la France avait été cadrée. Il y avait parfois des divergences avec nos partenaires, des rapports de force à établir avec eux dans les négociations, des compromis à trouver, et cette unité que nous avions réalisée dans l'élaboration des positions françaises devait aussi se traduire entre nous et dans la délégation française par un climat de cordialité et un soutien réciproque dans la confrontation avec les autres.

Dans les coulisses de ces sommets européens, il vous arrivait de dîner avec lui... il n'y avait pas que le cadre officiel.
Disons qu'il nous est arrivé de boire des bières ensemble...

Dans le même ordre d'idées, il est arrivé que quelques-uns de vos ministres disent : « Chirac est sympa », et manifestement cela vous déplaisait. Vous les avez même parfois repris...
Ça s'est produit une fois ou deux au début. Comme j'avais vu le président Mitterrand en cohabitation opérer avec brio vis-à-vis des ministres de droite, j'ai préservé certains des miens des séductions illusoires de la cohabitation.

Parce que quelques-uns de vos ministres étaient séduits par le président ?
La tentation existe toujours. Elle s'est manifestée bien plus crûment depuis.

C'était surtout ceux qui fréquentaient régulièrement le chef de l'État. Le ministre des Affaires étrangères, celui des Affaires européennes qui le voyaient beaucoup, l'accompagnaient à l'étranger et qui souvent disaient : « On s'entend bien avec lui, ça se passe très bien »...
Hubert Védrine et Pierre Moscovici accompagnaient souvent le président de la République dans ses déplacements à l'étranger. Naturellement ils avaient un rapport courtois et aimable avec lui. Pour autant, tout en servant la République, ils n'ont jamais oublié les différences politiques avec le président et leur lien avec le Premier ministre.

Avec Chirac, vous étiez face à ce qu'on appelle un « grand fauve » de la politique. Il ne vous a pas toujours ménagé, loin s'en faut. À chaque fois qu'il l'a pu il vous a publiquement critiqué, mettant en cause devant les Français tel ou tel choix de votre gouvernement. Très vite après votre prise de fonctions à Matignon il passe à l'offensive. Dès le 14 juillet 1997 à la télévision…

Lors de cet entretien télévisé du 14 juillet, le président de la République développe une thèse extravagante, selon laquelle il aurait une sorte de « dernier mot » – ce sont ses termes –, non seulement en politique étrangère, où ce n'est déjà pas le cas, mais aussi sur les grandes questions de politique intérieure. Naturellement, cette thèse du « dernier mot » ne trouvait aucun fondement dans la Constitution. Je réagis donc au sein du Conseil des ministres suivant, me réservant de m'exprimer publiquement si le président maintenait son interprétation. Je lui indique, lors de notre entretien rituel dans son bureau avant de descendre au Conseil des ministres, que je vais procéder à une nette mise au point à cet égard.

Vous lui dites quoi à ce moment-là ?

Je lui dis que sa théorie du « dernier mot » est fantaisiste et qu'elle n'a rien à voir avec la lettre et l'esprit de la Constitution ni avec les règles de la cohabitation telles que nous les avions codifiées quelques semaines auparavant.

Et comment réagit-il alors ?

Comme quelqu'un qui a fait une tentative et qui comprend qu'elle a échoué. En Conseil des ministres, je suis obligé de rappeler quelques évidences institutionnelles en citant les articles de la Constitution fixant les pouvoirs du président de la République, ceux du gouvernement et du Premier ministre. En particulier l'article 20 qui dit que « le gouvernement détermine et conduit la politique de la nation» et que «le Premier ministre dirige l'action du gouvernement».

Autant de règles institutionnelles qu'il connaissait…
Bien évidemment. C'était, j'imagine, un test pour savoir s'il pourrait, dans la pratique, infléchir l'équilibre politique résultant des dernières élections. Peut-être cherchait-il aussi à introduire avec moi un certain rapport de force psychologique. C'était raté. *Libération* titrera le lendemain à la une: «Tu me cherches, tu me trouves.» Les membres du gouvernement ont écouté ma mise au point… plutôt ravis, il faut bien le dire. Le président de la République a repris: «Bon, chacun a donné sa vision.» Mais il n'est jamais revenu à sa théorie du «dernier mot».

Il y a eu bien d'autres incidents, notamment à propos des 35 heures. Le président de la République s'exprime sur le sujet et parle alors d'«expérimentation hasardeuse». Ce n'était pas très aimable pour vous et votre gouvernement, s'agissant d'une réforme emblématique de la «gauche plurielle»…
Il s'agit là d'une simple passe d'armes politique. Il se trouve qu'un congrès du Parti socialiste se tenait à Brest quelques jours après la déclaration présidentielle. J'ai défendu sur le fond le projet des 35 heures. Et j'ai ajouté, en évoquant la dissolution, qu'en matière d'«expérimentation hasardeuse», le président n'avait pas été très heureux. Nous en sommes restés là.

Il y a un autre conflit, plus grave, qui touchait à des problèmes de santé publique à propos des farines animales. Et là vous avez été très vif dans votre réaction.
Cet incident s'est produit plus tard, trois ans après notre accrochage sur les 35 heures et sur un sujet plus grave, en novembre 2000, alors que nous étions confrontés à la crise dite de «la vache folle». L'encéphalite spongiforme bovine menaçait chez nous après avoir frappé la Grande-Bretagne et d'autres pays, et l'usage des farines animales dans l'alimentation du bétail a

été mis en cause dans le déclenchement de cette maladie. Mon gouvernement a donc décidé d'interdire les farines animales. Mais c'était un dossier complexe parce qu'il fallait stocker d'énormes quantités de farine, puis les détruire en les brûlant. Cela impliquait la mise en œuvre d'un très lourd dispositif. Soudainement, le président de la République, qui savait très bien que nous étions en train de préparer méthodiquement et sérieusement les conditions de l'interdiction de ces farines, a interpellé publiquement le gouvernement en exigeant que nous réglions le problème immédiatement.

Vous en avait-il parlé avant de rendre publique sa déclaration ?
Non, absolument pas. Je suis donc choqué par sa façon de faire et préoccupé par les conséquences, y compris pour la filière bovine qui voit ses ventes chuter brutalement à la suite de cette dramatisation inutile et factice. Surtout, nous sommes obligés de précipiter la mise en place du dispositif d'élimination des farines animales, avec les risques d'improvisation que cela comporte. J'ai mesuré ce jour-là que Jacques Chirac n'hésitait pas à faire passer son intérêt partisan avant l'intérêt général. Cet épisode a été un des plus désagréables de la cohabitation.

Les Français découvrent l'ampleur de cette polémique en voyant à la télévision un échange plutôt vif entre vous et le chef de l'État lors d'un sommet franco-allemand en présence du chancelier Schroeder. Devant les journalistes vous avez dit : « On a eu une explication entre hommes. » C'était quoi, cette explication entre hommes ?
J'ai dit au président de la République qu'il savait très bien que nous allions régler ce problème, que ça impliquait la mise en œuvre de dispositifs techniques, matériels et financiers lourds et qu'il était irresponsable de sa part de nous obliger à le faire dans la précipitation, y compris pour des raisons de sécurité sanitaire.

Le chef de l'État pouvait être préoccupé par l'inquiétude des Français devant la progression et les dangers de cette maladie…
Il n'y avait plus de risque pour la santé, puisque nous avions interdit l'utilisation des farines animales dans l'alimentation du bétail. Il restait seulement à les éliminer. Imaginez que nous n'ayons pas été capables de maîtriser en huit jours ce que nous nous apprêtions à régler en un mois, les conséquences, y compris du point de vue sanitaire, de l'accumulation de ces farines, pouvaient être graves. Il y a des risques avec lesquels un homme d'État ne doit pas jouer.

Vous semblez insinuer qu'il y avait de sa part la volonté de faire un coup politique…
Je n'insinue pas, j'indique une évidence. Or tous les terrains n'autorisent pas de faire des coups.

Est-ce que cet épisode de la cohabitation a modifié profondément votre jugement sur Jacques Chirac ?
Cela l'a ancré plus profondément.

Un an plus tard, le 14 juillet 2001, un autre accroc sérieux se produit dans la cohabitation. À la télévision, le président de la République se livre à une sorte d'attaque en règle contre les choix et les décisions du gouvernement au cours des quatre années précédentes. Comment avez-vous pris cette brutale offensive du président de la République ?
Nous avançons vers la fin du quinquennat. Je suis surpris, le jour de la Fête nationale, ce moment de rassemblement, que le président tienne un tel discours. Je suis à Matignon, j'écoute l'intervention et je m'interroge sur la réponse à donner. Ce jour-là, les socialistes sont dispersés, le Premier secrétaire, François Hollande, est en Corrèze. Je ne peux me concerter avec la plupart des ministres partis dans leur circonscription après les cérémonies du matin. Si bien que je joins au téléphone pour

les faire réagir les ministres dont le champ de compétence est visé par les attaques présidentielles. Chacun apportera sa réplique, sans effet de concentration. Après coup, j'ai pu regretter de n'avoir pas répondu moi-même, globalement et frontalement. C'était en 2001, et j'ai pensé qu'il était un peu tôt pour prendre à mon tour à témoin les Français d'un désaccord entre le président et le Premier ministre sur l'ensemble de la politique française, le 14 juillet, et m'engager dans une confrontation directe et globale avec Jacques Chirac. Je faisais confiance à ma majorité pour terminer dans l'ordre le quinquennat et affronter rassemblée, le moment venu, l'élection présidentielle. Sur ce point, j'avais tort.

Est-ce que cette initiative présidentielle publique et les réactions de vos ministres sont, à vos yeux, le premier acte de la campagne présidentielle de 2002 ?
Pas pour moi. D'un point de vue républicain, au regard du bon fonctionnement de l'État, mon refus d'une confrontation était raisonnable. Dans la perspective de la bataille politique proche, une réponse directe à la télévision aurait été plus efficace.

Au moment de ce vif incident avec le président de la République, vous vous êtes posé la question de rompre et de partir ?
J'aurais pu rompre, partir non. Ma culture politique, ma conception de l'État et du gouvernement me faisaient estimer que, tant que nous étions assurés d'une majorité à l'Assemblée, je devais gouverner jusqu'au terme de la législature. Je n'ai pas envisagé d'opposer une démission de confort en 2001 à la dissolution de confort de 1997, qui d'ailleurs avait échoué. Partir, c'était laisser le champ libre au président. Je pense toujours que si la majorité plurielle était restée unie pendant la campagne présidentielle, après l'avoir été presque jusqu'au terme des cinq ans, nous aurions gagné en 2002.

Les « affaires » mettant en cause le président de la République ont littéralement pourri ce septennat. Pourquoi avoir refusé d'utiliser politiquement ces affaires et de vous en servir dans le combat politique ?

Tout simplement parce que telle n'est pas ma conception de la vie publique. Ce côté crasseux de la politique, je l'ai constamment réprouvé, je m'en suis tenu éloigné et je ne voulais pas y tomber. En cinq ans de gouvernement, le plus long gouvernement de la gauche en France, pas un scandale, pas une affaire ne nous ont touchés. Certes, Dominique Strauss-Kahn a été mis en cause sur un point, il a dû démissionner sous la pression des médias mais la justice, ensuite, l'a innocenté. J'avais d'ailleurs d'entrée de jeu, dans une circulaire adressée aux membres du gouvernement et à la haute administration, rappelé les fondements éthiques sur lesquels nous devions appuyer notre action.

Si le septennat a été « pourri par les affaires », comme vous le dites, ce n'était pas par les nôtres. Mais le paradoxe a été que celles de la droite sont venues ricocher à gauche. Nous étions dans une période où des procédures judiciaires visaient directement le président de la République et ses proches pour leur comportement à la Mairie de Paris ou dans le financement du RPR. Comme vous l'avez rappelé, nous n'avons jamais cherché à les exploiter. D'ailleurs, la justice agissait en toute indépendance, selon une des prescriptions essentielles de mon gouvernement. Mais quand il était mis en cause et se sentait menacé, le président de la République se montrait très tendu. Dans certaines de nos rencontres, toujours à des moments où la presse insistait sur ses difficultés, il manifestait envers moi une irritation et un énervement dont je n'arrivais pas très bien à démêler la cause. Il faisait comme si je pouvais être concerné. J'ai en tout cas fortement suspecté Jacques Chirac et son Secrétaire général, Dominique de Villepin, d'avoir, avec leurs amis, systématiquement organisé une série d'offensives contre moi. Les carnets du patron des

Renseignements généraux, Yves Bertrand, n'ont fait que confirmer ce soupçon.

Ils ont cherché à me mettre en cause du côté de la MNEF ou du Comité d'expansion économique de la Haute-Garonne, et même à propos de ma petite maison de l'île de Ré payée par ma femme et moi de façon on ne peut plus régulière. Ils ont délibérément cherché à me salir. Rien n'a pu m'être reproché, mais leur but était en réalité de fabriquer artificiellement des doutes à mon égard pour établir, fictivement, devant l'opinion, une sorte de symétrie avec les problèmes bien réels de Jacques Chirac. À chaque fois que la justice progressait dans ses investigations concernant le chef de l'État ou qu'une personnalité politique socialiste le mettait en cause, une offensive bidon était systématiquement déclenchée contre moi. Cela a été une donnée pénible de la cohabitation. Naturellement, personne n'a pu effectivement me mettre en cause. Mais le but était de créer une suspicion pour relativiser les mises en cause réelles de Jacques Chirac et essayer de ternir mon image.

Dans ces moments-là, vous dites votre sentiment à Jacques Chirac ?

Oui, j'ai réagi auprès de Jacques Chirac, et aussi auprès de Jean-Louis Debré, le président du groupe RPR à l'Assemblée, pour leur dire que s'ils continuaient leurs offensives, je leur répliquerais avec brutalité et que tout cela aurait des conséquences extrêmement néfastes pour le climat du pays. Mais j'avais affaire à des cyniques !

Une fois au moins à l'Assemblée, quand vous avez été mis en cause sur la MNEF, vous avez répliqué très vivement à l'opposition, laissant clairement entendre que le chef de l'État était mis en cause dans des affaires…

Je ne pouvais laisser cette attaque sans réplique. N'ayant jamais pris l'initiative d'une mise en cause quelconque du président de la République sur le terrain des affaires, je ne pouvais accepter des accusations fallacieuses, alors même que je m'abstenais d'attaquer là où il y avait motif de le faire.

Et cependant vous empêchez la démarche du député socialiste Arnaud Montebourg qui voulait que Jacques Chirac soit traduit devant la Haute Cour de justice ?
J'ai tout simplement fait dire à Arnaud Montebourg qu'il n'était pas possible de faire traduire Jacques Chirac devant la Haute Cour. On pouvait déjà se demander si cela avait du sens, en pleine cohabitation, alors que notre préoccupation essentielle devait être de mener à bien l'action gouvernementale, de prétendre traduire le président de la République devant la Haute Cour… Ou alors, il fallait refuser de cohabiter. En outre, cette procédure ne pouvait pas aboutir. Il aurait fallu pour cela avoir l'accord du Sénat. Or l'opposition de droite était majoritaire dans la seconde assemblée. Il s'agissait donc de la part de ce député d'un effet de tribune. De surcroît, je constatais qu'à chaque fois que son offensive était rhétoriquement menée, elle servait de prétexte à des attaques contre moi. Le président semblait trouver son compte à croire – ou à feindre de croire – que ce parlementaire socialiste ne pouvait agir ainsi sans mon accord. Ce n'était pas le cas. Au contraire, cette façon de faire m'a nui. C'étaient des coups d'épée dans l'eau, mais j'en recevais les éclaboussures.

Un des sommets de ces affaires fut la révélation des « cassettes Méry » qui apportaient des éléments sur le financement occulte du RPR et qui mettaient directement en cause le président de la République du temps où il était maire de Paris… Curieusement, on apprend au même moment que Dominique Strauss-Kahn avait reçu une copie de ces cassettes. Vous avez eu un échange assez vif avec le président de la République…
J'ai eu également un tête-à-tête avec Dominique Strauss-Kahn, parce que sa légèreté en cette occurrence a permis à Jacques

Chirac et à ses amis de contre-attaquer et de détourner l'attention du vrai problème: le leur. Au bout du compte, ces affaires qui ne concernaient que la droite ont été une gêne pour tout le monde, y compris pour nous. Et, bien sûr, elles n'ont pas fait progresser la République en contribuant à brouiller le paysage politique et à nourrir le scepticisme de nos concitoyens.

À présent, peut-on revenir sur le dispositif politique parti/gouvernement durant ces années de pouvoir de la gauche plurielle? Ainsi, pourquoi n'êtes-vous pas resté Premier secrétaire du PS en devenant Premier ministre?
Je confirme l'option prise en 1981 par François Mitterrand de séparer les responsabilités de parti et les fonctions gouvernementales. Mon gouvernement est un exécutif de coalition. Quant au PS, je le conçois solidaire et autonome. C'est pourquoi François Hollande, qui me succède à la direction du PS, ne sera pas ministre. Sans doute, aurais-je pu décider d'être Premier ministre et de rester Premier secrétaire en m'inspirant de la tradition parlementaire de nombreux pays européens. Mais on sait que notre régime est différent. Et le non-cumul devait aussi s'appliquer à moi-même.

Pourquoi avez-vous choisi François Hollande pour vous succéder comme Premier secrétaire? Il y avait sans doute d'autres candidats…
J'avais pu mesurer son talent politique pendant les deux ans qu'il avait passés à mes côtés de 1995 à 1997 au sein de la direction du Parti socialiste. Quand je deviens Premier ministre, j'appelle au gouvernement des hommes et des femmes de grande qualité dont certains auraient pu être Premier secrétaire. François Hollande m'apparaît, par ses qualités d'analyse, son talent d'expression révélé comme porte-parole du PS, par le point d'équilibre qu'il représente entre diverses sensibilités de mon parti, être un bon choix. Je n'ai pas eu à le regretter pendant les années passées à Matignon. Il sera étroitement associé à

l'action gouvernementale ainsi que je l'avais été moi-même seize ans auparavant. Comme Premier ministre, je ne suis ni despotique ni capricieux. J'exerce l'autorité conforme à ma fonction. Les ministres voient leurs compétences respectées et peuvent s'affirmer là où ils sont. Le collectif gouvernemental se réunit régulièrement, non pour entériner des décisions déjà prises, mais pour élaborer les grands choix politiques, au plan intérieur comme extérieur. Aux réunions de ministres s'ajoutent des rencontres régulières avec les responsables socialistes et François Hollande. J'ai aussi un dialogue constant avec les leaders de la majorité plurielle, chefs de partis et présidents des groupes parlementaires. C'est ce dispositif et cette manière d'agir que certains ont appelés « la méthode Jospin ».

En fait, avec François Hollande, Premier secrétaire du PS, vous reproduisez d'une certaine manière le dispositif de François Mitterrand avec vous. Vous l'associez étroitement à la conduite des affaires par des réunions, des petits déjeuners.
C'est vrai. J'avais connu ce mode de fonctionnement dans le passé, autour de la présidence et du gouvernement. J'avais mesuré que deux dirigeants proches politiquement et loyaux l'un vis-à-vis de l'autre pouvaient, en agissant avec intelligence, faire œuvre utile. Premier ministre, je respectais le Premier secrétaire, je ne dirigeais pas le parti de l'extérieur ; François Hollande m'informait de la façon dont le PS réagissait, me faisait part de ses inquiétudes ou de ses souhaits. Il était solidaire et expliquait la politique gouvernementale dans les cercles socialistes et devant l'opinion. Telle était notre relation.

Le PS était-il cantonné dans une attitude d'approbation, est-ce qu'il était parfois dans un rôle de proposition ?
Naturellement. De nombreuses propositions ont été faites par le parti et son Premier secrétaire : sur les 35 heures, sur les choix fiscaux, sur des dossiers de politique industrielle, sur les réformes sociales. Nous avons entretenu un dialogue permanent. Outre

mes rencontres en tête à tête, le mercredi, avec François Hollande, chaque mardi matin, à Matignon, un petit déjeuner réunissait auprès de moi le Premier secrétaire, le président du groupe socialiste à l'Assemblée, Jean-Marc Ayrault, le président du groupe au Sénat, Claude Estier, les ministres les plus importants ou ceux dont les dossiers étaient discutés, et, si nécessaire, quelques-uns des principaux dirigeants du Parti socialiste. Quand il le souhaitait, le président de l'Assemblée nationale, Laurent Fabius puis Raymond Forni, nous rejoignait.

On disait à l'époque que votre cabinet à Matignon avait aussi un rôle central dans l'élaboration et la conduite de l'action gouvernementale...

Pour bien conduire un gouvernement composé de fortes personnalités, pour maîtriser les dossiers qu'il va devoir examiner avec ses ministres et arbitrer, le Premier ministre doit être bien préparé et, pour cela, disposer d'un très bon cabinet. J'ai eu cette chance. Ceux qui l'ont composé ont été exclusivement choisis sur le critère de leur compétence. La faveur n'y a eu nulle part. Beaucoup d'entre eux ne m'étaient pas connus personnellement et m'ont été proposés, soit par Olivier Schrameck, mon directeur de cabinet, soit par Jean-Pierre Jouyet, le numéro deux chargé des questions économiques et sociales (à qui succédera plus tard Dominique Marcel). Je présumais que les membres de mon cabinet étaient de sensibilité de gauche, puisqu'ils venaient travailler avec moi, mais je ne leur ai jamais demandé s'ils avaient la carte du PS. Certains l'avaient. J'ai souhaité que, par leurs qualités humaines autant que par leurs aptitudes, mes collaborateurs soient de vrais interlocuteurs pour les ministres et leurs conseillers, sans chercher à prendre le pas sur eux. Cette équipe talentueuse et efficace – dont je continue à voir régulièrement les membres aujourd'hui dans des dîners amicaux – a été aussi une équipe stable. Nous avions précisé d'entrée de jeu avec Olivier Schrameck que ce cabinet ne devait pas être abordé comme un tremplin pour la carrière, afin de se projeter plus vite dans un haut poste administratif ou d'entreprise – jeu ou art qui se pratique en permanence – et qu'on ne pourrait le quitter avant deux ans. La plupart des membres de mon cabinet sont restés pendant toute la législature. Ils ont vraiment mérité ma gratitude.

Henri Emmanuelli a défini « la méthode Jospin » de gouvernement en disant à peu de chose près : « La méthode Jospin, c'est j'écoute… et je tranche de tout. »

Que serait un Premier ministre qui n'écouterait personne, et qui ne trancherait pas ?

Quelle était donc la réalité des choses ? Qui décidait ?

En réalité, trancher n'est pas toujours nécessaire. Lorsque l'accord entre les ministres est spontané, la décision va de soi. Quand il y a des désaccords ou des intérêts divergents, le rôle du Premier ministre est de décider. Comme il y a des décisions à prendre tous les jours, il n'est pas possible de les remettre constamment à une collectivité. Mais une chose est de décider de façon solitaire, une autre est d'arbitrer quand les ministres ont été associés dans un rapport bilatéral puis dans une discussion collective. En tout cas, j'ai rarement vu mes arbitrages contestés. Et les occasions ont été rarissimes où j'ai eu à reprendre un ministre publiquement, alors que c'est aujourd'hui l'exercice familier du président de la République. Je n'ai pas vu ma majorité, son parti principal et encore moins mes ministres être amenés à se contredire comme je le vois, là encore, tous les jours. La bonne méthode est d'élaborer collectivement et ensuite d'exercer sa responsabilité…, ce qui suppose une autorité. Cependant, quand ma majorité a vraiment contesté un de mes projets, j'y ai renoncé. C'est arrivé une fois. J'avais envisagé une réforme du mode d'élection des conseillers régionaux et des parlementaires européens, et les autres partis de la majorité, craignant – à tort – d'être désavantagés, m'ont laissé clairement entendre qu'ils ne voteraient pas le texte à l'Assemblée. Je n'ai pas cherché à passer en force en utilisant le 49-3. J'ai retiré le projet, car je voulais que ma majorité se sente respectée.

Dans cette « méthode Jospin » le Parlement tient une place importante. Vous l'avez utilisé comme une tribune régulière. C'était pour vous non seulement une manière de vous adresser à votre majorité et plus largement aux parlementaires, mais aussi de vous adresser aux Français plus généralement… et parfois même au président de la République.

Je vous rappellerai d'abord que j'avais interdit à mes ministres le cumul des mandats. On ne pouvait pas être ministre et diriger un exécutif local, fonction aujourd'hui absorbante. Les membres du gouvernement étaient en mesure de se consacrer pleinement à leur tâche et d'être disponibles pour le dialogue avec le Parlement. C'était une bonne novation qui nous rapprochait des autres grandes démocraties. Je regrette qu'on soit revenu en arrière. Et je me réjouis de voir le Parti socialiste envisager de reprendre cette démarche.

J'avais deux raisons de valoriser le Parlement. Une raison de principe d'abord : pour l'exécutif, respecter le législatif est à la base même de la République. Et une raison plus politique : mon gouvernement et moi-même nous situions sur le versant parlementaire du régime de la Vᵉ République. À l'Assemblée se trouvait la majorité dont je tirais chaque jour ma légitimité, et là reposait ma force politique. Je veillais sur elle, je l'associais, je la respectais et, si nécessaire, je la mettais devant ses responsabilités. J'ai indiqué d'entrée de jeu aux partis et aux groupes de la majorité qu'il y avait deux votes fondamentaux sur lesquels ils ne sauraient être défaillants : le vote du budget de l'État et celui du budget de la Sécurité sociale. Sans leur adoption, naturellement, nous ne pouvions pas gouverner. Les responsables de la majorité savaient que si sur ces deux points leur soutien venait à manquer, le jour même je devrais démissionner.

Cela a failli se produire… Vous avez dû taper du poing sur la table avec les communistes après qu'ils ont, une année, exprimé leur intention de ne pas voter le budget de la Sécurité sociale.

J'ai plutôt mis les points sur les *i*. J'ai rappelé la règle fixée dès le début, et tout est rentré dans l'ordre. Sans doute parce que cette majorité se savait estimée. Nous dialoguions avec ceux qui la représentaient et j'ai observé pendant cinq ans l'engagement pris de ne jamais utiliser l'article 49-3 de la Constitution, celui qui permet, face à une majorité qui renâcle, de faire adopter sans vote formel un projet de loi. J'ai toujours respecté le Parlement. C'est pourquoi je tenais à être constamment présent aux questions d'actualité, répondant souvent moi-même aux députés de la majorité comme de l'opposition, opposition que je n'ai jamais traitée avec indifférence.

On avait même l'impression que vous preniez plaisir à vous exprimer à l'Assemblée.

C'est vrai. Nous avons revalorisé le Parlement, lieu du débat et de décision politique. À cette époque, je rencontrais beaucoup de Français qui me disaient écouter avec un vif intérêt les questions d'actualité et certains grands débats à l'Assemblée nationale, parce qu'il s'y passait véritablement quelque chose. Nous nous prêtions à un bon exercice de démocratie.

Il paraît que l'opposition au Parlement redoutait parfois vos réponses.

J'étais loin d'être le seul à savoir répondre. Au début de la législature, quand se sont établis les rapports entre le gouvernement, sa majorité et l'opposition, la capacité de nombre de mes ministres à intervenir avec vigueur et talent a été décisive.

S'agissant de la politique économique, on a affirmé que le gouvernement Jospin avait privatisé beaucoup plus que le gouvernement Chirac-Balladur entre 1986 et 1988. Cette

politique de privatisation ou d'ouverture de capital, comme on disait à l'époque, n'a-t-elle pas posé des problèmes à l'intérieur même de la majorité et avec les communistes en particulier ?

Il est absurde de dire que nous aurions privatisé plus que le gouvernement Chirac et jamais aucun chiffre n'a été apporté à l'appui de cette affabulation trop souvent reprise. Pour Édouard Balladur, ministre de l'Économie, des Finances et des Privatisations (!), il s'agissait de revenir sur les grandes nationalisations opérées par la gauche en 1981, 1982 et 1983, de restituer au secteur privé des pans entiers de l'industrie, de la banque et des assurances, qui plus est en constituant des « noyaux durs » confiés à des amis du pouvoir dans les milieux d'affaires. Nous n'avons rien fait de semblable. Hormis le Crédit lyonnais que des engagements pris par des gouvernements antérieurs auprès de la Commission européenne nous obligeaient à privatiser – sous peine de voir cette banque liquidée –, nous n'avons pour l'essentiel procédé qu'à des ouvertures de capital d'entreprises qui restaient à majorité publiques.

Alors pourquoi ces ouvertures du capital à Air France, à l'Aérospatiale ou à France Télécom ? Pour obéir à des impératifs industriels. Dans le cas d'Air France, l'ouverture était indispensable pour pouvoir constituer une alliance avec une très grande compagnie de l'autre côté de l'Atlantique. Si nous n'avions pas réussi ce partenariat américain (avec Delta Airlines), puis européen (avec KLM), Air France aurait couru le risque d'être laminé par la concurrence. Jean-Claude Gayssot, ministre communiste de l'Équipement et des Transports, homme réaliste, averti des réalités industrielles, a compris et contrôlé ce processus. Pour constituer EADS à partir de l'Aérospatiale, nous avons opéré une ouverture vers des entreprises privées, notamment le groupe Lagardère, parce que sinon le potentiel même de l'Aérospatiale et d'Airbus risquait de nous échapper, les Allemands se tournant vers une alliance privilégiée avec les Britanniques. EADS a pu lancer ensuite l'A 380 et a su se redresser dans plusieurs domaines grâce à ces décisions. Des nécessités du même type nous conduisirent, avec l'accord du personnel, à ouvrir le capital de France Télécom, et il faut seulement regretter que l'équipe dirigeante de l'époque ait mal conduit sa stratégie d'investissement à l'étranger. Ce sont des choses qui arrivent, malheureusement.

Dans le domaine économique et social, l'essentiel n'a d'ailleurs pas consisté en des ouvertures de capital. Nous avons mis en œuvre les grands engagements annoncés dans ma déclaration de politique générale : une politique économique et sociale volontariste et équilibrée, la recherche de la croissance, la priorité à l'emploi, une répartition des revenus plus équitable. Cette politique, brillamment pilotée par Dominique Strauss-Kahn, les 35 heures, les emplois jeunes, les efforts en faveur de l'éducation et de la recherche ont contribué à faire régresser fortement le chômage et à rétablir un climat de confiance dans le pays.

Vous avez finalement eu sur le plan économique une démarche beaucoup plus pragmatique qu'idéologique…

Avant tout, nous avons cherché à défendre les intérêts de la France, ceux de son industrie et de ses salariés. Quand des entreprises publiques risquaient d'être menacées si elles ne nouaient pas des alliances avec des partenaires privés, nous envisagions des ouvertures de capital. L'État ne se privait pas d'intervenir, de fixer des orientations, d'exercer des tutelles, mais nous voulions mettre nos groupes industriels en capacité de mener bataille dans la mondialisation, avec sa compétition féroce. Nous avons agi ainsi non pour des raisons idéologiques mais pour des motifs économiques, avec pour objectif l'emploi. Sur ces dossiers, je me sens absolument à l'aise, car nous avons servi les intérêts du pays sans renoncer aux idéaux de la gauche.

Vous avez évoqué les 35 heures, la réduction du temps de travail. Est-ce que, plus de dix ans après, vous ne regrettez pas

la manière dont cette réforme a été conduite ? On a souvent constaté qu'elle avait bénéficié aux cadres et aux classes moyennes en mesure de s'offrir loisirs et vacances supplémentaires davantage qu'aux salariés modestes dont les rémunérations ont été bloquées…

Mon regret, dix ans après, c'est surtout que certains socialistes ne soient pas capables de défendre une réforme emblématique, positive, qu'ils ont pourtant souhaitée, encouragée et accompagnée au plan législatif. Cela dénote chez ceux-là une faiblesse de caractère dont les effets politiques me désolent. Le premier objectif des 35 heures était l'emploi. Or la réduction du temps de travail, couplée avec une bonne politique économique, les emplois jeunes et la capacité à récréer de la croissance, a joué un rôle non négligeable dans la diminution massive du chômage. Nous avons créé deux millions d'emplois et réduit le chômage de 900 000 personnes en cinq ans, ce qui était sans précédent dans l'histoire économique française. Ainsi, le travail a été valorisé, non dans le discours, mais dans les faits. Le nombre des heures travaillées en France a été porté à son niveau record. Beaucoup plus de Français travaillaient mais chaque Français travaillait moins, ce qui me paraît avoir été un choix pertinent.

Notre objectif était d'abord économique, même si des hommes et des femmes qui travaillent durement ont aussi apprécié de récupérer du temps de repos et de loisir. Vous évoquez la question des revenus. Puis-je vous faire remarquer qu'obtenir quatre heures de diminution de travail avec le même salaire est, en soi, déjà un gain ? En outre, les années 1997-2002 sont la seule période récente pendant laquelle le rapport entre les revenus du capital et les revenus du travail s'est redressé en France au bénéfice du travail, alors que, historiquement, il se dégradait. Les 35 heures ont donc rempli leur rôle. Si j'ai un regret, limité, il concerne l'application des 35 heures à l'hôpital. Il aurait fallu prendre le temps de former et d'embaucher tous les médecins et les infirmières indispensables pour que l'hôpital ne soit pas mis sous tension. Or, les personnels hospitaliers nous demandaient que la mesure s'applique tout de suite. Sans doute aurait-il fallu gérer cette contradiction en retardant la décision.

N'y avait-il pas un autre moyen que la loi pour aller vers la diminution du temps de travail ?

Peut-être. À condition d'avoir en face de nous un patronat disposé à négocier. Si l'ancien patron du CNPF, Jean Gandois, puis le nouveau patron du MEDEF, Ernest-Antoine Sellières, nous avaient dit : « Écoutez, vous êtes le gouvernement légitime, nous savons que les 35 heures font partie de vos engagements de politique économique et de lutte contre le chômage, nous n'allons pas vous demander d'y renoncer mais nous vous suggérons de procéder autrement, de ne pas légiférer d'emblée ; laissez-nous engager des négociations avec les syndicats de salariés pour voir si une autre approche est possible », la question aurait pu se poser.

Au fond, vous dites là ce que disait Gandois lui-même…

Malheureusement, non. Le discours de M. Gandois était celui d'un homme sur le départ. À aucun moment il ne nous a fait une contre-proposition ni ne nous a suggéré une autre méthode. Il nous a tout bonnement demandé de renoncer, de ne pas passer par la loi certes, mais sans alternative. S'il y en avait eu une, nous nous serions interrogés, nous en aurions parlé avec Martine Aubry et Dominique Strauss-Kahn, puis avec le gouvernement et sa majorité, et peut-être aurions-nous pu poser les termes d'une voie différente. Mais les représentants du patronat ne nous ont laissé aucun choix.

Pourtant, dix années plus tard, on constate qu'à force de légiférer sur le temps de travail, de réformes en aménagements successifs la droite a, peu à peu, vidé de sa substance la loi sur les 35 heures de la « gauche plurielle »…

En quoi est-ce un argument contre les 35 heures ? C'est vrai, on les démantèle, sans encore oser toucher au principe. Si celui-ci était si pernicieux, il devrait être pourtant facile d'y renoncer. Moi, je constate que pendant les années où s'installaient les 35 heures pour les entreprises de plus de vingt salariés, le taux de croissance était élevé, les emplois créés nombreux, le chômage en forte diminution et notre commerce extérieur en excédent. Après 2002, on a détricoté les 35 heures et nous avons connu des déficits extérieurs massifs, des déséquilibres budgétaires considérables et une croissance faible, cela bien avant que la crise économique et financière ne nous frappe.

Quelle analyse globale faites-vous de la politique économique qui a été conduite pendant vos cinq années à Matignon ?
Je veux seulement opérer un bref rappel. Tout en faisant les 35 heures et les emplois jeunes, en réduisant le chômage et en obtenant un taux de croissance significatif, nous avons veillé aux grands équilibres économiques, passant en dessous des 3 % du produit intérieur pour le déficit budgétaire, réduisant la part relative de la dette dans le revenu national, rétablissant l'équilibre de la Sécurité sociale et obtenant des excédents de notre balance commerciale. Pour ceux qui s'intéressent aux actes et aux résultats plus qu'aux proclamations, notre politique économique et sociale – c'est vrai, moins facile à conduire dans les derniers mois en raison de la conjoncture –, a été globalement une réussite.

La croissance était-elle le résultat de votre politique ou davantage l'effet d'une conjoncture économique mondiale favorable ?
La chance n'a joué que sur un point : la mauvaise anticipation par Jacques Chirac et Alain Juppé, au moment de décider la dissolution, de l'évolution de la conjoncture économique. Pour le reste, constatons que, pendant nos années de gouvernement, la France a obtenu un taux de croissance supérieur d'un point

à la moyenne européenne et que, pendant les années qui ont suivi, de 2002 à 2007, avec un taux de croissance mondiale plutôt supérieur, elle s'est retrouvée un point en dessous de cette moyenne. Ce double écart en sens contraire mesure les mérites respectifs des politiques suivies.

L'économie et le social ont largement occupé votre action à Matignon. Mais vous avez également effectué des réformes de société.

La politique ne se réduit pas à l'économie, elle doit aussi toucher aux transformations de la société et tenter de corriger des injustices. Par exemple, créer le PACS, c'était reconnaître de nouveaux modes de vie et instaurer des rapports juridiques nouveaux, notamment, on le sait, entre personnes du même sexe. Introduire la parité, c'était obliger les partis politiques à faire leur place aux femmes dans l'action politique et aussi au moment des élections. Il n'était pas possible que la politique reste une sorte de monopole masculin.

Sur le plan intérieur, un événement dramatique se produit en Corse au mois de février 1998. Le préfet Claude Érignac est abattu en pleine rue à Ajaccio alors qu'il se rendait au théâtre. Un an plus tard, toujours en Corse, intervient la rocambolesque affaire de l'incendie de la paillote Chez Francis sur une plage d'Ajaccio. On apprendra quelques jours après que ce sont des gendarmes qui ont mis le feu à cette paillote sur instruction du préfet Bernard Bonnet. Autant d'événements qui vont placer le dossier corse au cœur de votre action alors qu'il ne constituait pas, au départ, une priorité de votre gouvernement. Vous aviez posé un préalable aux nationalistes corses en leur demandant de renoncer à la violence avant toute négociation. Finalement vous ouvrez quand même une négociation avec l'ensemble des élus corses, nationalistes compris, qui va aboutir aux « accords de Matignon ». Ceux-ci concèdent des prérogatives en matière législative à

l'Assemblée de Corse et auront comme conséquence politique la démission du ministre de l'Intérieur Jean-Pierre Chevènement en désaccord avec vos choix.

Le terrible et absurde assassinat du préfet Érignac, le 6 février 1998, nous a tous frappés de stupeur et de colère. Il m'a touché aussi personnellement car, quand nous étions étudiants, nous avions été voisins de chambre à la résidence universitaire d'Antony. Face à l'assassinat odieux d'un préfet de la République, notre volonté a été de retrouver les assassins et de veiller, dans tous les domaines, au rétablissement de l'État de droit en Corse. Nous avons mené cette politique avec vigueur, dans toutes ses dimensions, judiciaires, policières, économiques, financières et administratives. L'Assemblée nationale elle-même s'est impliquée en envoyant deux missions parlementaires dans l'île, l'une présidée par Jean Glavany, l'autre par Raymond Forni. Quant à la question des institutions de la Corse, j'avais affirmé, c'est exact, lors d'un déplacement sur place, à l'Assemblée de Corse, à l'intention des nationalistes : « Renoncez à la violence et nous pourrons ouvrir des discussions. »

Qu'est-ce qui a de ma part provoqué une évolution ? Rien qui touche aux conceptions fondamentales : le refus de toute discussion clandestine – à l'inverse de ce qu'avaient fait certains gouvernements antérieurs avec des nationalistes –, la détermination à conduire le rétablissement de l'État de droit et à poursuivre tous ceux qui commettaient des actes délictueux. Mais j'ai été amené, c'est vrai, sans réitérer publiquement le préalable de la renonciation à la violence, à prendre une initiative politique. Pourquoi ? Parce qu'une faute grave, commise par le préfet Bonnet, avait gravement atteint le crédit de l'État. Ce préfet avait en effet donné des instructions pour brûler la paillote Chez Francis, construite sans permis, qui faisait l'objet d'un contentieux. Ainsi, tout à coup, la perspective se trouvait renversée. Alors que l'État centrait sa politique sur le respect de l'État de droit, son représentant dans l'île se plaçait hors de la légalité en ordonnant de commettre un acte délictueux.

Ce retournement de situation offrait aux nationalistes, à leur discours anti-État et parfois anti-français, des arguments inattendus. Nous avons, bien sûr, immédiatement remplacé le préfet Bonnet, objet d'une procédure judiciaire. Mais ce lamentable épisode a contribué à faire resurgir dans l'île un climat d'extrême tension, avec un certain type d'attentats inquiétant. J'ai alors estimé de mon devoir de reprendre l'initiative politique. Il nous fallait bouger, de façon à redonner une perspective. Je l'ai fait, de manière transparente, en direction de tous, l'opinion étant prise à témoin et chacun pouvant juger. J'ai regretté que le ministre de l'Intérieur de l'époque, Jean-Pierre Chevènement, à qui je prêtais du sens politique, n'ait pas voulu admettre cette nécessité pourtant si politique et qu'il se soit figé sur ses positions sans accompagner le processus jusqu'au bout.

Récusant toute prérogative législative à l'Assemblée de Corse, Jean-Pierre Chevènement déclare que la loi se fait à Paris et pas dans les régions. À ses yeux, les accords de Matignon sur la Corse sortent du cadre de la République…

D'abord je rappelle que dans un certain nombre de départements ou territoires français d'Outre-mer, les élus avaient déjà obtenu un pouvoir de légiférer sur des sujets locaux. La Corse n'acquérait à son tour ce droit, j'y insiste, que dans le cadre de compétences locales. Un certain nombre de nos voisins de l'Union européenne – l'Italie ou l'Espagne par exemple – ont accordé à leurs territoires insulaires des pouvoirs bien plus étendus que ceux concédés à l'Assemblée de Corse dans notre projet de statut. Il n'y avait donc pas de motif sérieux de se braquer si l'on voulait bien placer les nécessités politiques avant tel ou tel dogme. Il est bien facile de se réclamer de la République pour éluder des problèmes graves et ne pas agir.

En passant, je vous rappelle que la Corse n'est pas la seule question institutionnelle que nous ayons traitée pendant cette période. Nous avons introduit la seule grande réforme des institutions de la Ve République depuis 1962 en faisant approuver le quinquennat par référendum. Cela nous a mis au rythme des autres grandes démocraties qui renouvellent leurs instances politiques tous les quatre ou cinq ans. Nous avons aussi, prolongeant la démarche de Michel Rocard conclue par les accords de Matignon en 1988, dégagé en Nouvelle-Calédonie, dix ans après, le nouveau compromis qui s'imposait. Par les accords de Nouméa de 1998, que je suis allé signer sur place, nous avons réglé le délicat dossier industriel du nickel, amené les communautés calédoniennes à écrire en commun une histoire de leur territoire faisant sa place au peuple canaque et franchi une nouvelle étape sur la question institutionnelle. J'espère que tout cela sera préservé, même si l'actualité m'inquiète. En métropole, nous avons poussé plus loin la décentralisation, avec la réforme de l'intercommunalité.

Avez-vous pensé que la démission de Chevènement sur le dossier corse était en fait un prétexte ? Avait-il d'autres désaccords avec vous ?
D'abord, je ne l'ai pas imaginé. Mais je suis maintenant convaincu qu'il s'est agi pour lui d'un prétexte pour tenter une aventure électorale… forcément vouée à l'insuccès. C'était la troisième fois qu'il démissionnait d'un gouvernement au milieu des difficultés.

La démission de Jean-Pierre Chevènement, l'une des personnalités fortes de l'équipe, a affaibli votre gouvernement. Son départ a eu un coût politique. Fallait-il en arriver là ? Est-ce que ça valait le coup ?
Pour moi, il y allait de l'intérêt bien compris de l'État en Corse. J'étais en responsabilité et face à un problème, il me fallait essayer de le régler. D'ailleurs, au début, j'ai cru en la bonne foi de Jean-Pierre Chevènement et à un conflit limité.

Avec le recul, comment analysez-vous les choses aujourd'hui ?
L'évolution institutionnelle que nous avons esquissée pour la Corse, en l'accompagnant d'un plan de développement économique, était intéressante et raisonnable. D'ailleurs, c'est ce qu'ont pensé nos successeurs après 2002 et c'est pourquoi le ministre de l'Intérieur, Nicolas Sarkozy, l'a reprise à son compte. Sans quelques maladresses, le référendum régional organisé par le nouveau gouvernement – après une réforme de la Constitution – aurait pu être approuvé. Le processus engagé était, à mon sens, intelligent et réaliste.

Aujourd'hui vous ne regrettez pas d'avoir lancé ce processus ?
Du point de vue de l'intérêt général, je ne le regrette pas. Sous l'angle de mon strict intérêt politique personnel, on peut considérer que cela ne m'a pas servi. Peut-être aussi fallait-il, pour réussir, avoir des interlocuteurs en Corse, notamment du côté des nationalistes, qui soient à la fois plus responsables et plus loyaux. Or cela nous a manqué. Ça continue d'ailleurs à manquer.

Jean-Pierre Chevènement et vous étiez très proches… Comment avez-vous vécu son départ ? Avez-vous essayé de le retenir ?
Je l'ai vécu dans une certaine incompréhension et avec une grande déception personnelle. Je lui ai demandé de rester à son poste. Il m'a répondu ne pas vouloir être engagé par la politique corse. J'étais prêt, à la faveur d'un changement au gouvernement, à lui proposer une autre fonction importante de façon à ce qu'il puisse demeurer avec nous. Il a tout refusé et s'est montré totalement fermé. Je croyais que c'était une fin, en réalité c'était un début.

Un premier pas vers une candidature à la présidentielle de 2002 ?
À l'évidence, oui. C'était suicidaire, et pour lui et pour la gauche.

S'agissant justement de l'élection présidentielle, vous avez engagé la réforme de la réduction de sept à cinq ans du mandat présidentiel. En procédant à cette réforme du quinquennat, est-ce que vous pressentiez à quel point elle allait modifier le fonctionnement des institutions, le rythme de la vie politique et que l'élection présidentielle deviendrait encore plus déterminante dans la vie politique ?

J'ai surtout pensé à rapprocher le rythme de notre vie démocratique de celui des autres pays européens. Un septennat, c'est trop long. Cela rend la cohabitation plus plausible, et celle-ci n'est pas a priori la meilleure combinaison pour le pays, même s'il se trouve que la période de 1997 à 2002 n'a pas desservi la France. Je souhaitais mettre de la cohérence dans notre système politique. Naturellement, si j'avais été aux responsabilités après 2002, j'aurais proposé une vraie réforme démocratique de nos institutions pour donner son plein sens à l'instauration du quinquennat.

Avec le quinquennat se pose la question de l'inversion du calendrier électoral de manière à placer le scrutin présidentiel avant les élections législatives. À l'automne 2000, vous annoncez ce projet devant le congrès socialiste de Grenoble. Vos partenaires, communistes et Verts notamment, sont surpris et se montrent pour le moins réservés. Le Premier secrétaire du PS a été mis dans la confidence quelques heures plus tôt. Pourquoi avez-vous annoncé un projet aussi important devant le congrès socialiste sans avoir préalablement consulté vos partenaires et alliés de gauche ? C'est, reconnaissez-le, une curieuse manière d'agir pour le chef de la « gauche plurielle »…

Sur ce dernier point, en effet, j'éprouve un regret. Je voulais rénover les institutions de la Vᵉ République et le quinquennat pouvait être un moyen. J'ai sans doute mal apprécié les réticences de certains de nos partenaires qui ont cru que, à travers l'inversion du calendrier électoral, je voulais présidentialiser le régime. En réalité, ma proposition d'inversion était de simple logique. Que l'élection présidentielle soit placée après les législatives résultait du hasard : la date de la mort du président Pompidou. À partir du moment où l'on rapprochait les deux élections lors de l'adoption du quinquennat, il était normal que l'élection du président ait lieu avant. Car si notre système est mixte, il reste présidentiel. D'ailleurs, je pensais que si la gauche restait unie, notre chance de gagner était grande. Mon tort a été de prendre cette initiative un peu brusquement. Oui, j'aurais dû consulter davantage.

Cela dit, le passage au quinquennat a été compris par les Français qui l'ont approuvé très largement par référendum. Pour le rythme de la démocratie, il est souhaitable que les citoyens jugent et désignent leurs responsables plus souvent. Même l'inversion du calendrier était de bon sens. Certes, on peut toujours affirmer après coup que j'avais plus de chances de garder ensemble les partis de ma majorité, qui avaient besoin des socialistes pour faire élire des députés, en maintenant en premier les législatives. Pourtant, on ne peut pas toujours se laisser guider par l'intérêt partisan et j'avais l'espoir que la majorité, dans l'élection présidentielle proche, serait à la hauteur de ses responsabilités historiques.

Le président Jacques Chirac, garant des institutions, parle à propos de votre initiative pour l'inversion du calendrier de « manœuvre politicienne »…

Cela prouve, si besoin était, que Jacques Chirac n'était pas gaulliste. Vous imaginez le général de Gaulle placer l'élection des députés juste avant celle du président de la République ? Si le président reste élu au suffrage universel, il est clair qu'il doit être désigné avant les députés.

On vous reprochait surtout de changer la règle du jeu juste avant la partie…

Pour changer la règle du jeu, il fallait un accord entre l'Assemblée nationale et le Sénat, donc entre la gauche et la droite. Cet accord s'est réalisé et, en outre, le peuple entier l'a ratifié par référendum. Ce reproche est donc infondé.

Nous voudrions revenir sur deux aspects controversés de votre politique, même s'ils ne sont pas liés : la politique d'immigration et la politique en matière de sécurité. Ainsi sur l'immigration, vous étiez à la fois critiqué à gauche par certains des partenaires de la majorité, Verts et communistes, qui vous trouvaient trop sévère, et contesté à droite par ceux qui prétendaient que vous étiez beaucoup trop indulgent ou laxiste à l'égard de l'immigration clandestine. Comment avez-vous conçu et conduit cette politique ?

Nous avons agi sans laxisme et sans démagogie, et en nous gardant bien d'amalgamer la question de l'immigration avec celle de l'insécurité. Sur l'immigration, et précisément sur la question des sans-papiers, qui était brûlante au moment des élections de 1997, nous nous sommes inspirés des réflexions de Patrick Weil, l'un des meilleurs spécialistes du sujet en France. Avec le ministre de l'Intérieur, Jean-Pierre Chevènement, la ministre de la Justice, Élisabeth Guigou et les autres membres concernés du gouvernement, nous avons mis en œuvre une politique globale, humaine et réaliste. Nous avons régularisé un nombre significatif de sans-papiers et non tous les sans-papiers. Pour cela, nous avons défini des critères fondés sur le respect des familles et la volonté d'intégration. Nous avons humanisé les conditions d'admission des étrangers sur notre territoire. Nous avons fait des efforts plus importants en matière d'intégration et amorcé ce qu'on a appelé la politique de co-développement avec les pays d'origine de l'immigration. En fait, sur cette question, un consensus s'est établi pendant toute une période, et il n'a été rompu par l'opposition qu'à la fin, pour de médiocres raisons de prospection électorale. La ligne médiane que nous avions tracée était juste.

Les Verts, à l'intérieur de la majorité et du gouvernement, demandaient la régularisation de tous les sans-papiers…
Peut-être, mais c'était une position inconséquente face à la réalité mondiale. Elle ne pouvait être comprise par l'opinion et ce n'était pas celle que j'avais proposée aux électeurs. Nous nous sommes appuyés sur des critères respectueux de la personne humaine, en prenant en compte les réalités économiques et sociales pour accueillir des étrangers, afin qu'ils puissent travailler et vivre en France dans de bonnes conditions. Quand on gouverne, on doit se préoccuper des conséquences de ce que l'on fait. On ne peut pas se payer de mots.

Et sur les questions de sécurité, êtes-vous satisfait de la politique suivie par votre gouvernement ?
Là aussi nous avons saisi le problème à bras-le-corps. Dès le colloque de Villepinte, le 25 octobre 1997, nous avons défini une politique de lutte contre l'insécurité, puis nous l'avons mise en œuvre. Il était urgent d'accroître les moyens budgétaires et d'augmenter les effectifs policiers – alors qu'on les voit diminuer aujourd'hui. Nous avons aussi conçu la police de proximité pour faire face aux délits et aux incivilités dont souffrent particulièrement les zones urbaines et les quartiers populaires.

Comme vous l'avez constaté, après les émeutes urbaines de 2005, la plupart des maires de banlieue, de gauche ou de droite, ont réclamé le retour de la police de proximité, hommage tardif à notre politique. Nous avons donc traité ces problèmes très sérieusement, comme le reste. Seulement, comme elle le faisait sur l'immigration, la droite s'est emparée du thème de l'insécurité à des fins de propagande électorale. Ce sont toujours les mêmes vieilles recettes face à la gauche au pouvoir.

La droite parle du laxisme de la gauche et des socialistes en particulier, vous reprochant de vouloir expliquer la délinquance par le chômage, les conditions sociales difficiles…

Une politique de sécurité qui ignorerait la misère sociale, le désordre urbain, l'éclatement des familles, les difficultés d'intégration pour ne croire qu'aux déviances individuelles serait une politique de gribouille. Au contraire, nous avons pris en compte ces réalités. Pour autant, la politique que nous avons conduite, avec les deux ministres de l'Intérieur, Jean-Pierre Chevènement, puis Daniel Vaillant, et les deux gardes des Sceaux successifs, Élisabeth Guigou, puis Marylise Lebranchu, a été tout sauf laxiste. Je rappelle, par exemple, que les premiers centres d'éducation fermés pour faire face à la délinquance juvénile ont été mis en place à notre époque.

Est-ce qu'il n'y avait pas un décalage entre la réalité de cette politique qui était effectivement en rupture, d'une certaine manière, avec un certain angélisme de la gauche, et la manière dont elle était perçue par l'opinion ? Y a-t-il eu incompréhension ?

C'est probable. Et puis la montée en puissance de la police de proximité a été trop tardive et, du coup, son efficacité face à l'augmentation de la petite délinquance n'a pas été sensible immédiatement. La droite s'est emparée de l'augmentation des statistiques globales de la délinquance pour instruire notre procès. Mais aujourd'hui, ce sont les violences contre les personnes qui augmentent fortement, ce qui est plus grave encore. Quant à la sécurité dans les établissements scolaires que nous avions améliorée – notamment grâce aux emplois jeunes –, elle se détériore chaque jour, tout comme les relations entre la police et les jeunes. En dépit de ses critiques passées et de ses rodomontades présentes, la droite n'a pas fait progresser la sécurité en France sur les points les plus sensibles. Cela ne l'empêche pas d'invoquer, aujourd'hui encore, cette insécurité pour justifier sa présence, alors qu'elle s'en servait hier pour réclamer notre départ. Aux Français de ne pas être dupes de ce mauvais jeu de rôles, et du poncif trompeur selon lequel la droite serait plus efficace que la gauche pour lutter contre l'insécurité.

Dans les cinq années que vous passez à Matignon, l'année 2000 est une sorte d'année charnière : les premières difficultés se font sentir, des dissensions à l'intérieur de la majorité, une sorte d'essoufflement. Les mauvais résultats des municipales de 2001 vont confirmer ce constat avec un recul général de la gauche, du Parti socialiste et encore davantage des communistes. N'avez-vous pas le sentiment rétrospectivement d'avoir raté le coche, de ne pas avoir donné un nouveau souffle, un nouvel élan à votre quinquennat à Matignon ?
Ces histoires de second souffle me font sourire. Pour les gouvernements relativement brefs (un an pour Cresson et Bérégovoy ou deux pour Balladur et Juppé), la question du second souffle ne se posait évidemment pas. En 2000, après trois ans au pouvoir, et malgré de premières dissensions dans la majorité, le gouvernement restait solide.

Au bout de trois ans, on a pourtant le sentiment que vous avez épuisé les réformes annoncées en 1997…
Ce sentiment n'est pas juste. Nous ferons encore des réformes dans la dernière partie de la législature, comme, par exemple, l'Allocation personnalisée d'autonomie (l'APA). Face au vieillissement de la population et pour les personnes âgées dépendantes, c'était une mesure importante. Il est vrai que plusieurs événements de l'année 2001, en particulier les attentats du 11 septembre à New York, vont assombrir le climat. De toute façon, ma conception de l'action politique était de gouverner dans la durée, pas de faire des effets d'annonce sans suite tous les mois, comme je le vois faire aujourd'hui. Des initiatives nouvelles à la fin du quinquennat auraient été plus aisées si la majorité était véritablement restée soudée. C'est ce qui a manqué.

En 1997, vous apparaissiez comme étant le capitaine d'une équipe avec des personnalités très fortes. À partir du moment

où elles s'en vont, évidemment ça crée un vide. On a parlé de Chevènement… Comment vivez-vous les départs successifs de Dominique Strauss-Kahn, Claude Allègre, Martine Aubry, Dominique Voynet ? Politiquement, quelles conséquences en tirez-vous ?

Je vois avec regret ces départs qui, sauf un, n'ont pas été décidés par moi. Ils n'ont d'ailleurs ni les mêmes causes ni la même signification. Dominique Strauss-Kahn est parti parce qu'il a été, pendant un temps, judiciairement mis en cause. Martine Aubry et Dominique Voynet choisissent de privilégier leur ambition locale alors que je les aurais volontiers gardées au gouvernement jusqu'au bout.

Et Claude Allègre ? Vous avez été conduit à le remplacer face à la colère du monde enseignant…

J'ai demandé à Claude Allègre de quitter le gouvernement non sans tristesse. Il avait bien travaillé sur les questions d'Éducation et de Recherche, mais son expression publique a été plusieurs fois maladroitement provocatrice et il n'a pas pu s'en relever. On ne peut espérer réussir comme ministre de l'Éducation, surtout à gauche, en dressant contre soi trop d'enseignants et de chercheurs.

Pourquoi avoir fait appel à Laurent Fabius ou à Jack Lang pour remplacer ces partants ? Ces choix donnaient une impression de déjà-vu, de retour des anciens ministres… Pourquoi n'avez-vous pas fait appel à une nouvelle génération, comme Mitterrand l'avait fait en son temps ?

Dominique Strauss-Kahn avait dû quitter son ministère, Claude Allègre ne pouvait conserver le sien. Laurent Fabius et Jack Lang souhaitaient ouvertement retrouver avec moi des fonctions gouvernementales et me l'ont fait savoir. Ils avaient la capacité de tenir deux postes devenus plus sensibles. Leur refuser aurait été mesquin. J'ai choisi le rassemblement et la sécurité.

L'une des premières actions de Laurent Fabius à Bercy est de baisser la pression fiscale, de baisser l'impôt sur le revenu. La réduction de l'impôt ne constituait pourtant pas une priorité du gouvernement de la gauche traditionnellement davantage portée à la redistribution. En cautionnant ce choix de la baisse d'impôt, n'avez-vous pas cédé à l'air du temps… et au discours de la droite ?

En soi, réduire l'impôt n'a rien d'absurde… si les circonstances le permettent et si cela peut servir l'activité économique. Nous ne l'avons pas fait au nom d'une mode. D'ailleurs, ces baisses d'impôt profitaient à tout le monde. Même ceux qui n'en payaient pas y ont gagné grâce au versement de la Prime pour l'emploi. Rien à voir avec le bouclier fiscal d'aujourd'hui qui protège les privilégiés. De toute façon, la fin du quinquennat et l'élection présidentielle ne se sont pas jouées là-dessus.

Les municipales de 2001, qui marquent en quelque sorte la fin de cette séquence 2000, sont mauvaises pour la gauche. Le PS recule, le Parti communiste également, est-ce que vous prenez ce résultat comme un signal, comme un avertissement pour la suite, c'est-à-dire pour la présidentielle qui se profile ?

J'en mesure certainement l'importance. Je regrette d'ailleurs que ces résultats n'aient pas rendu toute la gauche plus lucide et plus prudente. Rappelons tout de même que, dans ces élections, il y a eu deux succès spectaculaires à Lyon, avec Gérard Collomb, et à Paris, où Bertrand Delanoë remporte une magnifique victoire dans une capitale que la gauche n'avait jamais dirigée depuis la Commune de 1871.

Nous voudrions aborder deux ou trois dossiers de politique étrangère de votre période à Matignon, en particulier le dossier européen. Dès votre installation à Matignon, vous allez avec le président de la République au Conseil européen d'Amsterdam

où il faut adopter le fameux «pacte de stabilité», en vue de préparer la monnaie unique européenne. Ce «pacte de stabilité» est contesté jusque dans les rangs de la majorité et d'abord par les communistes. Comment gérez-vous cette difficulté?

L'affirmation de l'Europe comme une communauté économique et politique est à mes yeux l'un des faits les plus novateurs et les plus féconds du XXe siècle. Il s'est révélé plus durable que bien d'autres constructions historiques. Bien sûr, j'ai déploré le cours trop libéral de la construction européenne, mais sans que cela m'ait servi de prétexte pour tourner le dos à la perspective elle-même.

Le sommet d'Amsterdam se profile, en 1997, quelques jours après la formation de mon gouvernement et il doit effectivement entériner ce qu'on appelle le pacte de stabilité, destiné à assurer les bases de la future monnaie unique. Dès mon arrivée au pouvoir, Dominique Strauss-Kahn et moi-même négocions, notamment avec des gouvernements sociaux-démocrates, et nous obtenons des avancées dans le sens de la croissance et dans le domaine social. Quant à l'euro – nous en avons déjà parlé –, je suis convaincu dès cette époque qu'il sera une bonne mesure pour l'Europe et pour la France. Nous en avons eu la confirmation près de dix ans après, car la monnaie unique nous a préservés des conséquences monétaires de la crise économique et financière actuelle. Sans elle, nous aurions connu en Europe des dévaluations en cascade.

Notre politique européenne, vous le savez, n'en est pas restée là. Il y a eu les grandes avancées industrielles, telles la réalisation d'EADS dans l'aéronautique et le spatial, de beaux projets technologiques avec Galiléo, l'amorce d'une politique européenne de défense, bien oubliée depuis; l'adoption de la charte des droits fondamentaux qui rappelle les valeurs et les principes de la civilisation européenne; des propositions de régulation pour l'économie mondiale, surtout faites par mon gouvernement; l'engagement armé assumé pour contrer l'épuration ethnique au Kosovo ; et même, finalement, le traité de Nice, qui fut critiqué mais aussi utile pour servir de base juridique à l'Union pendant la longue attente de l'adoption du traité de Lisbonne.

Vous étiez quand même, vous socialistes, partisans d'un accroissement du pouvoir des politiques, des gouvernements, par rapport à la Banque centrale européenne... C'est même l'une des demandes avancées par les socialistes français, comme un préalable à l'entrée dans la monnaie unique...
Comme Premier ministre, je n'ai pas remis en cause le principe de l'indépendance de la Banque centrale européenne. Je ne le pouvais pas. Ce principe résultait du traité de Maastricht approuvé en France par le référendum de 1992 et ratifié par tous les États européens. Par contre, je n'ai jamais cru que l'indépendance de la Banque centrale valait garantie de bonne gestion. La preuve : Jean-Claude Trichet, son président, qui prêchait l'orthodoxie aux gouvernants, n'a pas assez veillé, avec ses pairs, au respect par les banques privées des règles de bonne gestion et il ne nous a pas alertés contre les risques de la récente crise financière. J'ai toujours pensé qu'un dialogue constant s'imposait entre l'autorité monétaire et les autorités économiques, c'est-à-dire entre la Banque centrale et les gouvernements.

Face à la crise d'aujourd'hui, ce dialogue s'est inévitablement noué. Le gouverneur Trichet, si sourcilleux sur son indépendance, s'est rapproché des gouvernements parce qu'il fallait sauver le système financier. Il a bien fait. Cette action concertée qu'on a improvisée en catastrophe face à un désordre exceptionnel, on doit être capable de la reproduire posément dans les temps ordinaires. Le problème n'est pas de remettre en cause l'indépendance de la Banque centrale – il faudrait pour cela obtenir l'unanimité en Europe –, il est de faire en sorte que les gouvernements, et particulièrement les ministres de l'Économie et des Finances, en charge des politiques économiques, et la Banque centrale européenne, responsable de la politique monétaire, dialoguent véritablement pour conduire en cohérence la politique économique et monétaire de l'Union. Ils n'ont pas besoin pour ce faire de s'interpeller sur la place publique.

Comment expliquez-vous le décalage qui existe entre la réalité de cette politique européenne, ces progrès et ces réalisations dont vous venez de parler, et d'une certaine manière l'absence de perception qu'en a l'opinion ? On constate ce décalage constant entre les élites européennes qui avancent et puis ces réticences, pour ne pas employer un mot plus fort, de l'opinion.

Les réticences de l'opinion, on les a mesurées dans le vote d'extrême justesse du traité de Maastricht, puis dans le rejet du traité dit constitutionnel en 2005. Mais ces réticences et ce scepticisme portent moins sur les mérites ou les défauts des textes qu'on soumet aux peuples européens que sur des constats plus profonds : l'Europe a été depuis vingt ans une zone de croissance faible, elle n'a pu empêcher la montée du chômage, elle a peu encouragé les progrès sociaux, elle a été passive face aux désordres de la globalisation. En somme, elle n'a pas assez exprimé de volonté. Un décalage s'est donc créé entre une large partie de l'opinion et ce que vous appelez les élites. Sans remettre en cause le projet européen – ce qui serait folie – il faut très sérieusement en revoir le contenu, si l'on veut qu'il parle à nouveau aux Européens.

Autre aspect de la politique étrangère. Votre voyage en Israël et dans les territoires palestiniens au mois de février 2000, où a lieu l'incident de Bir Zeit, l'université près de Ramallah. Des étudiants palestiniens, ulcérés que vous ayez qualifié de « terroristes » certaines attaques du Hezbollah la veille dans une conférence de presse, vous agressent violemment, vous jettent des pierres et vous êtes légèrement touché à la tête. Le président Jacques Chirac est à Paris et parle d'un

dérapage du Premier ministre et essaie de vous joindre. Il fait savoir qu'il vous convoque à l'Élysée dès votre retour. Or vous n'y allez pas. Comment analysez-vous aujourd'hui cet incident et aussi les conséquences qu'il a pu avoir sur votre relation avec le président de la République ?

Peut-on imaginer que le président de la République, qui ne s'était pas montré solidaire dans cette occasion un peu dramatique, croie pouvoir me convoquer à l'Élysée ? En atterrissant, au retour d'Israël, je me rends directement chez des amis où je retrouve ma femme pour fêter les quatre-vingts ans du philosophe Paul Ricœur. Le président m'y joint au téléphone et je décline sa convocation déplacée. Nous nous retrouverons plus tard pour notre rendez-vous habituel. Quant à l'incident de Bir Zeit lui-même, il m'a rappelé à quel point, au Proche-Orient, les mots peuvent servir de prétexte à la violence. Sans doute aurais-je dû être plus circonspect.

Vous regrettez aujourd'hui d'avoir employé ces mots ?

À cause du contexte, oui. Mais il y a aujourd'hui des préoccupations plus poignantes : les violences entre Palestiniens, les tirs contre Israël, la brutale disproportion des répliques de cet État, le naufrage de l'espoir de paix né il y a quinze ans dans la région. Tant que la sécurité d'Israël ne sera pas garantie et que l'existence d'un État palestinien viable ne sera pas assurée, on verra dominer la passion, le fanatisme, celui-là même qui m'a effleuré le cuir, ce jour-là. Seule une renonciation réciproque à la violence et à la domination permettra de retrouver un jour un espoir.

Qu'avez-vous ressenti lors de cet incident à l'université de Bir Zeit ? Avez-vous eu peur ?

Peur, non, même si le danger était là. Ma seule préoccupation était de rester droit, de ne pas avancer plus vite qu'il n'était nécessaire en rejoignant la voiture dans laquelle je devais monter, et sur laquelle sont tombées des pierres de plus en plus lourdes. Je suis sorti de ce guet-apens sans dommage, grâce au sang-froid de ma sécurité et de celle de l'Autorité palestinienne, laquelle était sans doute autant visée que moi ce jour-là par certains extrémistes. En tout cas, Yasser Arafat, mon hôte, lui, s'est montré solidaire. Me recevant quelques heures plus tard, il a symboliquement posé ses lèvres sur mes cheveux près de l'endroit où apparaissait une légère blessure. J'ai été surpris et touché par ce geste.

Comment se sont passées les retrouvailles avec Jacques Chirac, le mercredi suivant dans son bureau à l'Élysée ?
Glaciales…

Que vous dit-il ?
Il me fait des phrases sur la politique de la France au Proche-Orient, sur son nécessaire équilibre, comme si, face à une agression physique aussi dangereuse, c'était le sujet. Pas une once de fraternité, un vrai politicien.

Et vous, vous lui faites le reproche de ne pas s'être montré solidaire…
Ce n'était plus la peine. Je me préparais seulement à répondre aux questions du Parlement.

Au départ, cette déclaration, s'agissant du Hezbollah, n'était pas prévue…
Bien sûr que non. C'était une réponse improvisée à une question dans une conférence de presse. Vous savez, quand on voit l'impasse tragique dans laquelle s'enfoncent la relation entre Israël et les Palestiniens et aussi les rapports interpalestiniens, honnêtement, ce qui s'est passé à Bir Zeit ne reste pour moi qu'une minuscule cicatrice.

Vous avez été le Premier ministre qui a pratiqué le plus longtemps la cohabitation – cinq ans –, on pourrait donc dire que

vous en êtes le meilleur expert ! Aujourd'hui, avec le recul, qu'est-ce que vous pensez de ce fonctionnement institutionnel, de cette pratique que vous avez à la fois exercée et subie ? Comment jugez-vous ce que Mitterrand appelait la « coexistence institutionnelle » ?

À vrai dire, cette formule était la mienne et elle avait plu à François Mitterrand ; pourtant le mot plus familier et plus court de cohabitation s'est imposé. Cette configuration politique n'est pas la meilleure, mais elle résulte de votes successifs et contradictoires des citoyens. Je m'y suis adapté aussi bien que possible, avec pour boussole le sens de l'État et pour guide l'intérêt des Français.

La cohabitation peut être évitée si le président de la République, désavoué par les Français aux législatives, se démet de ses fonctions…

Un président de la République élu depuis peu ne se démet pas de ses fonctions. D'ailleurs, on s'est assez plaint de l'instabilité ministérielle sous la IVe République pour ne pas souhaiter l'instabilité présidentielle sous la Ve ! L'introduction du quinquennat et le rapprochement des deux calendriers électoraux laissent penser que ces séquences de coexistence institutionnelle plus ou moins pacifiques ne reviendront pas très souvent. Quant au passé, si notre cohabitation de cinq ans a eu un mérite, il fut de faire éprouver aux Français la réalité de la communauté nationale. Au-delà des oppositions partisanes, bien des points nous rassemblent et nous unissent, en particulier quand il s'agit de défendre les intérêts de la France sur la scène internationale. C'est ce ciment qui a fait tenir la cohabitation pendant cinq ans. L'inconvénient…

L'inconvénient, c'est que l'opinion a le sentiment que c'est bonnet blanc et blanc bonnet, d'une certaine manière… Il y a toujours le risque de confusion…

Derrière l'exercice commun du pouvoir et les accords affichés, une certaine hypocrisie règne et une lutte sourde se mène dans la sphère politique. Et en même temps, la cohabitation crée une confusion : on ne sait plus qui, du président de la République ou du chef du gouvernement, est responsable de la politique suivie. Ce brouillage s'est ressenti au moment de l'élection présidentielle !

Durant vos cinq années de cohabitation, vous avez pu exercer la plénitude de vos prérogatives et de vos pouvoirs de chef de gouvernement. Au bout du compte, on pourrait dire que c'est une chance pour un Premier ministre d'être en cohabitation… Vous avez sans doute été beaucoup plus libre sur les choix importants, en matière économique et sociale notamment. Un président de la République du même bord que vous aurait évidemment pris part à la détermination des grandes orientations…

Sans doute. Mais vaut-il mieux être libre et contesté par un adversaire ou sous tutelle et doté du soutien d'un ami politique ? Il faudrait sonder plusieurs Premiers ministres pour trouver la juste réponse à cette question. Et c'est sans doute la constitution de la Vᵉ République qu'il faudrait réformer…

Alors que s'annonce et se prépare la présidentielle de 2002, vous êtes interpellé à l'Assemblée nationale, au mois de juin 2001, par un député de droite, François Goulard, sur votre « passé trotskiste ». Plusieurs organes de presse dont **Le Nouvel Observateur** ***et*** **Le Monde** ***viennent de rappeler ou de révéler que durant de longues années vous avez appartenu à une organisation trotskiste. Vous choisissez de répondre à l'Assemblée nationale et de dire qu'effectivement pendant quelques années vous avez fréquenté des militants trotskistes. Pourquoi l'avoir dit aussi tard, pourquoi le faire là, un an avant l'élection présidentielle ?***

Effectivement, je peux me reprocher de ne pas l'avoir dit plus tôt. J'ai hésité et je ne l'ai pas fait. Vous savez, on n'a pas forcément envie de parler de quelque chose qui a été vécu dans la clandestinité, et qui est révolu. Et je n'aimais pas qu'on veuille me forcer à me raconter. Peut-être était-ce aussi pour être tranquille. Je l'ai été… un temps.

Le fait que vous évoquiez ce passé politique jusque-là nié avant de vous engager dans la campagne présidentielle était-il lié dans votre esprit à l'échéance présidentielle ?
Non. C'est la presse qui a évoqué cette question, pas moi. Je me suis contenté de réagir et d'expliquer le sens de cet engagement passé. Cela n'a pas eu, à mon sens, d'effet sur l'opinion. D'abord, avoir été trotskiste n'a rien d'infamant. Et puis, les Français m'avaient éprouvé comme jeune responsable et leader socialiste, puis comme ministre et chef de gouvernement. Ils savaient à quoi s'en tenir.

Vos amis ont-ils été surpris de cette « révélation » ?
Certains l'ont été, d'autres pas. En tout cas, pour tous, j'étais avant tout le compagnon socialiste de trente ans.

Le 11 septembre 2001 se produisent les terribles attentats contre les Twin Towers à New York[1]. La lutte contre le terrorisme accapare les dirigeants de la planète. En France aussi, la menace terroriste, la sécurité occupent l'actualité et reviennent dans le débat politique. Quelle est votre réaction, comment vivez-vous ces attentats ?
Ils me stupéfient. Ce jour-là, Nicole Baldet, la responsable de mon secrétariat particulier, surgit dans mon bureau et me dit d'une voix blanche : « Il y a un avion qui vient de heurter une des Twin Towers à New York. » Elle allume la télévision

1. Attentat revendiqué par Al-Qaïda. Deux avions, détournés par des kamikazes islamistes, s'encastrent dans les Twin Towers de New York qui s'effondrent peu après, un troisième avion s'écrase sur le Pentagone tandis que le quatrième, dont les passagers et l'équipage ont essayé de reprendre le contrôle, tombe en rase campagne en Pennsylvanie. Au total, près de 3000 morts.

et, quelques minutes après, je vois un deuxième avion percuter l'autre tour. Il est clair qu'il ne s'agit pas d'un accident. On ne peut douter de ce que l'on voit, et pourtant cela semble irréel. Dès qu'est confirmée la nature de l'attentat, j'exprime, comme le président, notre amitié et notre solidarité aux autorités et au peuple américains. Mon gouvernement prend immédiatement des mesures de sécurité et de précaution : activation du plan Vigipirate renforcé, mise en alerte d'avions de chasse, protection de sites sensibles, interventions dans les aéroports. Dans les jours et les semaines qui suivent, nous déployons un dispositif considérable de sécurisation. Je mesure, non pas que le monde a basculé – je ne crois pas à cette thèse –, mais que nous sommes entrés dans une phase nouvelle et extrêmement grave du terrorisme. Je crains aussi que les États-Unis en soient changés : une si grande puissance ne se laisse pas défier sans répliquer durement. Leur attaque rapide et en pleine légitime défense contre Al-Qaïda dans le sanctuaire taliban en Afghanistan était justifiée, nous l'approuverons. Les autres conclusions tirées par l'administration Bush et qui déboucheront sur la guerre en Irak seront malheureusement désastreuses.

7

Le 21 avril et la suite…

Drôle de campagne – Le choc du premier tour – Les raisons d'une défaite – Une croisade antifasciste – La vie après – L'avenir du socialisme.

Vous annoncez votre candidature à la présidentielle le 20 février 2002. Dans quel état d'esprit abordez-vous cette campagne ?

L'atmosphère s'est alourdie depuis l'automne : attentats du 11 septembre aux États-Unis, explosion meurtrière d'AZF à Toulouse[1], tuerie à la mairie de Nanterre où un forcené abat et blesse des membres du Conseil municipal. Or la gauche aborde l'élection présidentielle dans un climat d'optimisme mou et d'étourderie, comme si elle ne mesurait pas la difficulté de sa tâche. À première vue, le bilan du gouvernement est bon, les sondages plutôt favorables. Le président sortant, Jacques Chirac, n'est pas dans la position de François Mitterrand à la veille de l'élection de 1988, il ne domine pas. Mais le paysage politique est contrasté. Nous sommes forcément touchés, comme le président d'ailleurs, par l'usure du pouvoir et, on l'a dit, par une cohabitation qui brouille les lignes. La droite est décidée à entretenir et à exploiter sans vergogne l'inquiétude des Français en matière d'insécurité. Par ailleurs, la remontée légère du chômage en fin de période ternit le bilan remarquable de notre

1. Le 21 septembre 2001, l'usine chimique AZF (Azote Fertilisants), près de Toulouse, est détruite par l'explosion d'un stock de nitrate d'ammonium, entraînant la mort de 30 personnes, faisant 2500 blessés et de lourds dégâts matériels.

action pour l'emploi. Malgré tout, le sentiment sous-jacent qui s'installe à gauche est qu'elle va sûrement gagner.

Un sentiment que vous partagez ?
Je ne suis pas aussi optimiste. La victoire ne me semble pas impossible, mais je sais que l'élection sera difficile, car je ressens le poids des divisions à gauche et je n'oublie pas que la victoire de 1997 n'avait pas été si large. Dans notre pays, la gauche gagne rarement. Pour l'emporter à nouveau, elle devait absolument préserver deux atouts essentiels : d'une part la qualité de son bilan – or elle va parfois le critiquer, souvent le chipoter, et rarement le défendre – et d'autre part, son unité, afin de présenter aux Français des perspectives nouvelles communes en ne dispersant pas son électorat entre trop de candidats – or elle en présentera deux de plus qu'en 1995. Les données du combat électoral vont m'apparaître bientôt si aléatoires que je m'en ouvrirai à l'automne 2001 au Premier secrétaire du Parti socialiste en évoquant la possibilité de ne pas être candidat dans de telles conditions.

Que sort-il de ces inquiétudes que vous formulez ?
Rien. Le souci de François Hollande a été surtout d'insister auprès de moi sur le caractère indispensable de ma candidature. Naturellement, le bon sens politique et l'intérêt de la gauche commandaient de reconduire le dispositif à trois candidats de la présidentielle de 1995 : un communiste, un écologiste et un candidat socialiste, radical et républicain. Mais tout cela va buter sur l'ambition chimérique et agressive de Jean-Pierre Chevènement et le vif désir de figurer de Christiane Taubira.

Avez-vous tenté, devant la multiplication des candidatures à gauche, de faire renoncer Jean-Pierre Chevènement et Christiane Taubira ?
Pour le premier, à l'évidence, cela n'aurait servi à rien. Il préférait chercher fortune à droite auprès de Philippe de Villiers

et clamer que Chirac et Jospin, c'était la même chose. En outre certains sondages sur les intentions de vote, un temps, l'ont fait naïvement rêver. Concernant Christiane Taubira, j'ai rencontré le président de son parti, Jean-Michel Baylet. Pour lui, le Parti radical de gauche devait présenter un candidat puisque les autres partis de la majorité plurielle le faisaient

Vous pensiez donc que ce serait difficile. Que la victoire n'était pas acquise ?
Je savais que les choses seraient difficiles. J'avais du mal à comprendre l'état d'esprit de nos partenaires de gauche à ce moment-là. Car ils espéraient gagner et ils ne pouvaient compter que sur moi au deuxième tour pour assurer la victoire ; mais en même temps, au premier tour, chacun voulait prélever sa dîme, sa part de voix, entraînant par là même mon affaiblissement. Cette attitude inconséquente a abouti au résultat que l'on sait : mon élimination au premier tour. Aujourd'hui, la gauche ne s'est apparemment toujours pas remise de ce coup de massue. Et elle reste, malheureusement, enfermée dans ses divisions.

Dans les jours qui précèdent le premier tour de scrutin, est-ce que vous sentez un effritement ? Au vu des sondages avez-vous le sentiment que les choses se détériorent pour vous ?
Vous savez, j'ai peu de goût pour le ressassement. Ce qui est fait est fait ! À l'époque, je pense que ça peut passer, d'un rien. Cette étrange élection présidentielle n'a pas d'équivalent sous la Ve République. Ce fut une élection à un seul tour ! Le deuxième sera en effet une pseudo-cérémonie antifasciste à gauche et une formalité politique à droite pour Jacques Chirac qui, partant de moins de 20 % des voix, sera élu avec plus de 80 %. Quant au premier tour, il s'est réduit à une sorte de piétinement, comme un moment d'attente du deuxième tour. Jacques Chirac, qui n'a guère de bilan, se montre hésitant et moi-même je suis incertain, car l'atout central qui devait être le mien dans cette campagne – m'appuyer sur une gauche rassemblée,

défendant le travail accompli et ouvrant ensemble des perspectives communes – m'est dérobé. En même temps, comme j'espère réunir cette gauche au second tour, je ne peux pas, brutalement, mettre chacun devant ses responsabilités, attaquer ceux qui ont été mes partenaires et dont j'aurai besoin pour l'emporter. Je suis moi aussi, beaucoup trop sans doute, dans l'attente du deuxième tour. Ainsi, l'élection va se réduire à un seul tour qui, lui-même, ne remplira pas son office : désigner pour le duel final le champion de chaque camp. Cette élection est, pour nous, un motif de tristesse et, pour beaucoup, de regrets car la France n'a rien gagné à cette reconduction de la présidence Chirac.

Sur le déroulement de la campagne, n'y a-t-il pas eu des épisodes ou des propos que vous auriez pu éviter ?
On fait forcément des erreurs. J'en ai fait. Mais je ne crois pas qu'elles donnent la clé de ce premier tour. C'est pourquoi il ne sert à rien de les ressasser. Car nous allons à la défaite, sans le savoir bien sûr, quand nous laissons bêtement se dissoudre, sous les yeux des Français déconcertés, la construction politique que nous avions intelligemment construite et qui avait pourtant produit de la belle ouvrage.

Au-delà de l'explication fondamentale sur la dispersion de la gauche, vous avez tout de même, vous, Lionel Jospin, une part de responsabilité dans cette défaite…
Naturellement, c'est d'ailleurs pourquoi je l'ai assumée. Je pense avoir surestimé le rejet de Jacques Chirac, même s'il a fait moins de 20 % au premier tour, alors qu'il était le président sortant. J'ai surestimé aussi l'approbation de notre bilan, de mon bilan, de la part des Français. À l'inverse, j'ai sous-estimé l'impact qu'aurait la division de la gauche et donc mal évalué le risque du premier tour. Si bien que ma campagne n'a pas été assez offensive et peut-être pas assez personnelle.

Mais quelle est la part personnelle que vous estimeriez dans cette défaite du 21 avril ?
Par définition, elle est entière.

Quand on vous annonce le score, vers 19 heures le soir du 21 avril, c'est un choc complet, vous ne vous y attendiez pas du tout ?
Non, je ne m'y attendais pas. Oui c'est un choc. Ma réaction immédiate est d'annoncer mon retrait de la vie politique. Je n'exercerai plus de mandat électif ni de fonction au sein de mon parti.

Ça, c'est une décision que vous prenez dans l'instant... ?
Elle s'impose à moi. D'abord, d'une défaite aussi grave, je dois prendre clairement la responsabilité. Ensuite, l'inconséquence de la gauche dans cette élection me pousse à y réintroduire de la gravité. Je dois cela à la démocratie. Joue peut-être aussi un réflexe politique : en provoquant un choc dans l'opinion, j'offre plus de chances aux socialistes de figurer honorablement dans les élections législatives qui suivent. De fait, ils auront près de trois fois plus de députés qu'en 1993. Je termine ma mission à Matignon. Je m'abstiens d'apparaître à l'occasion du second tour de la présidentielle. D'ailleurs, il n'y a pas de campagne. En outre, je trouve ridicule la manière dont l'ensemble de la gauche, extrême gauche comprise, se rallie bruyamment à Jacques Chirac, sous le prétexte d'une croisade antifasciste. Tout odieux que soit le Front national, il n'y avait pas en France de menace fasciste et la victoire du candidat de droite était absolument certaine, sans onction socialiste.

Étiez-vous opposé à ce ralliement à Jacques Chirac et à cette forte mobilisation contre l'extrême droite ?
Faire barrage à Le Pen allait de soi pour le peuple français. Il n'avait pas besoin du lyrisme masochiste d'une gauche défaite pour y veiller. Quand le vin est tiré – même aigre – il faut sans

doute le boire. Mais on n'est pas obligé de le déguster avec des signes de satisfaction. Pour ce qui me concerne, je me suis borné à assumer ma responsabilité gouvernementale jusqu'au résultat de l'élection présidentielle, puis j'ai remis selon l'usage ma démission au président de la République. J'éprouvais un sentiment de gâchis, mais j'espérais au moins que le choc de mon départ servirait les socialistes. J'entendais laisser la place à une génération plus jeune pour qu'elle fasse ses preuves.

Vous n'avez jamais regretté cette décision d'abandonner l'action politique ? Certains socialistes, responsables ou simples militants, vous ont reproché, vous le capitaine, d'avoir abandonné le navire en perdition…

Quel navire ? À cette époque, mon rôle n'était plus de diriger le Parti socialiste, lequel avait depuis cinq ans un autre Premier secrétaire. Ma mission à moi était de conduire la gauche à la victoire présidentielle. Et là, on pourrait dire plutôt que l'équipage de la gauche a abandonné son capitaine…

Quand vous prenez cette décision, immédiatement après avoir pris connaissance du résultat du premier tour, est-ce que, autour de vous, quelques proches, quelques responsables du PS cherchent à vous dissuader ?

Oui, bien sûr. De toute façon, personne ne pouvait décider à ma place.

Finalement, au deuxième tour Jacques Chirac l'emporte avec 82 % des suffrages. Un score unique dans les annales. Pensez-vous qu'il aurait pu faire autre chose de ce score écrasant ?

Peut-être. Il aurait pu être plus politique, plus élégant, à l'égard d'une gauche qui avait beaucoup contribué à sa si singulière victoire…

L'idée d'un gouvernement d'union nationale vous paraissait-elle absurde ? Sans doute des personnalités de gauche auraient pu répondre à un appel en ce sens du président de la République...

On peut réunir 80 % des voix sans proposer une union nationale. Après tout, nous n'étions pas en guerre et, s'il y a eu un traumatisme, il ne concernait que la gauche. L'union nationale, c'est-à-dire le gouvernement de la droite et de la gauche rassemblées, a été rare en France. Cela ne s'est produit qu'une seule fois, avec « l'Union sacrée », pendant la Première Guerre mondiale. À la Libération, dans les gouvernements tripartites (PCF-SFIO-MRP), personne ne se réclamait de la droite. En 1958, la plus grande partie de la gauche était opposée à de Gaulle. L'union nationale n'a de sens que dans des circonstances exceptionnelles, lorsque toute la Nation, dans ses différentes composantes, croit devoir se réunir. Une occasion gâchée par la gauche, un triomphe électoral sans signification pour Jacques Chirac, c'était des circonstances plus extravagantes qu'extraordinaires !

Vous avez annoncé que vous vous retiriez de la vie politique active au soir du 21 avril. Or, vous allez au fil des mois vous exprimer publiquement. On a peu à peu le sentiment, à tort ou à raison, que votre retour à la vie politique n'est pas totalement exclu.

Dans mon esprit, la décision de me retirer de la vie politique active est définitive. Quand, plusieurs mois après le 21 avril, j'apporte dans un long article du *Monde* mon analyse de ce qui s'est passé, c'est aussi pour expliciter le sens de mon retrait. Ensuite, je m'exprime peu. Sauf quand des points majeurs de la politique que j'ai menée au gouvernement sont mis en cause ou quand des questions fondamentales sont évoquées, comme celle de l'Europe au moment du référendum de mai 2005 sur le traité européen. C'est ma façon de dire que, si j'ai quitté la vie politique, je n'ai pas abandonné mes convictions de socialiste ni renoncé à mes droits de citoyen. Des droits dont je n'abuse d'ailleurs pas.

C'est tout de même étrange, paradoxal même, une personnalité retirée de la vie politique… qui continue à s'exprimer à intervalles réguliers, à dire son point de vue sur tel ou tel dossier, écrire un article. Ce n'est pas tout à fait ce qu'on imagine s'agissant d'un responsable politique retiré !

Vous trouvez ? Sauf à contester mon droit d'expression, je ne vois pas où est le paradoxe. Tout autre aurait été un retour effectif en politique. Si j'avais désiré me faire élire au Sénat, cela n'aurait pas été malaisé. Si j'avais souhaité revenir au sein de la direction du PS, on ne me l'aurait pas refusé. Si j'avais voulu préparer un retour, ou être un recours, je me serais comporté tout autrement. J'ai simplement écrit un livre, *Le monde comme je le vois*[1], à l'automne 2005.

Précisément, il ne s'agissait pas de n'importe quel livre. Il contenait des propositions…

Avancer une réflexion sur l'état du monde, parler de grandes questions touchant la France, n'était-ce pas justement ce qu'un homme comme moi, à ce stade de sa vie, pouvait faire ?

Il n'y avait donc pas d'arrière-pensée chez vous ? Vous ne pensiez pas du tout à la prochaine présidentielle, qui aurait lieu dans deux ans ?

Non, il n'y avait pas d'arrière-pensée. L'interrogation à mon propos surgira plus tard, dans un nouveau contexte, en raison de la difficulté des socialistes à régler dans de bonnes conditions la question de la candidature à l'élection présidentielle de 2007. Dans mon livre de 2005, je décris les dangers de la financiarisation de l'économie, j'évoque notamment la menace que fait peser l'endettement américain sur l'équilibre financier

1. *Le monde comme je le vois*, Gallimard, 2005.

du monde, je désigne une caste de privilégiés, que j'appelle la « nouvelle aristocratie ». Trois ans avant la crise, ces réflexions n'étaient pas, semble-t-il, dépourvues de pertinence. Je m'intéressais toujours à mon pays, je conservais mes attaches avec le socialisme, j'avais encore le goût des idées. Qu'est-ce qui m'interdisait de m'exprimer ?

Ce livre mais aussi vos diverses interventions laissaient penser que vous étiez intéressé par les prochaines échéances.
Heureusement ! On peut s'intéresser à l'avenir de son pays sans demeurer dans la poignée de ceux qui peuvent prétendre à l'élection présidentielle ou qui en rêvent. J'ai exercé ma liberté de réflexion, et je la garde encore aujourd'hui. Vous avez souhaité cet échange avec moi et pourtant vous ne m'escomptez pas à la prochaine élection. Non ?

On ne sait jamais...
On sait toujours.

Ne pensez-vous pas qu'il pouvait y avoir des circonstances exceptionnelles qui auraient pu vous faire revenir sur votre décision d'abandonner la politique ?
Peut-être. Un certain nombre d'amis socialistes l'ont souhaité. Nous nous interrogions sur l'avenir du PS, son leadership, son représentant pour l'élection présidentielle. Le chef du parti, François Hollande, pouvait être ce candidat. Il en avait les capacités. Mais, il n'a pas affirmé clairement cette volonté. Il y avait aussi d'autres postulants de poids : Dominique Strauss-Kahn, par exemple, ou Laurent Fabius. Or le Premier secrétaire n'a soutenu ni l'un ni l'autre, tout en continuant à faire mystère de ses intentions. Alors, s'est esquissée une autre hypothèse, et tous ont été pris de court par la candidature de Ségolène Royal, immédiatement et puissamment appuyée par les médias.

Elle n'était pas la candidate de votre cœur...

À vrai dire, je craignais qu'elle créât un trouble chez les socialistes, sans être en mesure de remporter une élection présidentielle qu'on s'accordait à juger gagnable en 2007. Les gouvernements de droite avaient échoué et la gauche, échaudée par la division de 2002, allait s'unir. Un bref moment, c'est vrai, je me suis interrogé sur ce que je devais faire, face à ce que je pressentais déjà comme une impasse. Pouvais-je être la solution ? Je n'en étais pas sûr. Quand j'ai vu que plusieurs candidatures s'affrontaient, j'en suis resté à ma résolution antérieure.

Et si d'aventure Strauss-Kahn et Fabius avaient renoncé, peut-être auriez-vous trouvé un espace et votre attitude aurait été différente ?

Je les ai rencontrés l'un et l'autre pour connaître leur état d'esprit. S'ils avaient renoncé en se tournant vers moi, je me serais posé la question. Ce ne fut pas le cas.

Vous avez formulé et écrit une analyse très sévère sur la campagne de Ségolène Royal…

Sans doute, mais après l'élection de Nicolas Sarkozy. Avant, pendant la campagne de Ségolène Royal, je n'ai exprimé aucune critique et j'ai donné autant de soutien que l'on m'en a demandé. Ensuite, mon analyse a été sévère, c'est vrai, dans mon livre *L'Impasse*[1] ; je n'y reviens donc pas ici. Sauf pour dire que notre candidate n'a pas perdu l'élection présidentielle à cause de la défaillance de son parti. Le PS l'a soutenue, bien qu'elle l'ait tenu en lisière ; tous les responsables socialistes et plusieurs formations de gauche se sont rangés derrière elle. Ségolène Royal a fait un score tout à fait honorable mais elle a perdu la bataille de la crédibilité face à Nicolas Sarkozy. J'en reste à ce constat aujourd'hui.

On peut dire à sa décharge qu'elle avait affaire à un très bon candidat.

1. *L'Impasse*, Flammarion, 2007.

Il a été plutôt bon candidat. Est-il un bon président ? J'en doute. Il se dit novateur dans sa façon de diriger le pays, je le trouve personnellement plutôt régressif.

Aujourd'hui, en 2009, une grave crise économique et financière frappe la plupart des pays, la France n'y échappe pas. Dans ce monde chamboulé, quel sens peut encore avoir une pensée socialiste, une vision socialiste ou social-démocrate de la société du XXIe siècle ?

Eh bien, justement, le sens d'une remise en ordre. Campons le décor. La crise économique qui secoue le monde aujourd'hui est forcément une crise du capitalisme, puisqu'il n'existe plus sur la planète d'autre mode de production. Les extravagances de la finance signent la défaite d'un capitalisme totalement dérégulé et d'un néolibéralisme économique qui a imposé ses dogmes aux activités humaines.

Quelles sont les causes majeures de cette crise ? Un énorme déséquilibre – dans un rapport de un à cinquante – entre l'économie réelle, c'est-à-dire la production mondiale des biens et services, et une sphère financière devenue gigantesque ; un écrasement des salaires par l'excès des profits ; une dérégulation générale des marchés des changes et du crédit ouvrant la voie à la multiplication des comportements spéculatifs.

Quels sont les fondements du socialisme réformiste d'aujourd'hui ? La priorité accordée à l'économie sur la finance, dans le respect des équilibres naturels ; une plus juste répartition des revenus au plan national et international ; enfin, une régulation de l'économie mondiale. La pensée socialiste n'est donc pas anachronique, elle répond aux exigences de l'époque.

Vous venez d'insister sur la nécessaire régulation de l'économie capitaliste. Le président Nicolas Sarkozy ne dit pas autre chose… sans pour autant se réclamer de la pensée socialiste.

Avec ce président, il vaut mieux ne pas s'en tenir aux discours.

Malgré les proclamations et la mise en scène d'une gestuelle volontariste, la réalité de la politique conduite en France par Nicolas Sarkozy est dérégulatrice et rogne les droits sociaux. Autoritaire en politique, le président reste adepte du laisser-faire en économie et il réserve toujours ses faveurs aux plus puissants.

Reconnaissez tout de même qu'on a du mal à voir l'originalité, la spécificité de la réponse des socialistes et des sociaux-démocrates à la crise économique mondiale et plus globalement au monde du XXIe siècle…

Avant d'évoquer la partition, parlons de l'instrument, en particulier en France. Les idées socialistes doivent être portées par un parti crédible. Sur la voie de la reconquête qu'il avait empruntée après le rendez-vous manqué de 2002, le Parti socialiste a été bloqué par son déchirement et sa défaite lors du référendum sur le Traité européen en 2005. Ensuite, il n'a pas su pacifier sa vie interne ni régler la question de son leadership. Après la défaite de 2007, malgré des réactions souvent pertinentes à la politique du pouvoir et des propositions utiles – émanant en particulier de ses groupes parlementaires –, le PS doit encore rétablir sa crédibilité comme force nationale d'alternance. Le problème, aujourd'hui, ne réside pas dans l'inactualité du socialisme mais, peut-être, dans la manière dont les socialistes font, trop souvent, l'actualité. S'ils prennent sur eux, il ne devrait pas être impossible d'y remédier.

Parfois dérouté au présent, je ne suis pas pessimiste pour l'avenir. Le courant socialiste en France n'est pas menacé d'un déclin historique comme celui qui, à gauche, a réduit peu à peu le communisme ou, avant lui, le radicalisme. Sauf à supposer que la gauche se dissolve et que l'alternance se dérobe, je ne vois pas de courant de pensée qui puisse supplanter le mouvement socialiste comme force de transformation capable de gouverner. Le mouvement écologiste doit tracer sa route à ses côtés mais ne peut le remplacer. Le socialisme démocratique reste indispensable à l'avancée de nos démocraties pour résister aux illusions du libéralisme et aux égarements du capitalisme financier.

Pour redevenir une grande force nationale, le Parti socialiste doit s'inspirer des raisons, simples, qui ont fait ses brillants succès locaux : avoir un leader, rassembler la gauche et les écologistes, proposer un projet qui réponde aux exigences du temps et puisse se décliner en actes de gouvernement.

Ce qui ramène à la partition. Quel sens a aujourd'hui le socialisme ? Quelle réponse peut-il apporter ?

Historiquement, l'influence du socialisme a été majeure. C'est sur le fondement de ses idées centrales – droits des travailleurs, protection sociale, redistribution des revenus, intervention de l'État – qu'a été édifié après-guerre le socle des sociétés développées. La vague dérégulatrice du néolibéralisme économique envahissant les années 1980 a ébranlé ce socle sans le détruire. Mieux, face à la crise économique née de la dérégulation financière, c'est dans l'arsenal de la social-démocratie que les gouvernements cherchent, sous nos yeux, les armes de leurs politiques anticrise. Seulement, ces gouvernements sont souvent de droite.

Tel est le paradoxe du socialisme démocratique, en particulier en Europe : ses idées reviennent au pouvoir, pas lui. Pourquoi ? Peut-être parce que la crise nourrit plus souvent la peur et le repliement que l'audace et le désir d'action. Mais aussi parce que les sociaux-démocrates, généralement dans l'opposition au moment où la crise a frappé, voient leurs idées rhétoriquement pillées par les conservateurs sans être en mesure d'offrir eux-mêmes une politique alternative convaincante.

Les socialistes ne trouveront pas la solution à leurs difficultés dans le ressassement idéologique ou dans la quête identitaire, sans doute pas non plus dans la seule recherche de nouvelles techniques de désignation de leur candidat, car là ne se situe pas le nœud de leur problème. Les grandes idées et les valeurs du socialisme démocratique – chacun le reconnaît aujourd'hui – ne sont ni archaïques ni obsolètes. Elles connaissent un regain de fortune qui n'est pas l'effet d'une mode mais bien le produit d'une nécessité dévoilée par la crise.

Dès lors, le défi lancé à la social-démocratie est celui de sa capacité à définir des politiques pratiques. Le socialisme a devant lui trois grandes tâches. Dans le monde : concilier le développement en grand, le bien-être des peuples et la sauvegarde de la planète. Il faut pour cela rechercher des modèles de développement qui sortent de la misère une population mondiale croissante tout en préservant la nature. Ni les dictatures attardées ni les forces à la fois modernes et régressives du fanatisme religieux, et pas même le conservatisme s'il se soumet à la froide logique du profit globalisé, ne pourront relever ce défi. Le socialisme démocratique le peut, s'il s'enrichit de l'écologie. L'Internationale Socialiste, présente au Sud comme au Nord, doit être un outil pour cette réflexion.

En Europe : dépasser la logique du marché pour restaurer une communauté de valeurs. Le socialisme, dont le berceau fut l'Europe, n'a pas à céder le pas au libéralisme économique, source évidente de désordre. Un grand marché ne suffit pas à donner du sens à la construction européenne. Une régulation et des interventions publiques sont indispensables à son équilibre. Pour retrouver ses citoyens, l'Union, ensemble organisé de nations démocratiques mettant en commun une partie de leur souveraineté, doit offrir à ses peuples une perspective de progrès fondée sur un projet de civilisation. Là aussi, le socialisme démocratique dispose d'un instrument : le Parti des socialistes européens.

Dans chaque pays, et donc pour nous en France, le socialisme doit donner des réponses convaincantes aux questions de notre temps. Celles du bien-être, de la répartition équitable des revenus, de la formation et de l'emploi pour tous bien sûr ; mais aussi celles de la sécurité des personnes et des biens, de l'immigration, des droits et devoirs de chacun, de l'identité nationale, du rôle de la France dans l'Europe et dans le monde. Le socialisme redeviendra une réponse si les socialistes, loin de se lamenter, de s'interroger et de se déchirer, se retrouvent ensemble pour penser et agir.

Au terme de vos trois décennies d'engagement et d'action politiques, arrivé à la fin de votre itinéraire politique, comment jugez-vous ce parcours ?

Si le jeune homme que j'ai été, saisi par les événements de son temps, décidé à s'y engager dans l'espoir d'en infléchir le cours sans se fixer pour lui-même d'ambition particulière, pouvait resurgir et considérer le parcours qu'il a finalement accompli, il serait, j'imagine, à la fois étonné et intéressé. J'espère qu'il se laisserait convaincre de la nécessité du chemin que j'ai choisi. Son successeur d'aujourd'hui a trois motifs de satisfaction : avoir agi selon des convictions et sans cynisme ; s'être efforcé de servir l'intérêt général ; se sentir, non pas apprécié par tous, mais aimé de certains et respecté par beaucoup.

N'avez-vous pas le sentiment d'un parcours inachevé puisque la dernière marche n'a pas été franchie ?

Au plan politique, je dirais oui. Il y a le regret de n'avoir pu gravir une marche qui était tout à fait à notre portée : à ma portée et à celle de la gauche. Et puis il y a le sentiment que, pour la France, cinq années avec moi auraient été préférables à la stagnation du quinquennat chiraquien. Elles auraient aussi ouvert des perspectives à mes successeurs de gauche. Sur le plan personnel, c'est oui et non. Oui, parce que j'aurais été fier d'incarner la France et de représenter les Français ; non, parce que j'ai la chance de pouvoir vivre heureux hors de toute fonction politique.

Vous n'êtes pas, par moments, hanté par l'idée que vous auriez pu être président de la République ? Cette interrogation revient dans vos rêves ou plutôt vos cauchemars ?

Non, ça ne me hante pas, même quand, très rarement, je vais à l'Élysée… En revanche, la nuit, je rêve souvent de meetings, de réunions, de rencontres politiques, de visages. Et ce sont des rêves en général agréables…

Est-ce que vous estimez que le Lionel Jospin d'aujourd'hui est resté fidèle au jeune Lionel d'il y a cinquante ans ?
Oui, dans une métamorphose nécessaire, à l'épreuve de l'histoire.

Aujourd'hui, après plus de trente ans d'engagement, des dizaines de milliers d'heures de réunions, de discussions, de militantisme, de meetings, est-ce que vous diriez à un jeune de vingt ans : « Vas-y, ça vaut le coup » ?
Oui, je lui dirais : « Vas-y, ça vaut le coup. » Bien sûr, la vie n'est pas que politique. La vie même d'un politique est tissée d'autres fils : la famille, les amis, les livres, la musique, le cinéma, le théâtre, l'art, le sport, la curiosité des autres ont jalonné la mienne. On peut aussi, probablement, se réaliser soi-même sans s'engager. Et il y a d'autres engagements que le militantisme, et même d'autres formes de militantisme – syndical, social, culturel, humanitaire, écologique – que le politique. Mais l'intérêt pour la vie de la cité et pour le sort du monde reste à mes yeux une dimension essentielle de la vie d'un homme. Vivre sa vie sans se séparer des autres et pourtant dans la pleine liberté de ses choix, ça vaut le coup.

Crédits photographiques

Couverture :
Page 1, collection personnelle © DR

Page 4, de haut en bas :
(1, 2, 3, 5) collection personnelle © DR
(4) © Raymond Depardon / Magnum Photos

Table